ゆっくり、いそげ 2

大きなシステムと小さなファンタジー

影山知明

クルミド出版
KURUMED PUBLISHING

まえがき

今の社会はピラミッド状（△）にできている。
あなたが普段、そのことを意識することはあまりないかもしれないけれど。

分かりやすいのは自動車の作り方だ。

クルマを作ろうと思ったら、まず必要なのは設計図。こんなクルマを作りたいという「目的地」を最初に定義する。そしてそのクルマは、部品に着目すると、大きく「ボディ（車体）」「シャーシ（基本骨格）」「エンジン」「ドライブトレイン（動力伝達系統）」に分けられ、それらはさらに細かく分けられて……。[1] その様を図示すると、それは枝分かれしたピラミッド状（△）になる。

その上で実際に作る際には、効率のよさ――かける労力やコストや時間をできるだけ少なくすること――が追求される。つまり、目的地に向けてできるだけ最短距離でたどり着こうとするわけだ。ムダはできるだけないほうがいい。そしていい性能を出すにはいい部品が重要ともなる。できるだけ安くて、できるだけいい性能を発揮できる優秀な部品が……。

この構図は、自動車をあなたが勤める組織（会社など）に置き換えたとしても基本的には同じように説明できる。

設計図にあたるものは事業計画。あるいは、その計画を実現することによる各種数値目標の達成だ。会社でいえば、売上や利益を最大化することがその「目的地」となることが多い。その上で、そこにたどり着くための「部品」や「組み立て方」を考えるわけだけれど、ここでいう部品には、土地や建物、設備などのハード的なものに加えて、人も重要な要素となる。そして、その目的地にたどり着くまでの道のりができるだけ効率的であるといいことはクルマづくりと同じで、一つ一つの部品が優秀であることを求められるのもまた同じだ。

こうしたやり方は、成果（リザルト）を最初に定義して、そこへと最短距離でたどり着こうとするやり方であるという点で、「リザルトパラダイム」[2]と表現されることもある。

社会の生産性・効率性を高めようと思えば、このやり方は理にかなっている。実際、日本が戦後、高い経済成長率を実現し、ピーク時その一人あたりＧＤＰ（国内総生産）を世界第二位にまで押し上げることのできた背景の一つには、こうした効率を最大限にまで追求する数々の努力があった。

ところが、その一人あたりＧＤＰも以降右肩下がりとなり、気が付けば二〇二三年現在、世界第三十四位。どこかから、何かが違ってきてしまった。また今日に至っては、そもそもＧＤＰを大きくすることが、社会の目指すべき目的地なのかどうかもあやしくなってきた。

そもそもにおいて、生み出したい成果を先に定義してそこへ最短距離で行こうとするやり方は、人間の組織で実現しようしたときどうしても深刻な矛盾をはらむことになる。

一人一人のいのちの形は、生まれながらにして違う。それを一定の枠や型に当てはめようとすると、どうしてもはみでたり足りなかったりすることになる。それは△（リザルトパラダイム）の文脈では無駄や不足とされ、改善を求められる対象となる。そうして人間が規格化されていく。その「規格」にうまく自分を当てはめられない者は、「不適合」とされる。ましてや、人には自尊心がある。それが部品のように扱われ、個性や価値観が組織の都合の前に軽視されるとなると、一人一人が働く意味について悩むようにもなる。それはお金のためだとしばらくは言い聞かせられたとしても、自分の本心にウソをつき続けることは苦しいものだ。

結果、企業経営の領域では△（リザルトパラダイム）の組織のあり方を見直そうという機運も起こってはおり、事業計画との付き合い方、はたまた人材育成・人事評価の運用において、人を人として扱い、一人一人の個性やアイデアをいかすような経営のスタイルが議論されてもいる。ただ一方で、効率を高め、利益の最大化を求めるステークホルダー（利害関係者）からの圧力も同様に高まっていて、実現に向けての歩みは一進一退というところだろうか。

むしろ注目すべきは、企業経営／経済以外の社会領域——政治やまちづくり、教育、医療、福祉、メディア、スポーツ等——に、△（リザルトパラダイム）の考え方がひたひたと浸透・定着していっていることだ。

政治では、先のGDPを大きくすることに加えて、経済競争力を高めること、国際社会における発言権を高めること、はたまた家族的な国家を築くこと、出生率を高めること等が政策目標として掲げられ、国民一人一人はときに法律などの制度を通じて、ときには空気を通じて、そこへと貢献することが求められるようになってきた。それこそ近年は、そうした成果に貢献できる国民はいい国民で、そうでない国民はよくない国民と言われてしまいそうな気配でいやな感じだ。

教育でも、しばしば求められる人材像が先に定義される。企業で活躍できる人材、国際社会で通用する人材等。もっと若年層であれば、朝から晩まできちんと教室の椅子に座っていられて、先生の話をよく聞く生徒がいい生徒だとされる。そこには学校／教育機関側だけでなく、そういうこどもに育てたいという親側の意思もきっとあって、そうした単純化されたものさしにうまく自分を当てはめられないこどもたちは、過程で落ちこぼれていく。

△の社会づくりを突き詰めてくと、人間が手段になる。

成果に貢献できる人材はいい人材で、貢献できない人材はよくない人材だということになる。人間が利用価値ではかられるようになる。今の世の中がはらむ生きづらさの大きな原因はここにある。

△の社会づくりに対して、▽の社会づくりを考えられないかというのが、この本を通じてのぼくからの提案だ。

▽の社会づくりとは、成果を事前に定義せず、一人一人の存在、一つ一つの仕事、関係性、偶発性、縁といった過程を大事にし、その行き着く先はオープンに考えるという意味で、「プロセスパラダイム」[2]と表現されることがある。

一つ一つのいのちは、本来多様な形をしている。そのエネルギーが向かおうとする先もバラバラだ。それを定められた一つの成果へとコントロールしようとすることにそもそもの無理がある。

そうではなく、それぞれがそれぞれのいのちを最大限発揮し、周囲との関わりの中から、それぞれにしかできないユニークな仕事をなしていくこと。そしてそのことを、お互いに支援し合うこと。そうすると、そうしたいのちや仕事の集合体としてできる社会は、偶発性に導かれながら、末広がりに枝を広げた木の形——▽——になる。

そういう意味で、△（リザルトパラダイム）が工学的・機械論的なアプローチであるのに対して、▽（プロセスパラダイム）は、植物的・生命論的なアプローチであると言うことができる。

オープン以来、自分の経営するお店（クルミドコーヒー）では、最初はなんとなく、途中からは意識的に、そういう店づくりを目指してきた。

特定の理念や事業計画にメンバーが合わせるのではなく、お店という一つの仕事場を共有しながら、一人一人が自分のいのちをのびのびと発揮すること。その掛け合わせとしてお店が形をなしていくこと。そして、お店を舞台として、関わる一人一人のアイデアや創造的な想像力が、すくすくと枝を伸ばしていくこと。そんな風にして、ぼくらにしかなせない唯一無二の樹形をなすように、お店が育っていったらいいなと考えてきた。

売上や利益といった△の組織が求める成果も、他のお店より時間はかかりながらも、後からちゃんとついてきた。さらに今では、より高い売上や利益（成果）を持続的に出そうと思うのであれば、逆説的ではあるけれど、むしろ▽のやり方にこそ希望があるのではないかと感じている。

ぼくはもともと、経営コンサルティングや投資ファンドの仕事を長らくしていたから、そこではずっと△の世界に生きてきたことになる。そしてクルミドコーヒーを始めるのをきっかけとして、▽の可能性に目覚めた。

△と▽。

それぞれにいいところがあれば、よくないところもある。

それら両者を経験して今思うのは、これらのどちらかという選び方ではなく、これら双方を包含するような、これらの矛盾を乗り越えた先にあるような、第三の道を構想できないかということだ。それも、店づくりや経済・経営の話に限らず、政治やまちづくり、教育なども含めた、より普遍的な、社会づくりの方法論としてそれを考えられないかと思っている。

もっとも、現状の力関係的に言えば、圧倒的に大きな力を持つ△と、ようやく芽吹き始めた小さな▽。このままいけば、ぼくらみたいな▽は吹き飛ばされ、世界は△一色に染められていく気配さえある。

だからこそ、▽に肩入れしたくはなる。方法論や事例の蓄積・洗練という意味でも▽の分野はまだまだだから、ぼくらはまず、自分たちの経験を語ることで、そのことへの貢献を目指したい。その上でそこに△のいい点も受け止め、それらが相乗効果を生む道を考えたいと思う。一人一人が誰の支配も受けず、自分のいのちをいきいき・のびのびと生きられるような未来は、その先にこそ見えてくるものだと思うから。

前著、『ゆっくり、いそげ～カフェからはじめる人を手段化しない経済～』（大和書房）が発刊されたのは二〇一五年三月。そこでは、「特定多数」、「ギブからはじめる」といった考え方をキーワードに、チームを、お店を、まちを育む方法論を提案した。それらのすべてが、私とあなたの間の「支援し合う関係」から始まること、一つ一つの交換の積み重ねによって社会はできていることなどをそこでは考えた。

今考えれば、ゆっくり＝▽、いそげ＝△とも言えるから、本書は、前著の着眼をさらに進め、広げるものだとも言える。

ただ前著において、本のサブタイトルが否定形であることはずっと気になっていた。「人を手段化しない」経済だとして、それを積極的に表現するとしたらなんなのか。そのことへの自分なりの回答が本書でもある。目指すべき未来は、「植物が育つように、いのちの形をした」経済であり、社会なのではないかと。一人一人の創造的な想像力（ファンタジー）が花開く世界なのではないかと。

なんだか壮大な話のように聞こえてしまっているかもしれないけれど、すべては、東京の片田舎のちっぽけなカフェで、まちで、現実に起こったこと、起こりつつあること。ぼくら自身が実践してきたことだ。

九年半ぶりに。クルミドコーヒーにようこそ。

1 「自動車はどんな部品で構成されているのですか?」(JAFホームページ)
https://jaf.or.jp/common/kuruma-qa/category-construction/subcategory-structure/faq071

2 「リザルトパラダイム」「プロセスパラダイム」は、舘岡康雄さんに学んだ概念です。舘岡さんは、元日産自動車株式会社NISSAN WAYコーディネーターにして、SHIEN学ファウンダー、博士(学術)。一般社団法人SHIENアカデミーの代表理事を務めていらっしゃいます。『利他性の経済学ー支援が必然となる時代へ』(新曜社)は大きな学びある一冊です。

目次

第十章 もう一つの道 409

この本について

本書は、二〇一八年十一月二十六日に発刊された『続・ゆっくり、いそげ　～植物が育つように、いのちの形をした経済・社会をつくる～』（査読版、クルミド出版）を受けて、執筆・制作されたものです。


音楽でいうところのデモテープのようなものをつくれないかと思いました。

完成されたものではなく、その原型にあたるようなもの。それを世にさらすことで、その先を読み手と一緒になってつくるような本づくり。

「「査読版」へのまえがき」より

以来、本当に多くのフィードバックをいただきました。メールで、直筆のお手紙で、本に書き込みをする形で、直接お会いしたときに。それらのいずれにも、お一人お一人の人生が熱となってこめられていて、受け取るぼくの側が大きな勇気と励ましをいただきました。

査読版発刊直後には、「コール＆レスポンスの会」として、本の内容をテーマに対話するトークイベントも開催しました。そしてその他にも、勉強会や読書会、講座などでは常に参照してきましたし、日々のお店の営業でありまちづくり、ぼくの生きる日々の傍らには、六年間、いつもこの本がありました。

そうした一つ一つの思いを、今回、この新しい本に込めました。

本書の第三～五章の内容は、査読版の第一～三章にほぼ対応し、本書の第六章は、査読版の第五章にほぼ対応しています。また、本書の第八～九章には、査読版の第四章が部分的に生きています。文章そのものは変わっていない箇所にも、いただいたレスポンスが熱となって、生きています。そして、六年前の文章の約二倍の分量を、今回新たに書き下ろしました。ただこれを「完成版」と呼ぶことには抵抗があります。書けば書くほど書き足りない気持ちがしますし、自分がいかに物事を知らないかを痛感させられるからです。そういう意味で、これもまた道半ばですが（そしてその道は、これからもずっと続いていくのだと思いますが）、一旦の区切りとして、今の自分に出せるありったけはここに注ぎ込んだつもりでいます。

この間、一緒に走ってくださったお一人お一人に心から感謝いたします。本当にありがとうございました。どなたとのご縁が欠けても、この本はこの形にならなかったと思います。そういう意味で、この本の著者名が自分であることにも抵抗があります。多くの方々との共著というのが本当のところなのです。それぞれに、「この本の著者は、『影山と私』」と思って読んでいただけるといいのかもしれません（印税をお支払いできなくてごめんなさい）。

自分にとっての「ゆっくり、いそげ」の旅は、いよいよここからです。

旅の道すがら、またお一人お一人にお会いできましたらと、心から楽しみにしています。

影山知明

KURUM

第一部

自分の時間を生きる

第一章

こどもたちのためのカフェ

一人のメンバーのラッキーフード

　七月も末になると、クルミドコーヒーでは「ももんにん」というメニューが始まる。フルーツ王国・山梨県山梨市、ゆうき農園金子さんから届く大きく育った桃をざくっと半分にして種を取り出し、それを器のようにして杏仁豆腐とヨーグルトアイス、桃のシャーベット、すもものシャーベット、さらにはホイップクリームを盛り付けた、見た目にも楽しいデザートだ。

　このメニューの言い出しっぺは、社員の一人、合地茜。

　二人でなんということもないおしゃべりをしていたときのこと。好きな食べ物の話になった。

「いろいろ好きな食べ物はありますけど、果物の中では桃が一番好きなんです！」

「へえ、そうなんだね。桃、おいしいよね」

「以前占いで、『ラッキーフードは桃だよ、元気がない時は桃を食べるといいよ』って言われたこともあるんですよ」

「へえ。じゃあさ、突然あれなんだけど、桃を使ったメニュー考えてみない？」

「え……？」

二〇二〇年のこと。

この会話をきっかけに、「桃好きによる、桃好きのための、桃メニュー」を合言葉に検討が始まった。まちの仲間に金子さんを紹介してもらって、山梨県産の甘い、それでいて少し硬めの桃の魅力を存分に味わってもらえるよう、試行錯誤を繰り返していった。メニューの開発には、沖居未佳子も加わってくれた（メニュー名の名付け親は彼女だ。「もも」と「あんにん」だから、「ももんにん」でどう？って）。そうこうして、フォークとナイフで桃を大きなかたまりに切り分けながら食べるという独特なスタイルの、夏の看板メニューが形になった。

そしてこのことは、お店で新しいメニューが一つできるということ以上の大きな意味を持っていた。

当時、クルミドコーヒーはオープンして十二年。創業以来の看板メニューの一つは「クルミドケーキクリーム」。これは、強力粉（小麦粉）を使った生地をバラやひまわりなど花の形の型で焼いて、その間にクリームと果物をはさんだもので、最初は「クルミドケーキクリームみかん」でスタート。以来、いちごやチェリーやブルーベリー、いちじく、りんごなど、季節の果物をおいしく食べてもらうメニューとして定番化してきた。

合地が入社したのは二〇一八年の九月。その時点ですでに、長年の試行錯誤を経て、年間七~八種に及ぶクルミドケーキクリームのレシピはほぼ確立していて、年間のカレンダーもほぼ定まったものになっていた。

かねてよりメンバーのみんなには、「すでにあるメニューややり方を決まったものと思わず、それぞれの創意工夫で自由にお店をつくっていって欲しい」と伝えてきてはいたものの、それは多くの場合簡単なことではない。途中からチームに加わった者であればなおさらで、そのメニューややり方をつくってきた先輩たちの苦労や、開発にかけた思い、さらにその後の紆余曲折を想像すればするほど、それを変えることへの躊躇が生まれる。またどんなスタッフにとっても、定まったものをなぞる仕事のほうが楽であることも事実で、新しいものをつくり出すことの大変さを思うとなかなか一歩を踏み出せないということにもなる。

そんなこんなでお店の形というものは固定化しやすい。それを日々つくり出すメンバーは大きく入れ替わっていたとしても、だ。

誰の時間を生きているのか

「レシピ」や「カレンダー」も、一つの簡易なシステムと捉えることができる。お店にまつわるどんな取り組みにも「初めて」があり、その際はいろいろなことが手探りで、バタバタしながら形にしていくことになる。ただ一回経験するとそれがひな型となってくれるから、二回目以降の仕事はずい分と楽になる。何をつくるか、どうやってつくるか、食器やカトラリーはどうするか、どんなサイクルで何を仕込むか、いちいち考えなくても済むようになる。これらの記録がマニュアル（手順書）となる。

マニュアルがあることで働く側は仕事が楽になるし、お客さんに提供する仕事の質も安定する利点がある。結果自然な流れとして、放っておけば、お店の仕事はどんどんマニュアル化されていく。そしてみな、そのマニュアル通りに仕事をしようとする。その繰り返しを経て多くの仕事は固定化し、おいそれと変えられなくなる。その仕事を創造した当の本人でさえも、それが多くのメンバーの働き方の前提となるから、つくったマニュアルを変えづらくなる。年を重ねたお店が停滞する罠がここにある。

マニュアルのようなシステムは人間がつくるものなのに、皮肉なことに、そうしてつくったシステムにやがて人間が従属していく。そのシステムがよくできたものであればあるほど。

ぼくらなどは、そうは言っても小さな会社、小さな組織で、メンバー全員の顔と名前が当然のように一致し、それぞれの人柄さえ一定把握しながら仕事をするような環境だから、マニュアルやシステムを変えることもまだしやすい。ただこれが、何百人、何千人、何万人の組織になって、大企業などと呼ばれるような存在になってくると、そこでの仕事では「決められたようにやる」度合いが高まっていくことは避けられない。

ドイツのファンタジー作家、ミヒャエル・エンデ（1929–1995）の代表作、『モモ』。かつてその日本語版に、「時間どろぼうと ぬすまれた時間を人間にとりかえしてくれた女の子のふしぎな物語」という副題のついていたこの作品は、一九七三年の発刊ながら、現代のありようを言い当てているかのようなその内容に、何度読んでも多くのことを考えさせられる。

人々を時間の節約へと駆り立てる時間どろぼう、灰色の男たち。彼らは、人間からぬすんだ時間を「時間貯蓄銀行」の金庫にたくわえ、葉巻の形にし、それをくゆらせることで生きている。作品中、主人公のモモが時間の国へとやってきて、そこの主人マイスター・ホラから、彼らの正体について説明を受けるシーンでこんなやり取りが出てくる。

「あの人たち、いったいどうしてあんなに灰色の顔をしているの？」とモモは、めがねのむこうをながめながらききました。

「死んだもので、いのちをつないでいるからだよ。おまえも知っているだろう、彼らは人間の時間をぬすんで生きている。しかしこの時間は、ほんとうの持ち主から切りはなされると、文字どおり死んでしまうのだ。人間というものは、ひとりひとりがそれぞれのじぶんの時間を持っている。そしてこの時間は、ほんとうにじぶんのものであるあいだだけ、生きた時間でいられるのだよ。」

時間とは、いのち。

それは、ほんとうの持ち主のもとにある限りは生きていられるけれど、そこからぬすまれ、切りはなされると死んでしまう。となると、一つの疑問が湧いてくる。はたしてぼくらは本当に自分の時間を、生きた時間を、日々生きることができているのだろうか。

たとえばぼくらが会社で、組織で働く時間は、誰の時間を生きていることになるのだろう。自分の意思や自分の決定に基づくのではなく、組織として「決められたこと」にただ従って仕事をしているとき、それは誰の時間を生きていることになるのだろう。

一人一人は「自分の時間」を差し出し、それらは集められて「会社の時間」「組織の時間」となる。ただそれは、エンデの言葉に従えば、元の持ち主から切りはなされた「死んだ」時間だ。会社は、死んだ時間を集めて死んだ仕事をつくる。そしてそれを売ることで手に入る死んだお金は、会社の「金庫」へとたくわえられる。それは「葉巻（お給料）」となって働き手に分配されるけれど、それを吸った人々はどんどん灰色になっていく。

そうして生まれる「灰色の男たち」は、時間を節約すること、ムダを省くこと、効率を高めることばかりを考えるようになる。そして、さも当然のことのように関わりの中でまわりも急かし、駆り立てるから、「時間の節約」や「効率」はそうした世界の合言葉となって、気がつくとみながじわじわと灰色になっていく……。

『モモ』を今、そんな風に読むとしたら、恣意的に過ぎると叱られるだろうか。

システムの時間を生きる

逆に言えば、今という時代はそれだけ、自分の時間を生きることが難しいということでもある。

成果や目的地を事前に定義し、そこへと最短距離で行こうとするやり方――リザルトパラダイム[1]（△）――の日々を支えるのは、大小さまざまなシステムであり制度だ。自動車の作り方にしても、カフェの一年間のメニューにしても同じ。試行錯誤を経て、やることややり方が標準化・システム化され、人間はそこに合わせていくことになる。だからこそ、仕事において毎回悩まないで済むし、担う人間が変わっても同様のものをつくり出すことができる。そしてその効率はどんどん洗練されていく。

会社や組織の時間を生きるということは、言い方を変えればシステムの時間を生きるということだ。システムの求めるところに従って、システムの合理性に添うように、人間の働きが規定されていく。さらには、より質の高い仕事をより効率的に実現するために、人間存在そのものが規格化されていく。「こういう『人材』を目指しなさい」と、働くみなが言われるようになる。会社を筆頭に、このもっともっとという営みはとどまるところを知らないから、システムは自らを「洗練」させ続けることをやめず、それらのうちのあるものはより大きく強固なものとなり、やがて一人一人、個人単位では抗いがたいような力を持っていく。

このことは企業経営やビジネスの世界において顕著だけれど、一方、あらゆる分野で起こっていることでもある。

たとえば、政治家は選挙によって選ばれる（選挙も一つのシステムだ）。当選を目指す彼（彼女）は、投票に行く有権者の顔を思い浮かべ、その支持を得られる政策であり、そのアピールの仕方を考える。もちろん自身のアイデアや主義主張を貫ければいいけれど、当選することを第一に考えるのであれば、「得票につながる政策」を考えないわけにはいかない。勢い、特定の組織やグループに対して、自身への投票と引き換えになんらかの政策の実現を約束することにでもなれば、彼(彼女)は当選後も、その支持母体の意向を無視したふるまいはできなくなる。

同様に、こどもたちは成長するにつれ、受験システムから自由であることが難しくなっていく(先生や家族もそうだろう)。病院に勤める医療従事者は、個人としての思いとは別に、診療報酬点数制度を無視しては医療行為を行えない。メディア関係者は、視聴率や聴取率、販売部数を見ないで仕事をすることはできない。

分野はそれぞれだけれど、誰もが、自身の属するシステムの合理性に沿うよう自分のふるまいを考えざるを得ないのだ。

もっとも、「いやいや、確かに仕事においてはそうかもしれないけれど、職場を離れてプライベートな時間となれば、のびのびやっているよ」ということであればまだいい。仕事以外では、自分の時間を生きられているのだとすれば。

ただ、システムの影響力はその周囲にまで及ぶ。

家庭においても学校での成績のことを問われ、職場での給料のことを問われ、というシーンは誰にでもあるだろう。そもそも家庭や家族というものも一つのシステム(制度)だ。特に昔ながらの家族観の強い家庭であれば、父(夫)として、母(妻)として、こどもとしてなど、その役割に応じた「ふさわしい自分」があるというプレッシャーを受けることになる。

友人関係においても、気がつけば、仕事上付き合っておくといいことがありそうな友人との関係を優先し、その人と食事をするのは友人だからなのか仕事のためなのか分からないというようなことになる。また個人においても、夜や休日の時間を使って社会人向けの講座に通ったり、資格取得を目指して勉強したり……。

もちろんそれらは、それぞれ「自分の選択として」そうしているという感覚かもしれないけれど、少し離れたところから冷静に見れば、そもそもそれらを選択するよう仕向けられているという言い方もできる。あなたにそのふるまいを選択させる、システムという名の、大きな力の源があるということだ。

自分の時間を生きるには

それでは、自分の時間を生きるにはどうしたらいいか。

実は、まわりを見渡したとき、そのことの達人がいることに気がつく――こどもたちだ。

大人とこどもの決定的なちがいはなにかというと、ぼくは時間に対するとりくみ方だと思っています。年齢が小さければ小さいほど、こどもは「いま」の連続で生きています。食べたいものがあれば、いま食べたい。

〔中略〕

ところが、大人の場合、たとえば今日はここに行くから何時に家を出なくてはいけないので夕食の支度を先にしておこうとか、また、二年後には独立するので資格は今年からとる準備をしなくちゃとか、逆算して「いま」やることを決めているわけです。つまり、「いま」のために「いま」を使っていることがじつに少ない。多くは、将来のために「いま」があるんです。これが大人の時間の使い方です。

（天野秀昭『「遊び」の本質――「私」の軸を育む奇跡の時間』）

「やってみたい」や「いやだ」といった、そのときどきの自分の自然な情動に身を任せる。今、大人となっているぼくらも、かつてそういう生き方をしていた時代があったはず。ただ、大人になる過程で、まわりの目を気にすることを覚え、未来から逆算するやり方を学び、頭で自分の時間の使い方を考えるようになってしまう。

では、大人になった今のぼくらの中に、そうした情動そのものがもはや存在しないのかというと、そういうことでもないはずだ。たとえるなら情動も筋肉のようなもので、使っていれば育つし使わなければ衰えていく。いつの頃からかふたをし、見ないふりをしてきたそれも、実は今も確実にぼくらの中でうずいている。

特に「やってみたい」以上に、「いやだ」の情動は、気付きやすいことが多い。自分にとって嫌なこと、嫌いなこと、不快なこと、違和感を覚えること。それでも大人になると、「いやだ」に対して、「やらなきゃいけない」が勝つようになって、「いやだ」の感覚もだんだん麻痺し、鈍感になってしまいがちではあるけれど。

「あたま」は、過去を振り返って未来をシミュレーションすることで「〇〇すべきである」という指令を出します。〔中略〕それに対して「からだ」や「こころ」の言語は「〇〇したい」というシンプルなものです。〔中略〕両者の違いを簡単に言えば、「あたま」は嘘をつけますが、「からだ・こころ」は嘘をつけないということです。

（稲葉俊郎『からだとこころの健康学』）

少し頭を休めて、心と体に従えるといい。
まずは、「やってみたい」にしても「いやだ」にしても、自分の中でその情動が起こったときにそのことを認めてあげることだ。自分の中にそういう感情や反応があるのをないことにしてしまわないこと。その情動に身を任せることが状況的にすぐには難しかったとしてもだ。その上で、自分の気持ちにゼロ回答してしまわず、「やる」にしても「やらない」にしても、小さな一歩でいいから、その情動に機会を与えられるチャンスを探していく。そうすることで、情動という筋肉はその分だけ育つ。そしてそこから自分の時間が動き始める。

日常そばにある空白地

もっとも、自分の中の「やってみたい」や「いやだ」に忠実であろうとしたって、環境がそれを許さないのだという反論が聞こえてきそうだ。

システムや制度の合理性に沿うよう、ふるまうことを求められる環境があるから、そうせざるを得ない構造があるから、自分の情動にもフタをしてきたのであって、その前提が変わらない限り、やはり何も変わらないのだと。

その問いには、二つの答え方ができるだろうと思う。

一つは、前提となっているシステムや制度そのものをつくり直すこと。

もう一つは、そうしたシステムの渦中にありながらも、自分なりの空白地を見つけること。

後者は、前者の重要な前提であり、また突破口でもある。そこから見ていくことにしよう。

ここでいう空白地とは、システムや制度の影響力からできるだけ自由になれる場所という意味だ。

都市部から少し離れた山間地などで大きな自然に包まれながら、日常を離れ、自分自身と向き合う時間を過ごすこと。最近だと「リトリート（retreat）」などと呼ばれることもあるけれど、こうした機会を設けることも一つの手だろう。

ただ、もっと身近に、日常のそばで空白地に身を置く方法がある。少し手前味噌なようだけれど、それがカフェや喫茶店に行くことだと思っている。

カフェや喫茶店は、考えてみると少し不思議な場所だ。目的もなくふらっと訪ねることができて、どんな過ごし方をしていてもだいたい許される。

でもまちを見渡したとき、そうできる場所が意外と少ないことに気がつく。

世のほとんどの場所は、目的をもって訪れ、目的を済ませたら帰るような「目的的な場所」としてできている。映画館に行って映画を観終わったら帰る。市役所に行って住民票を取り終えたら帰る。美容院に行って髪を切ったら帰る。想像してみて欲しい。ラーメン屋に行って、食べ終わったあともそこに居続けようとしたらいろいろと問題が生じる。その点、カフェではそれができる。

もちろんカフェに行くのに、のどが渇いたから、お腹が空いたから、誰かとおしゃべりしたいからといった動機があることもあるだろうけれど、それらもどちらかと言えば最初のきっかけのようなもの。実際に行くと、滞在しているうちに、あ、本を読もうとか、考えをノートにまとめようとか、そのときどきで自分の時間の使い方が動いていく。

カフェで過ごす時間は目的から解放されている。だからこそ、おすすめの過ごし方はボーッとすること。一人ででも、複数人ででも。パソコンはしまい、スマホもいじらない。特にスマホは、「高性能型時間どろぼう」みたいなものだから、それをいじり続けている限り、「大きなシステムに接続された自分」であり続けてしまう。それらを手放し、身一つでそこにたたずんでみる。そうしてみてようやく、自分の中の声が少しずつ聞こえてくる。心や体がきざむ、自分だけの生きた時間の脈動を感じられるようになる。

カフェのことを、サードプレイスと言うこともある。ファーストプレイス（家）、セカンドプレイス（職場や学校）に続く、第三の居場所というニュアンスだ。一方、時間に着目すると、ファーストタイム（家庭人としての自分の時間）、セカンドタイム（職業人や学校人としての自分の時間）、サードタイム（自分自身の時間）という区分もできる。

そしてこう考えたとき、カフェのことをサードプレイスと言いながらも、実は多くの人がそこでセカンドタイムを過ごしていることに気が付く。そういう時間の過ごし方ももちろんいいのだけれど、どこかで自分のサードタイムにもチャンスをあげたい。カフェはそのためのうってつけの選択肢だ。

こどもたちのためのカフェ

クルミドコーヒーはオープン以来、「こどもたちのためのカフェ」と名乗ってきた。

それは一つには、文字通り、こどもたちに来てもらいたいという気持ちからだった（開業の前年、自分に娘が生まれたことも大きな理由だった）。

メニューを開くと「小さなキミへ」と書かれた欄があり、こどもが食べ、飲む量にあわせたメニューがあることが分かる。一人前を食べ切れないこどもの場合、親の頼んだものを取り分けてもらうような形になることがよくある。でも、こどもだって立派な一つの人格。ちゃんと自分用のメニューが、自分用のお皿で出てきて欲しい気持ちがあるはず。そんな思いから、量やレシピをこども用に調整したメニューをオープン当初から用意し続けている。それは手間としては決して小さなものではないのだけれど。

また店内にはこども用の席がある。通常の飲食店の場合、基本的な寸法（机や椅子の高さなど）は大人向けにできていて、こどもは「こども用の椅子」を出してもらって、大人の目線に合わせることになる。でも、ぼくらのやり方は逆で、そこに並べられた椅子は高さ三十センチメートル。こどもにはちょうどいい高さで、むしろ大人がこどもたちの目線に合わせていくことになる。

他にも、絵本の中に入り込んだような内装や、お店のいたるところにある隠された仕掛け……。こうした準備をすることで、こどもたちに楽しんでもらえる、愛してもらえるお店になったらいいなと考えてきた。

そして、もう一つ。「こども」というときに、ぼくらが思い浮かべるもう一つの顔は、かつてのこどもたち、大人の中に眠るこどもたちだ（お店のメニュー表記も、こども向けの「小さなキミへ」に対して、大人向けは「小さかったキミへ」となっている）。

誰の中にもこどもの自分、小さかった頃の自分が生きている。大人になるということは、それらを上書きして別の自分になるということではなく、その核を大事にしながら、その発揮の仕方や表現の仕方を、他者との関係において身に着けていくことだろうと思う。もちろん年を重ねてから見つける「やってみたい」や「いやだ」もたくさんあるだろうけれど、それらのうち、自分の中のこどもに根差した「やってみたい」や「いやだ」は、より力強く、その発現の機会を求めていくものではないだろうか。たとえ長い間そのことが忘れられていたとしても。

クルミドコーヒーは、そういう小さな彼ら、彼女らにも届くお店になったらいいなと思ってきた。

日々システムの合理性の中を生きる大人たちにも、せめてクルミドコーヒーに来たときくらいはこどもの自分に帰って、心と体のいうことに素直に耳を傾けて、自分の時間を過ごしてもらいたい。「小さかったキミ」ともう一度出会い直して、そこにあった光のことを思い出してもらいたい。

それが「こどもたちのためのカフェ」という名乗りに込めた、もう一つのぼくらの思いだ。お店のテーブルの上には、殻付きのくるみが置いてある。そこには「おひとつどうぞ」のタグがついていて、すぐ隣にあるきのこ型のくるみ割り器で割って食べていいことになっている。だから店内には時折、パキッパキッっと、普通の飲食店ではあまり聞くことのないような音が響く。くるみの硬い殻を道具を使って手で割るという、ちょっとこどもっぽいような行為が、その手応えであり響きが、一人一人の中に眠るこどもにも届いて、いつしかそれを覆ってしまった見えない殻にもひびを入れてくれたらいいなと思っている。

ルールではなく、想像力で

二〇一四年のこと。クルミドコーヒーでも「二時間制」を導入したことがある。休日に限ってではあったけれど、来店時、一人一人に「お店が混み合ってきた場合、二時間ほどでお声がけさせていただきます」と説明をし、実際に混んできた場合には、次の方への席のお譲りをお願いしていた。

オープンから六年。ありがたいことに多くの人がお店に来てくださるようになり、休日のティータイムともなると、多いときは十組待ちというような状況が起こっていたからだ。それは、「もっとお店を回転させてもっと稼ぎたい」動機からではなく、ぼくらとしては、「せっかくいらしてくださったのに、ご案内できずお帰ししてしまう人を一人でも減らしたい」という気持ちからの導入だった。実際に、片道何時間もかけて遠方からいらっしゃるようなお客さんもときにはいて、そういう方をご案内できない申し訳なさは切実なものだった。

今、多くのカフェやファミリーレストランがこうした「○時間制」を導入している。そうしたお店の店内の様子を見てみると、仕事や勉強で使っている人が目立つこともあり（「サードプレイス」の「セカンドタイム」利用）、中にはドリンク一杯で長時間というような人もいるから、お店側の気持ちもよく分かる。ぼくらの場合は、仕事や勉強というより、おしゃべりに花が咲いてというケースが多かったけれど、それでも三〜四時間滞在するという人はやっぱり普通にいた。でも、そうして時間を気にせず、自由におしゃべりを楽しめることは、カフェという場の魅力であり社会的な役割であるとさえ思っていたから、この制度導入にはギリギリのところまで悩んでいた。でも、である。

そうして導入した「二時間制」だったけれど、二〇二二年、ぼくらはやめることにした。代わりに、店頭で、ブログで、「譲り合いのお願い」をすることにした。

このやり方（二時間制）にはやはり、拭い切れない違和感がずっとありました。原則として、来店してくださるみなさまに「お店の混み具合によっては二時間ほどでお声がけをさせていただくことが……」と最初にお声がけをするのですけど、このやり取りがあたかもタイマーのピッというセッティングにさえ思え、そこで過ごすその先の時間の質にも影響を与えてしまうかのように思うからです。

（中略）

でもそれらを「禁止」としてしまうのではなくて、できるだけお客さんを信じて、お客さんの判断に委ねよう。そして、いざ問題が起こったときには一方的にルールを適用するのではなくてお客さんと話をしよう。

（中略）

休日のピークタイム、それぞれにご事情の許す範囲で大丈夫ですので、お席の譲り合いをお願いできないでしょうか。

（クルミドコーヒーのブログ『ちょっとの譲り合いのお願い』[2]）

タイマーで「二時間」を計られながら過ごす時間は、自分の時間ではない。

この見直しで、二時間を超えて滞在する人はやはり少し増えたようには思う（そもそも、みながこの投稿や呼びかけに気付けるわけでもない)。でもそうしたときに、「ご相談なのですが……」と事情を話し、正直に席のお譲りをお願いすると、ほとんどの人は快く応じてくれる。そういうやり取りは発生するけれど、でもやっぱり、席に着くなりすべてのお客さんに対して「二時間ほどで……」と言わなければならない状況よりは断然いい。

ルールや禁止事項が増えるということは、世界を白か黒かに塗り分けてしまうということであるわけで、それはそれだけ、実は一人一人が不自由になっているということなのです。ルールなんて、できるだけない方がいいのです。
それぞれが、他者への想像力とか配慮とか、自分自身を譲る気持ちとかをもって、何かあったら話し合おうとそういう気持ちで関われたなら、ぼくらはもっと、自由になれるはず。

〔中略〕

やっぱりぼくらは、誰かが誰かをコントロールしようとする世界ではなくて、一人一人が自分で自分自身のことを決められる世界の方に加担したいなと思うのです。

(『同』)

こういう曖昧なやり方がうまくいくかは分からない。

でもうまくいかなかったらいかなかったで、また考えればいいとも思うのだ。

そして、お店を訪ねてくれる一人一人の中に眠るこどもたちが目を覚ますいいきっかけになるのは、何よりお店で働く一人一人が、こどもっぽく、無邪気に、ワクワクしながら、遊ぶように働いていることではないかと思う。

実際には、お店の日々の運営には決め事も多く、毎日毎日同じことの繰り返しだから飽きもある。さらには遊びと違って、自分たちが楽しむことだけを考えればいいわけでもなく、「お客さんにいい時間を過ごしてもらう」ため自分を殺さないといけないことだってたくさんあるから、そうそうワクワクしてばかりはいられないのが現実。でも、だ。

ハルガキータ

二〇一一年の四月。

東日本大震災から一か月。後にも先にも、このときだけお店で取り組んだメニューがあった。名前は、「ハルガキータ」。

森の動物たちが長い冬眠から目をさまし
再び出会えたことを祝い合っています。
森のいっかくでは、お互いの命をつない
だ実りを持ち寄りピザづくり。
リスはクルミを、ねずみはチーズを、く
まはスモークサーモンを。
そこに土から出てきたての野菜も添えて。
「春が来たね」と笑顔でたべるピザ。
Pizza ハルガキータ

（クルミドコーヒーのブログ『春が来たので』[3]）

当時の社会情勢はまだまだ震災の痛みを負っていて、暗く、自粛ムードが世を覆っていた。もちろんそれは仕方のないこと。あれだけ甚大な被害を受けた後のことだから、震災からの距離が近ければ近いほど、そう簡単には前を向けない状況だった。

そうした中、ぼくらもぼくらなりにカフェとして何ができるのか、何をすべきなのか、日々考えていた。季節は春。当時の店長・吉間久雄の提案だったと思う。ピザをやりませんかというアイデアが出た。サーモンの燻製、つくりますからと。

特段ピザでなければいけない理由も、スモークサーモンでなければいけない理由もなかったといえばない。でも、四月。季節は進み、この季節にしか咲かない花が咲き、新緑も芽吹き始めていた。もちろん何かを能天気にやるということではないにしても、それでもぼくらが生きていること、自然が春の恵みをもたらしてくれること、そうしたいのちや自然への感謝の気持ちを、ぼくららしく明るく表現できたなら、暗い中にも、人々の沈む心にも、ほのかな光を灯せるのではないか。そんな気持ちだったと思う。

ネーミングにも、そんな思いを込めた。

スモークサーモンは、急ごしらえの段ボール製の燻製器でつくった。その燻製器には「スモークン14号」という名前がつけられた。チップは、くるみ。

ソミュール液（塩、ハーブ、香辛料を入れた、下ごしらえ用の液）に一日漬けたサーモンを、丁寧に塩抜きしてから冷蔵庫で乾燥させ、スモークン14号に入れる。スモークン14号には温度調整用の穴がたくさん空いている。気温が高い昼間は燻製に向かないので、営業終了後、日付が変わるような時間帯にモクモク。五時間。それを二日。吉間が燻製し続けた。結構な手間ひまだ。

ピザ生地は、当時入社したての沖居に、天然酵母の手ごねでつくってもらった。沖居にとっては入社してほぼ最初の仕事がこれだったから、ひどい会社に入ってしまったと後悔したに違いない。

それぞれ、慣れないことをやる大変さはあったけれど、それでもぼくら自身ワクワクしていた。十分でない設備や環境の中、あるものでなんとかあれこれ工夫してピザをつくり上げる工程はアウトドアキャンプのようでもあったし、お客さんが新鮮によろこんでくれる様子を見られるのもうれしかった。今思い返すと、飲食店としてどうだったのかとあれこれ気になる点がなくはないメニューだけれど、なんにせよ夜限定で九日間、ぼくらは提供し続けた。

被災地に思いを寄せること、支援のためにお金や時間やエネルギーを使うことは大事だ。ぼく自身も震災から二週間後に宮城に入って、復興支援に関わった。でも、みなにそういう自由があるわけではないし、具体的な縁や手立てにつながらない人だっているだろう。そういうとき、少し離れたところにいる人までが活動を止めてしまうことを誰もよろこびはしない。いつも通りに、場合によってはいつも以上に日常をまわし、経済をまわし、小さくとも粘り強く、長く、支援を続けること。自分まで倒れてしまわないこと。

この時期、少しふさぎこんでしまっていたチームに、お店に、春らしい風を吹き込んでくれたのがハルガキータだった。

もちろんこれは仕事であって、遊びとはニュアンスが違う。でもその核には、吉間を中心としたチームの純粋な「やってみたい」気持ちがあって、ピザを形づくった力の源はその心だ。売上や生産性、さらにはマニュアルやシステムのために働くそれとは違う仕事のエネルギーがそこにはあって、そういう仕事だからこそ、それを受け取ってくれるお客さんにも届いた気持ちがあったのではないかと思う。

別の見方をするなら、震災直後というあの時期だったから、心身がかたくなりがちなあのときだったから、それらを解き放とうとする取り組みを何よりぼくら自身が必要としていたのかもしれないなと思う。

こういうときのお店は生命力に満ちる。一人一人、自分の時間を生きている感覚がある。こういうときのことは関わったメンバーもよく覚えていて、その後も折に触れ、話題にのぼるようになる。結果、ハルガキータのことを直接には知らない、その後に加わったメンバーにも体験の記憶は引き継がれ、チームの共通言語になっていく。そしてこのことはその後、新しいアイデアをやるかやらないかで迷うメンバーの背中をそっと押し続けてくれている。

たとえば合地は、ハルガキータのことを直接には知らない。でも、その九年後に形になった「ももんにん」の中には、その思いが、自分たちを解き放とうとする勢いが引き継がれている。世界を直撃した新型コロナウイルの渦中にあって、そのときまたぼくらもお客さんも、ぼくらの中に眠る「ハルガキータ」を必要としたのだ。

影山さん、遊んでますか？

先に紹介した天野は、同書の中で「遊び」を、「「私」の軸を育む奇跡の時間」と表現した上で、次のように語っている。

「遊び」の本質は、なにをしているかではなく、それを本人が「やってみたい」と思ったかどうか、その動機のほうにあります。

〔中略〕

その子の「やってみたい」は、唯一無二の世界なわけです。ほかの人ではわからない、その子がその子である証の世界。言いかえると、「私の世界」です。

〔中略〕

「教育」で「生きる」ことの意味や価値を教えることはできます。「いのちの大切さ」を教えることもできます。けれど、「生きている実感」を大人がこどもに教えることはできません。その「私が生きている実感」は、「私の世界」を生きることではじめて得られるものだからです。

天野は、「やってみたい」という欲求は、「いいこと」「正しいこと」だから生じるわけではなく、むしろ、あぶない・きたない・うるさい（天野はこれらのローマ字表記の頭文字を取って、〝AKU〟と呼ぶ）を筆頭に、「面白そう」「楽しそう」という情動や、それにともなう体の反応から生まれると言う。

こうした一連の表現に触れるにつけ、「遊び」を必要としているのは、こどもだけではなく大人もなのだという気がしてならない。

大人は大人で遊んでいる？　お酒を飲んだり、ゴルフをしたり、カラオケに行ったり。ゲームもするし、旅行にも行く。でも？

天野はこうも言う。

いまは大人もゲームに夢中になっていますが、ゲームを攻略することは、多くの場合「プロセス」ではありません。ゲームは、あらかじめプログラムされているものだからです。どのようにアプローチをかけても、もともとのプログラムを変えることはできません。プログラムされたものを攻略していくというのは、言いかえれば「消費」をしていくということです。

そして、本来の遊びとは、「生産・創造」の中にこそあるという。

そう考えると、ぼくらが思い浮かべる大人の遊びの多くは、実は、決められた枠組みやコンテンツの「消費」に過ぎないのかもしれない。それはそれで楽しく、気が晴れたりはするのだけれど、一方、終わったときの徒労感のようなものもある。ぼくらは遊んでいるようで遊ばされているのかもしれない。

そもそも大人になって以降、自分の中の「やってみたい」が何なのか、はっきりしないということもあるだろう。

このように考えてくると、ぼくは「遊んで」いる。

クルミドコーヒー、胡桃堂喫茶店、クルミド出版、地域通貨ぶんじ、ぶんじ寮……。誰かにやれと言われてやっているものは一つもない。お金のためにやっているわけでもない（お金が大事でないと言っているわけではない）。これら一つ一つの源には「相手によろこんでもらいたい」気持ちがあって、それが実現したとき、うれしく満たされた気持ちになる自分の心情も含めて、自分の「やってみたい」欲求が取り組みの源にある。

そして進む道はたいてい舗装されておらずオフロード。カフェや出版など、分野こそ昔ながらのものであっても、「業界の常識」にそぐわないようなつくり方、やり方をしてきた。その道には先人はほとんどおらず、ルールも決まっておらず、「プログラム」もない。そういう未開の地を創造的に歩く。まわりから見ると、危なっかしいと思われるかもしれないけれど、これはこれで「私だけの世界」として生きる実感にあふれている。

満足な休日もなく、仕事に明け暮れている（ように見える）自分に対して、「影山さん、遊んでますか？」と、冗談半分、心配半分で声をかけてくれる仲間もいるのだけれど、大丈夫。ぼくは人生そのものを遊んでいるということだ。

そもそも、仕事を「職業」と解するとき、それはそう呼ばれている時点で、何かしらの社会的な枠組みに自分を当てはめていることになる。ぼくは自分の仕事を「カフェ店主」と名乗ることが多いのだけれど、それはそういう職業が世にあることを多くの人が認知してくれているから通用するわけだ。でも実際には、ぼくの仕事はカフェ店主という枠組みに当てはまらないことも多く、そういう意味では、「影山知明」を仕事にしているという感覚と言ってもいい。自分の欲求、情動、内なる声を起点として、その社会的な役割は四方八方へと枝を伸ばす。それらのある部分は、ある職業名で語られ得るものであっても、そうでない部分もたくさんある。それはもう「生き方」だ。

そう考えると、職業には休日があったとしても、生き方には休日はない。もちろん休むとき、抜くときはたくさんあって、そういうオンとオフの波とともに自分の時間はあるのだけれど、それは誰かに決められた休日というニュアンスではない。休日とは、社会的な役割や肩書きから自分を解き放つ日という定義なのだとすると、ぼくは毎日が休日だという言い方だってできる。

職業や休日といった用語そのものが、あなたが社会システム（△）に埋め込まれていることを示唆する表現なのだ。そうした枠組みや用語に引っ張られず、あなたはあなたの人生を、あなたのリズムで生きたらいい。

時間の花

二〇二四年六月末、沖居が退職することになった。

次なる道へと進もうとする彼女のことをチームみなで応援し、ここまでお店をつくり、支えてくれたことに心から感謝する旅立ちの時となった。

十三年勤めあげてくれた彼女の存在は大きい。彼女の料理や製菓、パンづくりの技量によって、お店のクオリティが実現していた部分は大いにある。また、お店への深い愛情と献身によって、他から見えにくいところで、彼女が一心にあらゆるこぼれ球を拾ってくれていたようなところもある。彼女だからこそ築けたお客さんとの関係性もある。

その大きさの分だけ、七月以降どうしたらいいかと、残される社員二人（合地と間渕真梨子）は途方に暮れていた。

彼女たちはクルミドコーヒーを守らなきゃと感じていた。先人たちの一つ一つの努力や苦労に敬意を払い、築かれてきたお店の形を守っていくことが後を継ぐ自分たちの使命だと感じていた。ただ、キッチン業務が強みなわけではない二人にとって、そのことは背負うにはあまりにも重い荷物で、その表情には悲壮感さえ漂っていた。

「まずさ、フードメニューを休みにしようよ。なんならケーキだって休みにしたっていい」

「え？　でもそんなことしたら……。お客さんだって楽しみにしてくれてると思いますし。売上だってどうなるか」

「いいのいいの。こういうときに立ち返るぼくらのスローガンは『仕事に人をつけるのではなく、人に仕事をつける』じゃない？」

「そうですね」

「二人とも、料理とかお菓子づくりが得意分野なわけじゃないじゃない」

「はい」

「私はどっちかっていうと、人の話を聴いたり、人のアイデアを受け止めたりするほうが……」

「私はどっちかっていうと、デザインの仕事が……」

「だよね。そんな二人が、泣きながらクルミドサンドをつくって出すことを、お客さんも本当は求めてないいんだと思うよ」

「そうですかね」

「そうそう。自分もね、よく考えるんだ。今はそれでも合地さんも間渕さんもいてくれるし、アルバイトのメンバーだっていてくれるから、それでもだいぶお店の形を守ることができるけれど、そうした仲間が全部いなくなったらどうするんだろうって。だってほら、ぼく、なんにもできないじゃない？」

「え、ええ……」

「そうなったらなったで、コーヒーも淹れられず、ケーキも焼けないぼく[4]だけになったなら、それはそれで一生懸命お店をキレイにして、お水だけは用意して、お店開けたらいいんじゃないかなって。なんにもないけど、話なら聴きますって。話を聴くのは好きだし、得意ですからって」

「確かに。来てくれる人もいるかもしれませんね」

「それと比べれば、ずい分とできることはあるわけだから」

「そうかもしれません」

「ぼくらで無理なくできる範囲に一回しゃがもう。その上で、合地さんはももんにんのことか、間渕さんはマグカップのこととか、アルバイトのみんなと面白がってやれることとか、考えてくれたらいい」

そうして、メニューを減らし、中でもフードメニューは二週間お休みにした。そしてぼくは銀行へと資金調達に走った。

結果、二〇二四年七月は、近年まれにみる売上の低い一か月になってしまった。看板メニューのいくつかがなかったのだからしょうがない。

でも翌八月。ももんにんでのチームのがんばりもあって、数字の面でも大きく盛り返すことができた。そして合地や間渕が、それぞれらしくチームの中にあってくれることで、チームの状態も健やかであれている。本書執筆時点で、まだまだ予断は許さないけれど、今いるメンバーがそれぞれにお店のことを引き受け直してくれることで、時間をかけてまた、ぼくららしいいいお店にしていけると思う。

ぼくらが大事にすべきなのは、「お店の形」なのではなくて、一人一人がのびのびと自分を発揮して一緒になってお店をつくっていってくれることなのだ。だから、担い手が変わればお店の形だって当然変わる。そのときお店をつくってくれている一人一人の生きた時間が、お店にも流れるようになる。

短期的には、メニューが変わったりなくなったりしてしまうことで、お客さんの期待に応えられなくなって、客数減、売上減につながってしまうことはあるだろう。でも長い目で見たときには、一人一人が、ちゃんと自分を重ねた取り組みをお店で実現することで、生み出すことのできる価値や関係性のほうがはるかに大きい。

水面にすぐ近いところで、なにかあかるい星のようなものが光の柱の中できらめいています。それはおごそかな、ゆったりとした速度で動いているのですが、よく見ると、黒い鏡の上を行きつもどりつしている大きな大きな振子でした。〔中略〕

　この星の振子はいまゆっくりと池のへりに近づいてきました。するとそこのくらい水面から、大きな花のつぼみがすうっとのびて出てきました。振子が近づくにつれて、つぼみはだんだんふくらみはじめ、やがてすっかり開いた花が水のおもてにうかびました。

　それはモモがいちども見たことのないほど、うつくしい花でした。

『モモ』の第十二章「モモ、時間の国につく」で描かれる〈時間の花〉。

花、光、音楽、ことば。

一人一人に、ちがった花が咲き、やがてゆっくりしおれていく。

一つ一つ、テンポも、色も、かおりも、ひびきも異なる連続するそれらが、時間の正体として描かれる。

お店もそうしたものたちのアンサンブルとして、形にできたらいい。

　光を見るためには目があり、音を聞くためには耳があるのとおなじに、人間には時間を感じとるために心というものがある。

クルミドコーヒーの地下には、七連の水出しコーヒー器具が並んでいる。それらの一つ一つが異なるテンポで水をしたたらせ、透明なそれを褐色のコーヒーへと変化させ、ビーカーに黒いさざ波を立てる。

席に座って、そのコーヒーの抽出の様子を見ていると、ぼくら一人一人にも、それぞれに異なり、それぞれに豊かな時間が流れていることを思い起こさせられる。スタッフもお客さんも関係なく。

時計を外し、スマホをしまい、客観性やシステム合理性から離れ、心を開いて、今一度、一人一人が自分の中を流れる自分の時間に耳を澄ませるために、ぼくらはクルミドコーヒーをつくったのかもしれないなと思う。

今日もそんな店内に、時間の花が咲いている。

---

1 舘岡康雄『利他性の経済学—支援が必然となる時代へ』(新曜社)
2 https://ameblo.jp/kurumed/entry-12744783238.html
3 https://ameblo.jp/kurumed/entry-10858381484.html
4 実際にはコーヒーくらいなら淹れられます。

コラム1

あなたと私の いのちの形をしたお店

合地茜

ごうち・あかね▼クルミドコーヒー四代目店長。学生時代からお店に通い、社会人経験を経て二〇一八年からスタッフに。一人一人の「やりたい」の気持ちを応援したいとお店づくりに取り組む。好きな食べ物は、桃。

私とお店との重なり

「お店があってそこにあなたがいるんじゃなくて、まずあなたがいて、そしてお店があるんだよ」――これは、店主の影山さんから幾度となく聞いている言葉です。

仕事をするということは、「組織」に足りていないそこにある明確な「役割」が何であるかを理解し、その役割を担うよう努力すること。これは、クルミドコーヒーで働くようになるまで、私の中の「働く」という言葉の意味の大部分を占めていたように思います。

それと比べて、冒頭の言葉は、私がもともと「働く」という言葉に対して抱いていた印象とはずい分と違うものでした。お店の形に私が合わせるのではなく、ありのままの私がいて、私とお店との間に重なりを見つけ、その重なりの中で一緒にお店をつくっていく。そんな大きなテーマと、私は働きながら向き合ってきました。

いびつさから感じられるもの

つい先日、クルミドコーヒーの全体定例が行われました。社員とアルバイトメンバーが一堂に会してお店について話し、チームの共通言語を増やしていくという、お店にとってとても大事な場です。

今回のテーマは

「個人としてお店に立つときに大切にしていること

は？」

「クルミドコーヒーってどんな場所だろう？」

　という二つの問いについて、個々人が考えてきたものを発表し合うことでした。

　それぞれの言葉一つ一つが頷けるものばかりでしたが、その中でも印象的だったのは、メンバーのこんな発言でした。

「お客さんが過ごしたいように過ごせる場であるように、お客さんに合わせる」

「人の手を感じられる、あたたかみのある、少しいびつさを持っている」

　ああそうかとそこで気付かされたのです。「クルミドコーヒーで過ごす時間の正解は、それぞれのお客さんの中にある」、「押し付けることもなく、禁止することもなく、自由である」。クルミドコーヒーは、その人がそのままであることを許される場所であり、そしてそれはお客さんに限った話ではなく、スタッフにおいても言えることなのではないかと。

　お店では、スタッフ同士でこんな会話がよくあります。

「今日のケーキ、ふわふわだね」

「この飾り付け、とっても綺麗だね」

「今日の深煎り珈琲、いつもより美味しい気がする」

　一定のクオリティは担保しつつも、一人一人が飾り付けるケーキは、実は一つ一つ微妙に違います。まったく遜色なく綺麗に整えたられたケーキが並ぶような洋菓子屋さんのケーキと、私たちのお店のケーキはそこが大きく違います。クルミドコーヒーのケーキたちにはいびつさがあるのです。そのいびつさは、まるでそれぞれのいのちの形のよう。それはつまりは、スタッフ一人一人もいびつであることを許してもらえているということのようにも感じられるのです。もっといえば、そのいびつさ（違い）を、クルミドコーヒーはむしろ歓迎していると感じることもあります。

クルミドコーヒーの関係性の結び方

　クルミドコーヒーの社員定例でよく出てくる「それ、すごくクルミドコーヒーっぽいね」「ちょっとぽくないかな」という会話。クルミドコーヒーにおける判断基準の多くは、「利益が多く出るかどうか」以上に、「らしいか、らしくないか」であることが多いように思います。入社した当初は特に、何が「らしくて」、何が「らしくない」のか感覚を掴むことがなかなか難しかったのですが、多くの時間を過ごし、チームのみんなと対話をしていく中で、その感覚は徐々に身体に沁みてきました。

しかし、困ったことがあります。それは、新しく入ってくるメンバーにとってはこのような判断基準はとても不親切であるということです。この、「らしさ」の正体をもっと言語化できれば、新しいメンバーにもお客さんにも、もっとクルミドコーヒーのことを分かりやすく話せるかもしれない。そこで私は一つの仮説を考えました。「クルミドコーヒーらしさ」の秘密は、「社会とのつながり方」にあるのではないかと。

『ゆっくり、いそげ』の中で、「社会」とは、「あなたと私の関係性の集合体」と表現されています。つまり「クルミドコーヒーらしさ」とは、「他者との関係性の結び方」に大きな特徴があるのではないかと考えたのです。

お店とスタッフ、スタッフとお客さん、スタッフ同士、お客さん同士。お店とスタッフの関係性の結び方は雇用のあり方、働き方に関係するだろうし、スタッフとお客さん、またそれぞれ同士の関係性の結び方は、そこが居場所になりうるかどうかにきっと関わってくるはずです。

では実際クルミドコーヒーでは、どのように関係性が結ばれていっているのでしょうか。今回は、お店とスタッフの関係性の結び方に注目して考えてみようと思います。

お店とスタッフが関係性を結ぶことで、そこには小さな社会――「組織」が生まれます。お店では、関係性のあり方を考えるときの一つのキーワードとして、「ブリコラージュ」という言葉が使われます（本書でも第三章に登場します）。「エンジニアリング」と対になる言葉として用いられるブリコラージュは、「『あるもの』に着目をし、それらの組み合わせから何かを創造していく技術や知恵のこと」。今から十一年前、二〇一三年二月のマメクルラジオ「ブリコラージュ」回で、カフエ マメヒコ井川さんと影山さんが、「不惑（四十歳になること）」をきっかけにこんな話をしています。

何かをなしとげるために生まれてきたわけではない。世の中をよくするという志をもって生きているけれど、それができず嘆くことはない。私はここで生きている、と提示することが大事。

二人いれば、そこに宇宙はある。目の前の人と何らかの宇宙が始まることが何よりも大事。始まった宇宙は終わらせないことが大事。周りがよく見えることもあるけれど、魅力的なのではなく、魅惑的なだけだ。魅惑的の「ワク」は惑う。惑わされているだけなのだ。

この会話から感じたものは、いま目の前にはいない優秀な誰かを求めるよりも、いま目の前にいるあなたと一緒にできることをやろうという姿勢が大事なのだということです。目の前のあなたが有名だろうが天才だろうが、はたまたその逆であろうがそれは大きな問題ではなく、あなたと私がいまここにいるのだから一緒にやろうよ、ということ。この考え方は、まさにブリコラージュであり、いまもなお確実にクルミドコーヒーの根幹にあるものではないかと感じています。

事実、クルミドコーヒーでは「こういった能力をもった人を募集します」といった採用活動をあまりしません。「いま、そこにいる人」とずっと出会ってきています（私自身、特に会社から募集をされていないのに、「ここで働かせてください」と急に影山さんに直談判をした一人でした）。できること、できないことは一人一人違うし、人生のフェーズによって、体調によってもその日のパフォーマンスは変わっていくでしょう。いまいる人、いま出せる力、いま与えられている時間でできることは大きく変化していくはずです。

正直、常に一定のパフォーマンスやサービスを得られるという信頼性を求められる場所も世の中にたくさんあるでしょう。私自身も、一消費者という立場であれば、「この金額を出すのだから、それに相応しいサービス、商品を得たい」と思うことは少なくないかもしれません。けれど、偶発性を楽しもうと思ってその物事に向き合うこともきっとあるはずです。

演劇のように決まったシナリオがあっても、その日の演者のコンディション、演者同士の呼吸、テンションによって、同じ作品でも違うもののように感じられることがあります。場合によってはハプニングが起こることもあるかもしれません。ハプニングはない方がもちろんいいのでしょうが、でも時としてそのハプニングこそ、一夜限りの情熱的な瞬間として記憶に刻まれる、実に魅力的なものになることだってあるではないかと思うのです。

少し話を広げすぎてしまったかもしれませんが、クルミドコーヒーでは、その偶発性、その時々の熱量のある関係性を求められている感覚があります。

私が見つけた「クルミドコーヒーらしさ」とは、「あなたと私の関係性を築くことからはじめること」。つまり、ずっと変わらないものなのではなく、お店にいるスタッフが変われば、それも変わり続けるということです（新しいメンバーへの説明は、これからも苦労することになりそうです）。違いをもった一人一人の内側から生まれてくるものが染み出して、合わさって、伸ばしたい方向に、伸ばせる方向に、枝葉を伸ばしていくということ。一人一人のいのちの形によって、お店の形はこれからも毎日目まぐるしく変化していくのでしょう。

まだ見ぬ、いつか一緒にお店をつくるかもしれない「あなた」に対しても、私はこう思うのです。

「あなたと私がいて、彼や彼女もいる。いまここにいる私たちで、何ができるだろう。私はこれが得意、私はここで力になれると思う。あなたはどう？　何がしたい？　みんなで持ち寄ったら、きっと面白いもの、面白い時間が生まれるんじゃないかな」

いつでもそこにあるものを尊く感じる心と、いつでも新しいものを創造できるという好奇心を持っていよう。あなたと私が関わっていく中で、私だけでは見えなかった宇宙がきっと見えてくるはず。

さあ、今日はあなたと一緒に何をつくろう。

第二章

ファンタジーの森

「この世で起きた素晴らしいことはすべて、
はじめは誰かの想像（ファンタジー）の中で起きたことなのですよ。」

アストリッド・リンドグレーン
（一九五八年国際アンデルセン賞受賞スピーチより）

ファンタジーの聖地、黒姫童話館

二〇二三年八月末。長野県信濃町にある黒姫童話館に二十四人のおとなと八人のこどもが集まった（そのうちの何人かはそのどちらに属するのかあいまい）。イベントの名前は「エンデキャンプ」。

あまり知られていないのだけれど、同地には、ミヒャエル・エンデの遺品・関連資料の約九割が所蔵されている。エンデの二人目の妻が日本人（佐藤真理子さん）であるなど、日本との縁が深いエンデだけれど、一九九〇年前後、童話館のオープンに際して、当時職員だった山縣一郎さんをはじめとした方々による熱心な働きかけの甲斐あって、この収蔵が実現した。世界的な、人類史的な価値を持つ資料がここにある。

エンデは、ファンタジー作家と呼ばれる。

ファンタジーとは、日本語だと空想や幻想と訳されることが多い。魔法や架空の生き物の登場する小説はファンタジー小説と呼ばれ、文学ジャンルの一つともなっている。ただ、エンデは、もう少し積極的な意味でこの言葉を使っていたように思われる。

ファンタジーとは現実から逃避したり、おとぎの国で空想的な冒険をすることではありません。ファンタジーによって、私たちはまだ見えない、将来起こる物事を眼前に思い浮かべることができるのです。

（河邑厚徳／グループ現代『エンデの遺言 ―根源からお金を問うこと』）

おまえは自分の知らないものにかんして存在を認めません。そしてファンタジーなど現実ではないと思うのです。でも未来の世界はファンタジーからしか育ちません。私たちはみずから創造するもののなかでこそ、自由な人間になるのです。

（ミヒャエル・エンデ『サーカス物語』）[1]

ぼくらはその地においてこそ自由であり、そこから未来をつくり出していくことができる。そういう意味で、ぼくはファンタジーを「創造的な想像力」と訳したい。システムや枠組み、前例や慣習から自身を解き放ち、自分はどうあるのか、どうありたいのか。そして他者と一緒になって、今はまだここにない未来をどうつくっていくのか。そのためにはこの創造的な想像力が欠かせない。エンデは、『モモ』や『はてしない物語』といった自身の作品を通じて、言説を通じて、その力強さと可能性を示してくれた作家だ。

その意味で黒姫童話館は、ファンタジーの聖地と呼べるかもしれない。すぐ隣には豊かな森もあり、黒姫山をはじめとした雄大なながめも壮観。大きな自然に包まれるこの地に集い、二泊三日。「ミヒャエル・エンデに出会い、感じ、語り尽くす三日間」として、エンデキャンプは企画された。

〔前略〕

日本で最もエンデを感じられるこの場所で仲間と出会い、エンデの遺した資料に触れ、全身で自然を感じることで、自分のなかを流れる自分の時間に、自分のなかに眠るファンタジーに出会い直してみませんか。

参加資格は、「エンデが好き」であること（「まあまあ好き」を含む）。

またできるならば、エンデの遺したメッセージを引き継ぎ、つないでいくために、なんらかの役割を担ってもいいと考えていただけること。

エンデの作品をたくさん読んでいるとか、エンデについて詳しいとか、そういったことは求めません。

お互いの心をもちよって、自由になって、遊んで、学んで。

エンデについて、エンデのこれからについて、語らってみませんか。

ご参加、お待ちしております。

〔後略〕

（黒姫童話館ホームページ「エンデ・キャンプ2023
～黒姫童話館で出会い、感じ、語り尽くす3日間～参加者募集」より）

呼びかけ人はぼくだった。

開催に先立つ同年四月、黒姫童話館スタッフの一人、児玉幸代さんが、町役場の川口彰さんと一緒にお店を訪ねてきてくれた。二人とも休日を使い、交通費も自腹で、童話館のこれからについて相談したいと、遠路はるばるいらしてくださったのだ。

同館は、コロナ禍もあり来館者数の減少に悩んでいた。その苦境と、それを何とかしたいという思い。けれど力不足で光が見えないという歯がゆさ、苦しさ。そんな二人の正直なお話を聞いているうちに、気がつけばぼくも自然と力になりたいと思うようになっていた。そうして思いついたのがエンデキャンプだったのだ。

エンデのファンは日本中にたくさんいるけれど、そうした人たちにも黒姫童話館の存在はあまり知られていない。エンデキャンプという旗を立てることで広く縁がつながり、新しい風が吹き、そこからエンデや童話館のこれからを一緒になって担ってくれるチームが形づくられていくといいと考えたのだった。

汝の 欲する ことを なせ

八月二十五日。

キャンプ初日、黒姫童話館に隣接する「童話の森ギャラリー」に集まってくるメンバーを見ながら、最初の話をどう切り出したものか悩んでいた。魅力的な面々、話をしたいたくさんの話題。一方、限られた時間。下手をすると、スケジュールをびっしり組んで分刻みで進行を管理するような――「じゃあ、そろそろ時間なので」と人の話を無理やり打ち切って、次の予定はこちらですと次々引き回すような――三日間になりかねない。それは、エンデの望みと真逆のことのように思えた。

時計ではかれる時間（クロック・タイム）と、一人一人に流れるいのちの時間（ライフ・タイム）。前者は客観性に属し、後者は主観性に属する。

ぼくらは、小さい頃からの「時間割」に始まって、前者に自分を合わせることにあまりに慣れている。おそらくエンデキャンプにおいても、そのような進行をしたらしたで、ほとんどのメンバーは問題なくついてきてくれるようにも思った。でも、エンデが問うたのは、ぼくらが一人一人自らのいのちの時間を生きることだ。できればキャンプもそのような三日間にしたい。

ヒントもやはり、彼の作品の中にあった。

汝の　欲する　ことを　なせ

代表作の一つ、『はてしない物語』。主人公のバスチアンを導く「アウリン（宝のメダル）」の裏側に記されていたのがこの言葉だった。

砂漠を背負うライオン、〈色のある死〉グラオーグラマーンとのやり取り。

バスチアンはライオンに宝のメダルの裏に記された文字を見せてたずねた。「これは、どういう意味だろう？　『汝の　欲する　ことを　なせ』というのは、ぼくがしたいことはなんでもしていいっていうことなんだろう、ね？」

グラオーグラマーンの顔が急に、はっとするほど真剣になり、目がらんらんと燃えはじめた。

「ちがいます。」あの、深い、遠雷のような声がいった。「それは、あなたさまが真に欲することをすべきだということです。あなたさまの真(まこと)の意志を持てということです。これ以上にむずかしいことはありません。」

キャンプとして予定するプログラムはあるものの、すべてそれらに従う必要はない。参加するもしないも自由だし、どんな過ごし方をしてもいい。自分の内なる声に従って、自身が気持ちのいい参加の仕方をして欲しいと、この言葉とともに会の冒頭で伝えた。

結果、実際にそれぞれが自由な参加の仕方をしてくれた。早速最初のプログラムから森の中へと消える人。参加者同士、声かけ合って道の駅へと遊びに行っちゃう人。さらに、時折乱入するこどもたちによっても、いのちの時間が入り交じって場に流れた。ただ、だからと言って集中力を欠いた進行になったわけでもない。それぞれがそれぞれの決定においてそこにいて、自分の時間を持ち寄っている。そういう前提を共有した参加者によってつくられる時間は、熱を持つ。

二日目、三日目ともに、朝一番の時間は森の中で過ごしたのだけれど、その過ごし方もそれぞれだった。本を読む者、散歩する者、ベンチで寝る者、詩作をする者、絵を描く者、流れに足を浸す者。森に入らない者もいた。

夜にはバーベキューやキャンプファイヤー。早く寝る者。飲む者。遅くまで語らう者。

星を眺める者。やっぱりさまざまだった。夜更かしをし過ぎて、翌日の朝食を食べない者もいた。

さらに、自由に、だけでなく、創造的に、それぞれが参加をしてくれた。

最終日、三日間を振り返るセッション。そこで自作の詩を朗読してくれる者がいた。他にも絵や小説やエッセイなど、多数の参加者がなんらかの表現を残してくれた。[1] 友愛の経営、友愛の経済、友愛の金融を実現したいと宣言する者もいた。エンデ生誕百年となる二〇二九年には、より規模を大きくした「エンデ・フェス(仮称)」を企画したいと話す者もいた。

三日間のプログラムを経て、考えさせられたり、気づきがあったり、知識や情報が得られたり、そういう方面での成果も豊かだったエンデキャンプ。その一端はこの本にも実を結んでいるけれど、その一方でまた豊かだったのは、会期中、参加者一人一人が自分のリズムを刻み、自分の時間を生きることを身体的に取り戻せたことなのではないかと思う。そしてそれを互いに持ち寄り、関わり、交換できたことは、本来バラバラな一つ一つの流れが交わってより大きな流れをなすようなもので、その大きないのちの流れを生きた感覚は、参加者一人一人の中にきっと残っている。

間ファンタジー性

この世界で何を感じ、何を望み、どう行動するか——つまり、どう生きるか——は、一人一人に固有のものだ。ただ、それらに重なりが生まれることがある。想像や望みが重なることがある。かといって完全に一致するわけではない。ちょうど二つの円の一部が重なるように、それぞれに独自の領域を残しながら重なった領域をつくる。

ファンタジーにおけるそれを、ここでは「間ファンタジー性」と呼んでみる。[3]

たとえば「あなた」のファンタジーの中に、「私」が共感をもって感情移入できる部分を見出したとき、そこに重なりが生まれる。自身に固有のファンタジーの領域を残しながらもだ。しかもその重なりが生まれるとき、元の私のファンタジーは、あなたとの関わりの影響を受け少なからず変容する。そして、そうした重なりや変容は、あなたの側から見ても同様に起こる。そうなるとそれはもはや、「私たち」のファンタジーだ。

こうしたファンタジーの重なりは、二者間にとどまらず、もっとたくさんの当事者間でも起こりうる。そして実はクルミドコーヒーではそれが実現しているのかもしれないなと思う。

クルミドコーヒーには理念がない。

ぼくらのお店のことを知ってくださっている方からすると、少し不思議に思われるかもしれない。あなたたちほど理念的な経営をしているところはなかなかないでしょうと。でもないものはない。「こんなお店を目指そう」「お店を通じてこんなことを実現しよう」といった、取り組みの先にある、ある種の到達地点を明文化したものを理念と言うのだとすると、ぼくらのお店にそれはない。

でも、ぼくを含めた社員やアルバイトメンバー、一人一人の中にはそれがある。明確な言葉になっているかどうかは別として。どんなお店を目指したいか、お店を通じてどんなことを実現したいか、一人一人の中にはある。それらが持ち寄られることで、それらが重なりをつくるようにして、お店の方向性は定まっていく。

これは、先の考え方からすれば、間ファンタジー性だ。

そしてこの重なりは常に変わってきた。この十六年、お店を取り巻く状況は常に変わってきたし、お店を担うメンバーも常に入れ替わってきたからだ。

たとえば、ぼくとAさんの間になんらかの重なりがあったとしても、それと、ぼくとBさんの重なりは違うものだ。だからメンバーが変われば重なりは変わっていく。お店として目指す方向性やどんな歩み方をしようとするかは、メンバーの顔ぶれによって自然と変わっていく。逆に言うと、メンバーは変わっているのにお店の目指す方向性は変わらないのだとすると、それはやっぱりちょっと不自然だ。お店のために一人一人のメンバーを手段化してしまうことになる。

一方、明文化され、固定化した理念がない代わりに、ぼくらのお店には変わらない問いがある。「カフェとは何か?」「クルミドコーヒーとは何か?」「ぼくらはどんなお店を目指すのか?」といったもの。いずれも、はっきりとした正解があるわけではない。同じお店に集っているメンバーでも一人一人答え方は違うし、同じ人においても、時代の変化、環境の変化、自身の変化で、答え方は変わっていく。ましてやそれらの重なりをやである。

実際ぼくらは毎週、社員が集まっての定例会を行っていて、月に一回は、アルバイトのみなにも参加してもらっての全体定例を開催している。そこで話している内容は、言葉遣いや切り口は変わりながらも、結局は先のような問いにどう答えるかということなのだ。それを十六年間、毎週毎週、毎月毎月ひたすらにやってきた。そういう地道で、粘り強い過程を通じて、言葉になる部分も言葉にはならない部分も含めて、お店の「理念」は動的に醸成されてきた。お店を担うメンバーが十五人いるとしたら、十五の「私」があることになる。それらが場に持ち寄られ、一人一人、一つ一つのファンタジーとお互いに向き合い、交換し合う中から、ぼくらの間ファンタジー性を見出してきた。

だから、ぼくらのお店の「理念」は、そこに一定の連続性を保ちながらではあるものの、これからも変わり続けていくことだろう。

ルールのない、まちの寮

ただ、クルミドコーヒーの場合は、そうはいっても自分という創業者がいて、始めるときの思いがあって、それらが「ファンタジー」の核をなしていることは否めない。それと比較して、もっとバラバラに、もっとフラットな関係の中から、間ファンタジー性に挑んでいる場がある。ぶんじ寮だ。

ぶんじ寮は、二〇二〇年にオープンしたまちの寮。敷地面積七三五㎡、延床面積六〇九㎡（旧館＋新館の二棟）という、国分寺のような都市部においては稀なくらいの大きな空間に二十三の部屋があり、水回りを共用し、共同生活を営んでいる。元は市内に本社を構える上場企業の社員寮だったのが、時代の変化の中で閉寮が決まり、まちの仲間で借り上げることにしたものだ。

クルミドコーヒーの上も実はシェアハウス。元々そうした場づくり、住まいづくりに興味のあったぼくは、この借り上げプロジェクトの発起人として手を挙げた。ただ規模的にも、また開設後の広がりという意味でも、自分一人で担うには手に余る大きさだとも思い、一緒にやってくれる「企画メンバー」を募ったところ、なんと十二人もの仲間から反応があった。報酬等は一切ないのに、である。「地域通貨ぶんじ」の仲間、その地域通貨だけでごはんを食べられる「ぶんじ食堂」の仲間、こどもたちのための冒険遊び場「プレイステーション」の仲間、哲学対話の場づくりの仲間、福祉のまちづくりの仲間、設計チーム、地元小学校のＰＴＡ会長等々。こうしたノリのよさが、このまちの魅力であることを再認識する出来事だった。

ここでも、それぞれのファンタジーを持ち寄り、聞き合い、ぶつけ合い、プロジェクトの方向性を一旦、次のような言葉に定めた。

おとなもこどもも、持ち寄ってつくる、安心と冒険とが同居する一人一人の居場所

一見、これが理念のようでもあるけれど、実際には一つ一つの言葉の中身はそれほど具体的ではなく、むしろこれがその後、問いとして作用していくことになる。「持ち寄ってつくるとはどういうことか？」「安心できる場所とは？」「冒険したくなる場所とは？」と。またある時期から、それまでも使ってきてはいた「まちの寮」という言葉が、俄然気になるようになり、「まちの寮とは何か？」という問いも、以来ぼくらが向き合う重要なテーマの一つとなっている。

それから四年が経った。

もちろん課題には事欠かない状況ではありながらも、ぶんじ寮は、とても大きな魅力と可能性を秘めた場として育ちつつある。

たとえば、ぶんじ寮にはルールがない。

実際にはなくはないのだけれど（ほぼひな型通りとはいえ賃貸借契約も結ぶし、お風呂に入る際はプレートをひっくり返すなど、共用部の使用上の約束事のようなものもある）、住んでいる意識としては、ない。「一人一人が好きに暮らしていい」ことがスタート地点になっている。一人一人が好きに暮らして、その上で共同生活上の不便や不都合があったならば、その度に調整すればいいという考え方を取っている。だから先に挙げたような使用上の約束事も、「なんとなくそうなっている」慣習くらいのものだ。

ルールなしでも暮らしが成り立つというのは、他でもシェアハウスの企画・開発・運営に関わってきた自分としてはかなり驚きのことだ。多くの場合は、「暮らしのルール」といった名称のものがあったり、管理規定があったり、掃除や施設の維持管理業務についての当番制のようなものがあったりする。もちろんそれらも住む人や状況の変化に応じて柔軟に見直そうと確認はするのだけれど、それでも入居時に説明される第一声が、「ここにはこうした暮らしのルールがありまして」なのか、「ここにはルールがありません」なのかでは大きな違いを生む。その場で何かをしたいという気持ちが生じたとき、前者においては、「それはルールに反していないか」をまず確認しようとし、行動に向けて一定の躊躇を生むだろうけれど、後者においてはそれがない。まさに、「汝の欲することをなせ」だ。掃除もゴミ捨ても外構部の草刈りも、気が付いた人がする。駐輪場が乱れていたり、気になる騒音があったりすれば話し合う。それも極力、当事者同士で話し合う。それがうまくいかなければ、住民ミーティング(定例会)の議題になる。自由が主で、約束事が従。

そうしたやり方がなぜ成り立つのだろう。

無秩序の秩序

ルールがなくてもぶんじ寮が成り立つ理由として、確かに、メンバーに恵まれた面はあるのだろう。自由の相互承認とよく言われるけれど、自分が自由であるように、他者も自由であることを理解し、尊重すること。それをできるメンバーが多いことで、自分の想定外のことが寮で起こっても、柔軟に、寛容に、それらに対処できることが多い。またそういう寛容さを周囲に感じるから、のびのびと自分を発揮できるのだという言い方もできる。そして同時に、そうした他者への想像力があることは、なんでもかんでもやりたい放題にならないことにもつながる。

ただ、「このメンバーだからできた」だけでは再現性はないことになってしまう。実際、ぶんじ寮の入居者は抽選で決めてきた（募集する部屋数を上回るエントリーがあった場合）。ともするとこういう場面では、理念に共感してくれる人とか、コミュニケーションが上手に取れる人とか、場を開く側が「ふさわしい人」を定め、それに合う人を選びたくなってしまうものだけれど、ぶんじ寮はそうしてこなかった。より多様な人が入居することをよしとし、そのことが生む可能性のほうをこそ楽しみにしようという基本姿勢がある。ただそうなると、もめごとやすれ違いだってより起こっておかしくない。

となると、ルールなしでの運営はいっそう難しいと思われるかもしれない。でも実は、因果関係は逆なのだ。選んだ入居者で共同生活を行おうとする場合、その選ぶプロセスによって入居者の「質（そのようなものがあるとすればだけれど）」が担保されるから、「お互い分かり合える」という想定から物事が始まる。でも実際には、共に暮らしてみるとすれ違う場面がいっぱいあるわけで、関係性が減点主義になってしまう。一方、抽選で決めていると聞き、いろんな人が住むことが想像されると「お互い分かり合えない」想定がスタートになる。となると距離の取り方にも慎重になるし、コミュニケーションも丁寧になる。そして暮らしてみて、意外に共通する部分や分かり合えるところがあったりするとうれしくなる。人間関係が加点主義になるのだ。

多様性に開くことは、実はスムースな共同生活のコツなのだ。

それに加えて、暮らしの中で人は変わっていく。最初はぎくしゃくし、ときに傷つけ合うようなこともある入居者同士の関係も、住みながら変わり、成熟していくということが起こる。そうしたプロセス面でのヒントも探してみよう。

二つある。

一つは、コミュニケーションの量と質。

公式な集まりとしては、住民ミーティングが定例開催されている。月に二回。そして賃貸契約書には、「不参加が継続する場合、契約が解除されることもあり得る」という特約事項があり、この点は、ぶんじ寮に唯一ある強いルールと言ってもいい。もっともこれもぼくが決めたことというわけではなく、企画メンバーや寮生も含めて話し合う中から加えられた項目。それくらいこの住民ミーティングを大事なものとみなが考えているし、新しい寮生が加わる際にもそのことを伝えている。逆に言えば、何かもめごとやすれ違いがあっても、話し合うことさえできればなんとかなるという対話への信頼感がある。

加えて、無数にインフォーマルなコミュニケーションの機会がある。住民ミーティングは一時間半から二時間程度で終了するのだけれど、話し足りない人が残ってということもあるし、それ以外にも日常的に食堂でとか、中庭でたき火を囲みながらとか、風呂上がりにとか、あいさつの延長のように言葉を交わす。わざわざ住民ミーティングに持ち込まなくても、こうしたところで調整され、動くことがたくさんある。

また、そうしたやり取りにおいて、「お前、話長いんだよ」とか、「言うだけでいつもやんないじゃん」とか、使われる表現はかなり率直でちょっと乱暴だったりする。でも、お互いへの愛情や信頼がベースにあってのそういう表現だから、不思議と嫌な気持ちはしない。またこのように言われたとき、言われた側が「そんなことない」と、これまた率直に言い返すことに開かれたやり取りでもある。よくコツとして、ヒトとコトを分けるという言い方をするけれど、何か厳しいことを言うとしても、それはその人の人格を責めているわけではなく、起こった（あるいは起こした）コトに対して言っているのだということが、お互いに了解されていることも大事だろう。

そうして率直に気持ちを伝え合うから、それぞれにガスがたまらず、問題も変に温存されてしまわずに解決へと向かう。ときには長い時間をかけて。こうしたコミュニケーションの量と質が、ルールなしの共同生活を支えているところは大きくある。

もう一つは、場への愛着。

この場でありプロジェクトのことを大事だと思う気持ち。関係者一同、最初からそうだったわけではない。日々さまざまな課題に直面し、話し合い、乗り越え、また次なる課題に直面し……を繰り返す中から、そうした心情は少しずつ育ってきた。ぼくや企画メンバーから始まって、少しずつ寮生からもそうした気持ちが表明されるようになってきたように思う。開設時に行ったクラウドファンディングの募集概要[4]は、そうした願いや思いの出発点になっていて、今も時折そこへと立ち返る。またオープン以来、絶えることのない各種SNSやメディアでの発信も、外への発信という形を取りながら、自分たちの内にある思いの言語化の機会になってきた。

ぶんじ寮プロジェクトはそもそも期間限定（十年＋最大六年の延長）。しかも確固たる資本や組織による経営ではないから、期間終了を待たずにいつなくなってもおかしくない。でも、このように自由な、自分が自分であれる場は貴重だ、ありがたい縁にも恵まれてきた、なくなってしまうには惜しい。そんな風に思う人がいればいるほど、そう思う気持ちが強ければ強いほど、自然と身勝手で独りよがりな言動は少なくなるし、対話の場に参加する責任感にもつながっていく。

こうしてぶんじ寮は、たぐいまれな「無秩序の秩序」が日常において成立する場となっている。一人一人が自由で、好きにやっていて、でもそれでもそこに言語化されない秩序があって、動的に安定している。付言するならそれは、静かで穏やかで平和な日常ということではなくて、むしろその逆。いろんなことをしでかす人がいて、もめごとは絶えず、でも本音を隠す必要はなく、都度ぶつかり合っている、人間くさい場所。そして四年が経ち、そうした関係性やスタイルは、少しずつまちへと沁み出していっている。

そして、そうした関係性と、自分は自分であればいいと思える安心感は人を冒険へと駆り立てる。一つ一つのいのちの中で育まれるファンタジー（創造的な想像力）が、しぼむことなく、自然と発現していく。実際ぶんじ寮は、生活の場であるとともに、無数の小さな挑戦がうごめく、創造の場となりつつある。そして、それらのいくつかはまちへと飛び出し、拠点を構えるなどし、経済活動としてめぐり始めてもいる。

折しも世は、秩序の優先されるきらいがあり、場のルールや仕組みに合わせて人間が小さくおとなしくなることを求められがちだ。そういった環境で、内なる自分の野性を飼いならしきれない人もきっとおり、そうした人たちにとっては、ぶんじ寮のような場所があることは一つの光明だろうと思う。

一人一人が、他律性のくびきから内なる自分を解き放っていったとき何が起こるのか。周囲とどんな相互作用が生まれるのか。動的な安定は本当に成立するのか。それはどんな心地がするのか。それはまちにどんな風を吹かせるのか。ぶんじ寮で起こりつつあるそれらを、ぼく自身もその一員としてぼく自身を解き放ちながら、いっそう感じていこうと思う。

ナイスファンタジー

ぶんじ寮プロジェクトの企画メンバーの一人、Yさんはぶんじ寮の近くに住んでいる。その息子さん、とも君は、小学校に入る前からYさんに連れられて寮に出入りしていた。ある日、自宅で朝ごはんを食べるとき、父親のやり方を真似するようにして、とも君がコーヒーをハンドドリップで淹れることがあったらしい。それがおいしい！と評判になった。とも君自身はコーヒーを飲めないけれど、そんな風によろこんでもらえることがうれしくて、以来ちょくちょく台所に立って、彼はコーヒーを淹れるようになった。

小学生になって、とも君は、世にカフェというものがあることを知る。じゃあちょっと自分もやってみようかと思い立つ。家族だけじゃなく、まちの人にもコーヒーをふるまってよろこんでもらえたらもっとうれしい。自宅の前に車一台分の駐車場があるからそこでやろう。コーヒーを淹れるための屋台は、ぶんじ寮のほっちゃんから借りる。ホットだけじゃなくてアイスコーヒーも出せるといいから、それは、ぶんじ寮でカフェを実際にやっている、くるみお姉さんに習おう。お店の名前は、そうだな、ともカフェ。

そうして、とも君が小学校二年生になったばかりの四月二十九日。ともカフェは、一日限りのオープンをした。

学校の先生も、とも君が自分でつくったチラシを配るのを手伝ってくれたし、当日は、何人ものクラスメイトが一緒にやりたいと集まってくれた。Yさん夫婦ももちろん全面的にサポート。こういうとき、実際にはほとんどのことを親が準備して、実質的な主導権は親側にあるというようなこともあるけれど、ともカフェはそうではない。とも君に引っ張られるようにして、Yさん夫婦も手を動かしていく。

オープン日。気がつけば、即席の屋台の前には長蛇の列。

営業許可を取っているわけではないから、コーヒーを「販売する」ことはできないけれど、飲んでくれたまちの仲間が、「気持ち」を置いていってくれる。地域通貨ぶんじで、感謝と応援の気持ちを伝えてくれる人もいる。

一日で、七十人を超えるお客さんが来てくれた。

とも君もへとへとになったけれど、たくさんの人が、自分の淹れたコーヒーを飲んで笑顔になってくれてうれしかった。またやりたい。夏にはコーヒーゼリーも出したいな。

実話である。

あれから一年半。ともカフェは、その後もちゃんと定期的に開かれ、これまでに十回もオープンした。メニューは少しずつ充実していき、やり方も慣れ、一緒にやりたいというクラスメイトも増えていった。もっとも、コーヒーゼリーはまだ実現していないけれど。

十年くらい前だろうか。まちの仲間界隈で「ナイスファンタジー」という言葉がはやったことがある。どんなことでもいい。大きくとも小さくとも、まちを舞台に、何かしら新しいことに挑戦しようとする人が現れたときにかける言葉。

ロゲイニングと呼ばれるゲーム性をもったまち歩きイベントをやる。

お祭りのときに必要な電気を、自分たちで自転車をこいで発電しようとする。

まちからまちへと小回りきかせてお届け——ぶんじ・バイク便（ＢＢＢ）。

#ナイスファンタジー

もちろん個々に見ていけば、あそこはこうしたほうがいいとか、こういうリスクはどうするんだとか、甘いとか、しょっぱいとか、いくらでも大人なリアクションは取りようがある。でもそうした反応が、ファンタジーの芽をどれだけ摘んでしまうことか。だからただ、ナイスファンタジー。ちょっと軽率でもいい。少しくらいケガすることがあってもいい。それでも、ワクワクすること、やってみたいと思ったことをほんとにやっちゃう。いま世界に足りないのはそういうことなんじゃないかと思う。

誰かのファンタジーは、それに触れたまた別の人のファンタジーを刺激して、波になっていく。波はいずれ渦になって、望む未来を現実化していく。

問いとは光である

一つ一つのいのちが、周囲と関わりながら、自身を謳歌する。クルミドコーヒーもぶんじ寮も、そういう場と捉えることができる。でも、そうかと言って、なんでもかんでも、やたらめったらというわけでもない。それは植物が四方八方に繁茂するとは言っても、どこかで射し込む光を感じ、求め、その射す方向へと生長していく様になぞらえられるのではないかと思う。

その「光」に相当するものが、ぼくらにとっては「問い」だ。

クルミドコーヒーにおいては「カフェとは何か？」、ぶんじ寮においては「まちの寮とは何か？」といった問いが、ぼくらの日々を導いてきたことは先にも触れた。そして、それらの問いの向こうに見る、ぼくらにとっての太陽のような問いが一つある。それが、「一つ一つのいのちが大切にされる社会をつくるには？」だ。

お店のメンバーも、ぶんじ寮に暮らす寮生も、話を聞けば聞くほど、それぞれに小さくない困難や、それぞれなりの障害の経験を経てここへとたどり着いてくれている。それは誰でもなのだと言われればそうなのかもしれないけれど、ちょっと例外的に思えるくらい、そうした出会いが多い。

現代は、残念だけれど、「一つ一つのいのちが大切にされる社会」とはなっていない。△（リザルトパラダイム）の力学の下、一つ一つのいのちより大きなシステムの都合が優先されてしまう世の中だ。その「都合」にうまく自分を合わせられない人は、こどもでも大人でも適応障害などと診断される。「あなたは社会に適応できていません」という意味だけれど、こんなひどい言葉はない。適応できていないのはむしろ社会のほうだ。「あなたのいのちの形に合わせてあげられなくてごめん」と反省すべきは、社会の側なのであろうに。

そうした現代の大きな力にやられて、苦しみ、傷ついたメンバーが、このまちへとやってくる。そうした出会いがあるたびに先の問いが胸をよぎるし、その問いを胸に取り組んだ一つ一つの仕事が、そうした縁へとつながるきっかけにもなる。今となっては、この問いが、お天道さまのようにぼくらの日々を見守ってくれている感覚もある。

本来、カフェにしても、寮にしても、どんな活動にしても、それらをどう仕立てていくかには無限の可能性がある。でも、そうした中からぼくらが選ぶのは、いつも結局、この問いへとつながる道だ。

そういう指針のようなものが、問いの形をしていることにも意味がある。

明文化された理念や事業計画の場合、それが事細かに定められていればいるほど、それは関わる一人一人にとって制約としてはたらくことになる。でもそれが正解のはっきりしない問いだからこそ、そこではいろんな答え方が許される。関わる一人一人が自分自身に根差した形で、この問いに向き合うことができるのだ。それでいて、光を求めて見上げる方角がみなで一定そろっていることが、チームとしての一体感をつくることにもなる。

　そして、人間の心や頭のはたらきとして、「問われるから答える」こともある。

自ら、自発的に想像し創造する力が人にはあると思う一方で、誰しも、問われることが大きなきっかけとなることもある。種が、光に誘われるようにして芽を出すように、一つ一つのいのちが大切にされる社会をつくるには?と問われることで、一人一人の中に眠るファンタジーが、むくむくと目覚めるということもある。

　逆に言えば、自分なりのファンタジーであり「欲するところ」が思いつかないという人がいるとしたら、それはその人が、いい問いにうまく出会えていないからということではあるまいか。自分のいのちを投じて、自然に答え（応え）たいと思えるような問いに出会えたなら、きっと何かが動き出す。

　ぼくにとって、この本を書くという行為もそうだ。

　今この瞬間もぼくは、その向こうに「光」の存在を感じながら、自身と向き合っている。その内容も、四方八方へと身勝手に枝葉を伸ばすようでいて、どこかでいずれもが、その光へと向かうものになっていると信じたい。

懐中電灯のあかりのような問いが照らし出した一つのファンタジー

また、問いの中には、お天道さまのようなそれと比較してもっと手近にあって、いわば懐中電灯のあかりのように、周囲を探索するときの導きになってくれるようなものもある。お店づくりで言うなら、「もっとおいしいコーヒーを淹れるには?」というような問いがそれだ。そういう問いが自分の中にあるから、日々、目に映るものが変わる。人のお店でおいしいコーヒーに出会ったときに、キッチンの中をのぞき込みたくなる。

> 世界は問いかけられることによってはじめて自分を開く。〔中略〕すべての事物は暗黒の状態で意識のそとに存在している。問いかけによって一部が照らし出される。
>
> (塚崎幹夫『星の王子さまの世界—読み方くらべへの招待』)

「自分自身が関心をもって見たものしか、われわれの目にはもともと映らない(同書)」のだ。同書は、直接的には読書について書かれたものだけれど、この洞察は生きること全般に当てはまる。

たとえば、二〇二〇年。世界が新型コロナウイルスの感染拡大の影響を受けたとき、ぼくらのお店もどうあるべきかを考えさせられた。営業するべきかどうか、マスクはどうするか、そもそもお客さんが減り、成り立たなくなった経営をどうするか。そうした中で一つ考えたのは、「こういう時勢だからこそ、カフェのような場が果たせる役割があるはず」ということだった。つまり、自由に出歩けず、人と会話もできず、みながふさぎがちな状況にあって、カフェのような場に来てふーっとひと息つくこと、たくさんのおしゃべりということではなかったとしても、人の存在を感じ、交流すること。そういう時間で、取り戻せる自分もあるだろうと思ったのだ。

ただ一方では、一人一人のお財布事情も厳しくなっている。気軽にお店を訪ねて欲しいけれど、そのためのコーヒー代も簡単ではないかもしれない……。つまり自分は当時、「お金がかからず、カフェを使ってもらえるようにするにはどうしたらいいか？」という問いを抱えていたわけだ。

その問いを手に、気配のするほうを探っているときに出会ったのが下田直人さんだった。下田さんは沖縄県名護市で「ブックカフェあいてーる」というお店を経営されていた。同店は二〇一九年九月、惜しまれながらも閉じることになり、下田さんはその後、国分寺へと引っ越してこられていた。彼は、カフェ開業前に『ゆっくり、いそげ』を読んでくれていて、それもインスピレーションの源の一つになったのか、「恩送りカード」という取り組みをされていた。これは、ひと言でいえば、次の人にコーヒーをごちそうできる仕組みだ。

そうした仕組み自体は世界中にいくつかある。イタリアであればカフェ・ソスペーゾ。アメリカ等では、ペイ・イット・フォワード（Pay It Forward）コーヒーと言われたりする。次の人に食事をごちそうできる、カルマキッチンという名の取り組みもある。それぞれいいなと思う。クルミドコーヒーでも似たようなことをやれないかと考えたこともある。ただいつもぼくが引っかかったのは、これらは「贈る」取り組みではあっても、「感謝する」取り組みではないことだった。つまり、ごちそうされた人が、ごちそうしてくれた人に感謝の気持ちを伝える方法がない。その分は「次へと贈ろう」ということなわけだけれど、ぼくとしては、その間の大事な過程が端折られてしまっているように思えてならなかった。

その点、下田さんの「恩送りカード」は違った。

ごちそうする側は、五百円を支払ってカードを買う。そしてそこに「こんな人に飲んでもらいたい」という宛先とメッセージを書く。あいてーるの店内には、そうしたカードが並ぶ。後から来た人はそれらのカードを見て、「これは自分宛のカードだ」と思えたものを見つけたとき、それを使ってコーヒーを飲むことができる。そしてカードの半分には返事を書けるスペースがあり、ごちそうしてもらったことへの感謝の気持ちを書けるようになっている。カードの宛名面には贈り主の住所が書かれているから（店内への掲示時にはシールで隠されている）、使われ、返事の書かれたカードには後日スタッフによって切手が貼られ、贈り主へと届けられることになる。贈り主からしたら、ある日突然、見知らぬ人からの、直筆の感謝の手紙が届くことになるわけだ（これはうれしい）。

これだ！と思った。

そしてちょうどその時期、ぼくらのチームの中に井上大樹がいた。彼は入社時から、お店でやってみたいことの一つとして、「お店を、手紙を書くスペースとして活用してもらうこと」を挙げていた。彼自身、ここぞというときには、大事な人へと直筆の手紙を書くことを習慣としていて、クルミドコーヒーはそうしたことをするのにとても向いた空間だと感じてくれていたのだ。

「恩送りカード」と「手紙」。

下田さんのファンタジーと、大樹君のファンタジー。

この二つが結びつくようにして、そしてそこにぼくのファンタジーも加わらせてもらって、「お手紙コーヒー」と名付けた取り組みがクルミドコーヒーで始まったのは、二〇二〇年十一月のことだった。

価格は七百円（もしくは五百円ぶんじ）、カードのデザインなども独自のものにしたけれど、やり方は「恩送りカード」のそれを踏襲している。それを真似ることについて、下田さんも是非と言ってくれた。アイデアを、特定の誰かが独り占めするのではなく、共感してくれる人たちへと開いていくこと。下田さんとぼくはそういった発想においても似ていた。[4]
　この仕組みのおかげでお店を利用できるという人が現れた。そして、当初はごちそうされる側としての利用が続く人も、状況が許すようになれば、ごちそうする側にもまわってくれる。「お手紙コーヒー」を受け取ったことに励まされて、自分の人生の大事な一歩を踏み出せたという人もいる。[6] それぞれニックネームでのやり取り。「文通」相手は、顔も本名も分からぬ誰か。贈るにも、受け取るにも、プライスレスな情動を伴いながら四年。利用者はのべ千二百人を超えた。

　懐中電灯を照らすようにして出会った「恩送りカード」。でも、そこにあったのは贈ることだけでなく、受け取る（感謝する）ことも大事にしようとする下田さんの姿勢。ヒントを探して、外へと進めた探索の答えは、実は自分たちの足下にあった。

　懐中電灯で最後に照らすべきは自分だ。そこには不足も充足もあり、課題も可能性もある。問うことで始まる世界との出会いの旅は、最後、自分自身へと帰ってくる。

　逆に言えば、自分に帰ることをせず、「外部に正解がある」とだけ考え、それをコピー・アンド・ペーストするだけの姿勢では、その答えはその実、あなたにとっての本当の答えではないのだ。

人工林、天然林、原生林

クルミドコーヒーが一本の木で、クルミドコーヒーらしさという間ファンタジー性を幹に、一人一人が多様な枝を伸ばす姿をしているとするなら、ぶんじ寮は多様な樹種や草木の繁茂する、林であり森であると感じることがある。

ただいずれもが、到達地点を事前には定めない、設計図や事業計画をもたない、▽（プロセスパラダイム）であり、植物的・生命論的なアプローチであることは共通している。そして、こうしたいのちの形については、古今東西さまざまな人々が印象的な洞察を残している。

> つまるところ「自然という書物」を閉ざされたシステムと考えてはならない。自然は開かれたシステムである。生物はすべて「場」のなかで生きている。「場」のなかで生物は多種多様に変容する。これをゲーテは「メタモルフォーゼ」と呼んだ
>
> （高橋義人『生物の情報と意味』[7]）

生命システムの普遍的な特徴の一つは環境への創造的な適応性をもっていることにあります。これはシステムが自己創出のために活用できる無限定な自由度を内部にもっ

ていること、つまり自己不完結性をもっていることに起因するものです。そしてそこから生まれる内的な自由を活用して環境に適応するように自己創出をするところに、これまでの機械には存在していない生命システムの特徴があります。そしてこの適応的な自己創出性のために、生き物は複雑で無限定な環境の中で柔軟に生き続けていくことができるのです

（清水博『生命科学から見た生命』[7]）

クルミドコーヒーもぶんじ寮も、少し形は違えど、一つ一つのいのちがその潜在性を開花させる一つの場となっている。そういう意味で、この世界で、自然において、いのちがいかにその生命力を発揮しつつ周辺環境との調和を実現しているかを見ることは示唆に富む。

たとえば森林のありようは興味深い。

森林は、人工林と天然林とに分けられる。人工林とは、主に木材生産のために人の手によって植林・育成・管理される森で、スギやヒノキなどの針葉樹が代表的な樹種。一方天然林は、人の手によらず、自然の力で発達・遷移している森で、中でも遷移が最終段階に達し、安定的で永続的な状態になった森のことを原生林と呼ぶ。天然林（原生林）には多様な植物（下層植物から高木植物まで）が育ち、樹種も豊富で、野生生物の生息地ともなる。生物

多様性の宝庫なのだ。[8]

天然林や原生林は不思議だ。その全体を計画し、統制するものがいるわけでもないのに、絶妙なバランスの下に成り立っている。植物も、その他の生物も、それぞれのいのちを謳歌しているだけのように見えて、相互に作用し合い、森林という場を保ち、育むために貢献してもいる。まさに「無秩序の秩序」が成り立っているわけだ。

そこに、長い時間軸の中で環境の変化や突然変異が起こり、秩序が揺らぎ、生存競争と自然淘汰を経て、また動的な秩序が訪れる。[9]

自由と秩序。ぼくらはそれらを二元論で考えて、どちらを優先するかという風に考えがちだけれど、自然界ではそれらが矛盾なく共存し、実にうまくやっているということだ。

もっとも現実の森においては近年、シカ等による食害が深刻化し、元々あった豊かな植生が傷つきつつある現状もある。[10]複雑で繊細な相互作用の一角が崩されることで、その影響は連鎖的に全体に及ぶ。そしてその背景には、気候変動や天敵の絶滅、里山の減少などの事情があり、これらを生んだのも経済成長への偏重など、人間社会のアンバランスさや不健康さと言っていいだろう。

自然の森が持続可能性を取り戻すためにも、「人の森」が健やかさを取り戻す必要がある。それらは相としてつながっているからだ。

野生の王国

あなたの勤める職場の色は何色だろうか。

ブラック企業という言葉がある。それは、「極端な長時間労働や過剰なノルマ、残業代・給与等の賃金不払、ハラスメント行為が横行するなどコンプライアンス意識が著しく低く、離職率が高い、若者の『使い捨て』が疑われる企業の総称[11]」。

引用しているだけで辛くなってくる。

ブラック企業はさすがによくない（実際には企業にとどまらないだろうからブラック職場と言うべきだろう）。さすがによくなさ過ぎるから、時勢とともに変革を迫られ、減っていく方向ではあるのだろう。そもそも日本のように生産年齢人口が減っていく国においては、労使のパワーバランスは本来、時間とともに働く側に移っていくはず。その人口構造の変化も、世の中からブラックな職場を減らす一因となると期待したい。

問題はその先だ。

想像してみて欲しい。「労働時間が短く、給料もそれなりによく、休暇制度などの待遇も充実していて、ハランスメントのハの字もない、人柄いい人たちであふれた、コンプライアンス意識の高い職場」。健康的で倫理的。成長意欲が高い。足の引っ張り合いなどなく議論は建設的。でもどこか同質的。変化は激しいし停滞を嫌がるから、しょっちゅうかきまぜられる。角が取れる。雑味がなくなる。ちなみに社員食堂は充実している。飲み物やスナックは食べ放題。でも、法令違反があろうものなら即クビ（その履歴が残るから転職も難しい）。

すでにそうした職場は存在しているし、今後、増えてもいくだろう。

先日、実際にそのような企業に勤めている友人が、自身のことを「透明になっていく感じがする」と表現していた。「二人のこどもを育てながら、でも望む仕事を続けられているのは、この職場のおかげ」と感謝もしながら。

ブラック企業の次にくる、透明企業。

透明企業はストレスフリー。これは人類のたどり着いた理想郷か。それともディストピアか。ひと昔前の小説なら、ディストピアといえば、横暴な独裁者がいたり、完全な管理社会だったり、戦争があったり、分かりやすく絶望的だった。でも、現実にぼくらを待つディストピアは、健康的で倫理的で自由なのかもしれない。ディストピアは、善意の顔をしてやってくる。

透明企業は、ブラック企業に比べれば（比べるまでもなく）圧倒的にいい。でもぼくには、どこか非人間的にも見える。

人間性のコアにあるものは、必ずしも健康的で倫理的なものばかりではないと思うからだ。もっと欲望的で、感情的で、淫靡だったり、暴力的だったり。不健康で、不機嫌で、バカで、まわりに迷惑をかける。でも、そういうダークな部分をないことにして、明るく楽しく元気よくだけでやっていたら、抑制されたそれらはいつか暴発してしまわないか。あるいは、不健康で非倫理的な人は、大きく矯正されないことにはこの世に生きる余地がないのか。そういう人間的なところは、職場ではなく、プライベートな範囲でやってくださいということなのかもしれない。でもそんな風にうまくいくのか。

だからぼくは、むしろ「野生の王国」を提唱したい。

野生とは、「動植物が、自然に山野で育つこと。飼われていないこと」。野生のまちは大変だ。死の危険と常にとなり合わせ。いさかいが絶えない。生傷もたえない。食料を確保するのに必死。不安定で、未来は予測できない。盗賊とかもいる。サバイバル。でも、自分にウソをついている者はいない。ウソをつかされている者もいない。誰もが自分のいのちを生きていて、そのことを誰にもあれこれ言われない。日々が生の手応えで満ちる。ちなみに、最強はカバ。

もちろん、冗談半分で書いている。

ぼくは本当の野生を知らないし、もし、野生の王国なるものが本当にあって、そこに放り出されるようなことがあったなら、過酷すぎてぼくは一日とて生きられないだろう。でも、現実の世界がその野生の対極へとあまりに進んでいくから、いのちが飼い慣らされていくから、ヒタヒタと迫りくる透明な世界への危機感が、ぼくにこの節を書かせた。

　そして野生の生物は、自身の生き残りを考えるだけでなく、単にエゴイスティックなだけではなく、どこかで自身の生きる世界を俯瞰的な目で感じ取るセンサーをも備えているような気がしてならない。だから、自分が生きるのに必要な以上に食べ尽くすことはしないし、ときに利他的なふるまいをして周囲のいのちとの調和を整えようともする。人間よりよっぽど、自然の理（ことわり）を理解しているように思う。そうした、言語化はされない、より本能的な、他者への、世界への想像力を、むしろぼくらは取り戻さないといけないのではないか。残念だけれど、見方によれば、人間ほどエゴイスティックで野蛮な生物はいないのだ。

　透明もあっていい。黒や灰色だってなくなりはしないのだろう。でも何か一色になるのはイヤだ。

　カラフルないのちによる、カラフルな世界を。

　それを、野生の王国と呼ぶ。

1 子安美知子訳。またこの言葉には、こんなエピソードがある。「黒姫童話館のオープンがいよいよ近づいたことを知らせに、ミヒャエル・エンデを訪ねてメッセージを乞うと彼は、それは『サーカス物語』に書いたひとせりふにつきるよと、上記の言葉を引用した。そして、『ファンタージエンの入口はたくさんあります。黒姫童話館がその入口のひとつになることを願ってやみません。』と結んだ。」（黒姫童話館の案内ボードより）

2 参加者の表現を集めて、エンデキャンプ発の独自の文芸誌を編もうという話にもなりました（その名も『アウリン』！）。ただ本書執筆時点ではまだ仕掛かり中です。

3 オーストリア出身の哲学者、エトムント・フッサール（1859-1938）が「間主観性」という言葉を使っています。ただそれは、人間は世界をどう知覚し、認識するのか、そしてその認識は、はたして他者と共感し得るのかというような文脈での用法ですので、「重なる」というよりは「橋が架かる」というようなニュアンスかと思います。

4 https://motion-gallery.net/projects/bunji_ryo

5 ですので、「恩送りカード」「お手紙コーヒー」のような仕組みは、どんどん真似していただいて大丈夫です。特に断りも必要ありません。もっともご一報をもらえましたら、取り組みの仲間としてご紹介させていただけるかとも思います。

6 お手紙コーヒーを受け取ることをきっかけとして、アルバイトメンバーになってくれた人もいました（Oさん）。

7 いずれも、河合隼雄／清水博／谷泰／中村雄二郎編『岩波講座 宗教と科学6 生命と科学』（岩波書店）所収

8 ちなみに、国土の約三分の二が森林で、森林大国とも言われる日本だが、そのうちの四一%は人工林。世界的にはそれは七%と言われるから、いかに人工林の多い国かが分かります。世界森林資源評価二〇二〇。KIDZUKIのウェブサイトが分かりやすいです。https://kidzuki.jp/articles/infographics-001_220920/

9 これはダーウィン進化論的な見方です。それとは別に、自然に共存原理を見る今西進化論もあることを第七章で検討します。

10 二〇二四年九月、京都府南丹市美山町にある芦生の森（京都大学芦生研究林）を訪ねました。ただそこで目にしたのは、かつて天然林（一部に原生林）と呼ばれた森の、傷つき荒れゆく姿でした。引き金を引いたのはシカによる食害。三十年くらい前から、暖冬によって降雪量が減り、冬を越すシカの個体数が増えるようになったのです。シカは、木々の若芽や下草、さらには若木の樹皮を食み、森の「下層植生」を奪っていきます。そうすると植生の世代交代が進まないばかりか、表土の流出を招き、強い風雨に見舞われると成長した木々まで倒れてしまうようになります。そこに入林者の増加が追い打ちをかけることになりました（現在は入林制限がなされています）。

そして今、芦生の森では、アサガラやイワヒメワラビのようなシカ不嗜好性植物が増え、別の相を形成しつつあります。また二〇〇六年からは、「芦生生物相保全プロジェクト」として、総延長一・五キロメートルにも及ぶ防鹿柵で、一つの集水域を囲い、

植生の回復に取り組んでいます。十八年でずい分と草木種が増え、水質／渓流環境も改善されてきたとのこと。芦生の森は、全国でもいち早く食害被害を受けてきた分、その荒廃状況も最前線で、そこから回復への道も先駆者として歩んでいるのです。

11　ベンナビ労働問題 https://roudou-pro.com/columns/57/

コラム2

ミヒャエル・エンデとレイチェル・カーソン

影山知明

かげやま・ともあき▼黒姫童話館で開催される「エンデキャンプ」呼びかけ人。『はてしない物語』において、エンデが、ファンタージエンの〝対義語〟に「虚無」をもってきていることに心打たれる。

顔に雨を感じながら、雨がたどってきた旅路に思いを馳せることもできます。海から大気、そして大地へと、姿を変えながら長旅をしてきた雨です。

（レイチェル・カーソン『センス・オブ・ワンダー』[1]）

「雨がたどってきた旅路」に思いを馳せるのも、人の想像力――。

一九八九年、ミヒャエル・エンデの自宅で、ＮＨＫスペシャル『アインシュタインロマン』制作のためのインタビューが行われました。「私はもう第三次世界大戦ははじまっていると思うのです。ただ私たちがそれに気づかないだけです。なぜならこの戦争は、従来のように領土を対象とする戦争ではなくて、時間の戦争だからです」[2]――ショッキングな用語とともに危機感を隠さないエンデ。聴き手である同番組プロデューサー河邑厚徳[3]は、どうしたらそれを救えるかと尋ねます。エンデは、少し間を置いてひとこと、「ファンタジー」と。[4]

現実の困難に対してあきらめるのではなく、人間には未来をつくり出す創造的な能力があるのだという希望を込めて、エンデはこの言葉を使っていたように思います。

『はてしない物語』では、「ファンタージエン」として、その世界が描かれます。かつてこどもたちは、この国との行き来をもっと自由に楽しんでいました。

ここにきた人の子たちはみなこの国でしかできない経験をして、それまでとはちがう人間になって、もとの世界に帰ってゆきました。かれらは〔中略〕目を開かれ、自分の世界や同胞もそれまでとはちがった目で見るようになりました。以前には平凡でつまらないものとばかり見えていたところに突然驚きを見、神秘を感じるようになりました。

（ミヒャエル・エンデ『はてしない物語』）

主人公の少年バスチアンもそうした経験をします。

現実世界では「小さく、太っちょで、気の弱い少年」だったバスチアンも、ファンタージエンでは「美しく、強く、怖れを知らない英雄」です。彼がそれを望んだからです。同地では、いくらでも「望み」をかなえられるバスチアン。でもその一方で彼は、どこか満たされない気持ちを抱え続けます。そして旅の最後、彼が心の底から望んだものとは……。ネタバレはしたくありませんので詳述は避けますが、この場面でエンデは「生きる悦び」、「自分自身であることの悦び」といった表現を登場させています。

つまり、一方では「世界大戦」から人類を救う力とまで見た「ファンタジー」の本体に、「平凡でつまらないもの」のように見える世界や自分にも驚き、神秘を感じ、悦ぶ心性があるのだと、エンデは見ていたように思うのです。ここにエンデとカーソンの近接を感じられます。

世界の神秘を感じられたなら、その大きさに比しての自分の小ささを知り、人は自然と謙虚になるものでしょう。また、生かされていることの感謝や、この世界を大切に思う気持ちも抱くようになるのではないでしょうか。

大きなシステムによって一人一人が「虚無」に侵食され、思考停止になり、無感動、無関心になって、ただひたすらにシステムの番人となっていく現実。誰もがそうなってしまったなら、システムは、人間も自然も時間もあらゆるものを手段化し、「お金の増殖」や「特定の人々の権益維持」だけを目指して暴走していきます。そうしていずれ世界を破滅させかねない現実に対して、最後、対抗しうる力をもつのは、一人一人の「自分や世界を大切に思う気持ち」なのだと、エンデもカーソンも言いたかったのではないかと思います。

『はてしない物語』において、ファンタージエンを導く存在が「幼ごころの君」と表現されているように、本来、現実に対抗し、ファンタジーの旗手たりうる存在はこどもたちです。ところが実際には、自然との関わりが少なくなり、遊びから遠ざけられ、まわりを取り囲む多数の大人たちからの「評価」にさらされ続けるこどもたちは、やがて、ファンタジーもセンス・オブ・ワンダーも失っていきます。内から湧いてくる自然な情動を許してもらえず、大人たちによって「指導」され続ける日々は、こどもたちの心を折り、素直な感受性を失わせていきます。

第一章でも紹介した天野は、そんな現状をこんな痛切な言葉で表現します。

大人は、こどもの骨が折れたら大騒ぎするのに、こどもの心を折ることには無頓着です。

（天野秀昭『「遊び」の本質—「私」の軸を育む奇跡の時間』）

今の教育であり、こどもの育ちの環境は、大きなシステムの番人を養成するのにうってつけなのです。

こうした現状に対して、「だから教育を変えなければ」と考えるのはもちろん一つの道です。でもそれは、ともすれば大人の責任逃れ、こどもへの過剰な期待ということになってしまいかねません（第八章でもその話題に触れます）。だからぼくはむしろ大人たちこそ、ファンタジーでありセンス・オブ・ワンダーの旗手になれるといいのにと思っています。[5]そうした大人たちによって編まれる社会で育つこどもたちは、放っておいたって、その背中を見てついてきてくれると思うのです。逆に言うと、大人たちにできていないことを、いくらこどもたちに押し付けたところで、「だって、あなたたちこそできてないじゃないか」って、こどもたちには見透かされるだけです。

大人も、もちろんこどもも、感受性を取り戻し育むためのコツをまた、カーソンは教えてくれています。

これまで見逃していた美に目を開く方法の一つは、

自分にこう問いかけてみることです。
「いま、これを見るのが、人生で初めてだとしたら?」
「もし、これを二度と見ることができないとしたら?」

(レイチェル・カーソン『センス・オブ・ワンダー』)

それは今すぐに、今いる場所でできることです。どこか遠く離れた「神秘的な場所」に行かなくたって。

そしてぼくにとって一番驚かされ、不思議に思い、神秘を感じるのは、人という存在です。もちろん、前向きでない感情を抱くこともたくさんありますが、でも、人間はやっぱり日々不思議で、興味深いです。毎日のように顔を合わせている仲間や友人だって、こちらのそういうセンサーが開いてさえいれば、毎日面白いのです。そして、そうした仲間や友人を大切に思う気持ちがあるから、自然とこの世界を大切に思う気持ちも湧いてきます。難しい現状やシステムの力学にやられてしまう前に、「こんな人たちと、こんなことができたらワクワクするな」、「こんな未来を一緒に歩めたらいいのにな」と、希望を描くのです。

「絶対にファンタージエンにいけない人間もいる。」コレアンダー氏はいった。「いけるけれども、そのまま向こうにいきっきりになってしまう人間もいる。それから、ファンタージエンにいって、またもどってくるのもいくらかいるんだな、きみのようにね。そして、そういう人たちが、両方の世界を健やかにするんだ。」

(ミヒャエル・エンデ『はてしない物語』)

変えるとか、たたかうとかじゃなくて、健やかに。悦んだり、驚いたり、謙虚になったり、感謝したり。一つ一つのいのちが、まるで野にあるかのように自然であれたなら。そしてそれらが交わって、いっそう面白いことになったなら。そういう互いのいのちへの祝福の先で、世界大戦なんて起こるはずないのになと思うのです。

1 森田真生訳（筑摩書房）

2 ミヒャエル・エンデほか『NHKアインシュタイン・ロマン6 ―エンデの文明砂漠―』（NHK出版）

3 河邑さんは後に、『エンデの遺言』を制作することにもなります。

4 このインタビューの音声が、黒姫童話館に残されています。ぼくは、エンデ研究者石田喜敬さんの協力で、このやり取りの肉声を聴くことができました。

5 黒姫童話館、初代館長の高橋忠治さんは、一九九一年、開館にあたりこんなメッセージを寄せています。「童話は子どもに語りかける文芸です。そして、現在、大人として活躍している人もかつてはすべて子どもだったし、いまもなお子ども心を胸の奥にそっともちあわせているのです。子ども心こそ、人間の心のふるさとなのです」。黒姫童話館もまた、そこに赴くことで自分のなかのこどもと出会い直せる、貴重な場の一つでしょう。

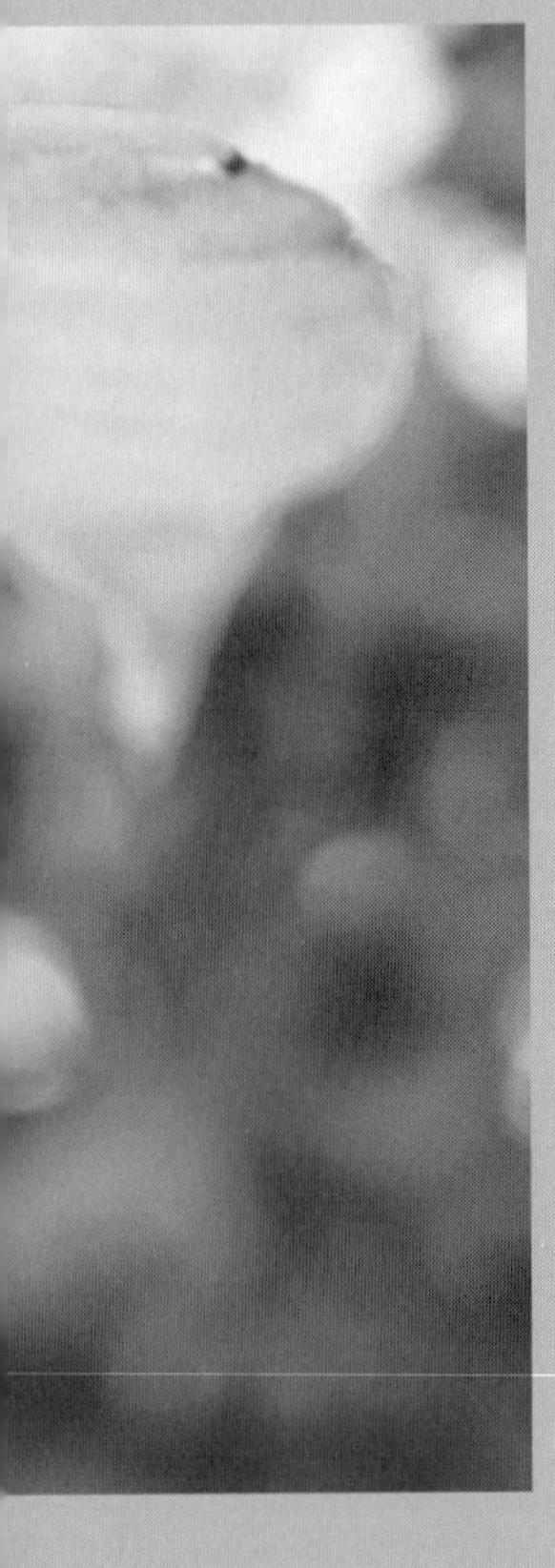

第二部

いのちのありようから学ぶ

第三章

植物が育つように お店をつくる

事業計画をつくるのをやめた

クルミドコーヒーを始めて二年半が経った頃、はっきりと意識してやめるようにしたことがある。それは事業計画をつくること。

それまで経営コンサルティングやベンチャー支援の仕事をしてきていたぼくにとって、事業計画をつくることはむしろ日常だった。自分の大事な職業技術、特技の一つとさえ思ってもいた。そうした講座の講師役を務めることもあった。

事業計画の要諦は「優先順位付け」。人やモノ、お金、時間などの経営資源は限られている。そんな中、どんな活動に優先的に取り組むのか。またそれをいつ、誰が、どのように実現していくのか。どんな成果を目指すのか。それらを分かりやすく組織の共通言語としてまとめたものが事業計画。そして計画はつくって終わりではなく、計画（Plan）─実行（Do）─検証（See）のサイクルで回していく。

実際、クルミドコーヒーでも当初はそういうことをやっていた。

「えー、お店で食事もされたいというお客さまの声にお応えしまして、今月からランチタイム限定で『太陽のハヤシライス』というメニューを始めることにします（実話です）。ついては、日々〇〇食くらいはご提供できるよう、おススメがんばっていきましょう」

サイクルは主には月次で回していた。「今月は物販に着手します。新商品は〇〇日から販売を始め、月次売上〇〇円を目指します」。「今月は客単価を意識して、プラス三十円を目標にやっていきましょう」。「今月はテイクアウト」、「今月は提供時間」、「今月は全体売上」……。

アルバイトのみなも参加する毎月の全体定例でその方針を共有し、翌月の会で結果を振り返る。達成されればそのことをよろこび、功労者を称え、達成されなければその原因を分析し、継続的に改善に取り組む。ときには少しハードルの高い目標を設定し、それを実現できたらみなで富士急ハイランドに行こうとハッパをかけたりしたこともあった。

こうしたことは、多かれ少なかれどんな組織、どんな事業体でも取り組まれていることだろう。自分も当然のことのようにこうしたプロセスをチームに導入していった。その結果、実際に多くの場面で目標を達成し売上も増えていったし、その過程でそうした成果を実現できるくらいにチームの力が高まっていくのを感じることもあった。お客さんにとっても、それは悪いことではなかったろう。ただ、どういうわけか自分の中で言葉にならない違和感がときとともに育っていった。

活動の予定を決めたりその成果目標を定めたりすることで、メンバーの意識は自然とその方向へと向かう。「ランチメニュー、ランチメニュー……」、「客単価、客単価……」といった具合に。そして、メンバーがまじめにそのことに取り組めば取り組むほど、それ以外の日々の出来事や店頭の状況への意識は反対に減っていく。カフェの一つの魅力は、老若男女、いろんな方が日々お店を訪ねてくれて、お客さんとスタッフ、お客さんとお客さん、関わったり関わらなかったりしながら、さまざまな状況やアイデアがお店を舞台にうごめいていくことだというのに。「今日、お客さんとこんな話をしたんだけど」と新しいアイデアをチーム内で共有しようとしても、「それは計画に書いていない」と、消極的な反応につながってしまいかねないのだ。

また、「いついつまでに何々を実現する」を強く意識するほど、それまでの日々はともすれば計画達成の手段となっていく。それが実現したい計画であるほど、その張り合いもそれなりにはあるわけだけれど、一方、すべて行く道が決まっていて、未来がすべて予測できてしまう状況の物足りなさや辛さもある。「今月はこれをやって来月はあれをやって、その次はあれをやるんだよな。ふぅ……」。計画が強くのしかかってくるほど、日々は「しなければならないこと」で埋め尽くされていく。

そこで、事業計画を手放してみることにした。

そこに「あるもの」から芽吹く活動

「この上半期の重点取り組み事項はこの三つです」、「今月の成果目標○○に集中しましょう」といった、事業計画に基づいたお店の運営で通常やられるようなことはむしろ意識的にやらず、一日一日の営業、一人一人のお客さん、一杯一杯のコーヒーに集中する。それらにベストを尽くす。そうすることで、日々の営業を通じたさまざまな縁や偶発性から、自分たちも予想だにしなかったような未来が拓けていくのではないか。むしろぼくらもその過程を、その結果を楽しみに待てばいい。そんな風に考えるようにした。

メンバー一人一人の意識もさることながら、経営者である自分がそう吹っ切れたことの意味は大きかったろう。変化はすぐに起こった。

二〇一一年。三月には東日本大震災があった年。日本中が揺れ、さまざまなところで価値観やこれまでのありようが問い直されることとなったこの年に、クルミドコーヒーでもたくさんの新たな取り組みが芽吹くことになった。寺井暁子と小谷ふみ——二人の「著者」と立て続けにお店で出会ったことから動き始めた「クルミド出版」。近くに住む長原祐子さんからお手紙をいただいたことで始まった「音の葉コンサート」。『cafe から時代は創られる』[1]の著者、飯田美樹さんとのご縁から、十一月にはお店を一週間休み、スタッフみなでパリのカフェを巡るツアーにも出た。このことはその二か月後に、お店で哲学カフェ「クルミドの朝モヤ」を始めることにもつながる。

翌二〇一二年には、お店を舞台として、観客もまるで舞台上で物語に参加するかのような観劇体験となった「クルミド劇場」も実現したし、まちとの関わりから「地域通貨ぶんじ」が産声をあげたのもこの頃だ。

実はこの頃、お店の通常営業のメニューも、今では想像できないくらいに多様化していた。お店をめぐるあれやこれやが、立て続けに芽吹いていったこの時期のことを、ぼくらは「クルミドコーヒーのカンブリア紀」と呼んでいる。

いずれもが元々計画されていたことではない。たまたまお店であの人と出会ったから、たまたま話をしていたらこんなアイデアが出てきたから、といった偶発性の中から一つ一つ実現していったものだ。そして大事だと思うのは、これらのすべてがお店の界隈に「あるもの」「あったもの」から生まれているということ。何かやりたいことやアイデアが先にあって、それはそこには「ないもの」なのに、外からそれを探し求めてなんとか実現させたものではない。カフェがあり、通常の営業があり、その過程で自然と出会った人やアイデアから図らずも立ち上がっていったもの。だからこそ、一見すると「カフェが出版?」「カフェがお芝居?」と唐突に思われるような出来事でも、お店の界隈に流れる日常を直接、間接に共有するスタッフやお客さんからしてみると、一つ一つをそれなりに自然なこととして受け止めてもらえたのではないかと思う。そしてさらには、そうした活動が始まり、具体化していくその過程や文脈を含めて、いっそう味わい深くそれらを楽しんでくれたのも、比較的近しいところにいる仲間たちだったろうと思う。

こうした、「あるもの」に着目して、それらの組み合わせから何かを創造していく技術や知恵のことを「ブリコラージュ（bricolage）」という。元はフランス語で、「繕う」や「ごまかす」を意味する動詞のbricolerに由来する用語だ。この言葉を有名にしたのは、二十世紀を代表するフランスの文化人類学者にして思想家、クロード・レヴィ＝ストロース（1908–2009）で、その著書『野生の思考』で、世界各地に見られる、端切れや余り物などを使って、その本来の用途とは関係なく、当面の必要性に役立つ道具をつくる知恵であり技術のことをそう呼んだことから広まった言葉だ。

たとえるなら、冷蔵庫を開けて、そこにある食材から、「あ、これとこれがあればロールキャベツがつくれるな」とその先の料理を発想していくようなやり方。実際、クルミド出版が始まった経緯は、その時点で「くるみ文具店」という取り組みをしていて、その商品ラインナップの一つとしてノートをつくっていたこと。そして店内には、お客さんが読める本を置く棚として「クルミド文庫」があって、そこに著者との出会いが加わったことから、「原稿×綴じること（ノート）×できあがった本を置く棚＝出版業！」と勝手な妄想がふくらんだからに他ならない。その後、実際にやってみたら当たり前だけれど事はそう単純でなく、想像以上に大変な道のりで、そのことを最初から分かっていたら本をつくろうだなんて言わなかったんじゃないかというくらいのことだったのは、前著でも書いた通り……。

話を戻すと、ブリコラージュとは反対に、たとえばレシピに基づいて必要な食材を買い求めるようなやり方は、「エンジニアリング（engineering）」と呼ばれる。事業計画に基づいて、必要な経営資源の調達を考えるようなお店づくりは後者だということになる。自分にとってクルミドコーヒーをやるということは、エンジニアリング的な経営手法（△）から、ブリコラージュ的な経営手法（▽）へと学び直しを迫られる出来事だったと言っていい。

エンジニアリング的なアプローチを取ると、ついつい「ないものねだり」になりがちだ。レシピが先に決まっている分、あれがあればこれがあればと、ないものがどうしても目につくようになる。資本力のある大企業であれば、お金やネットワークといった経営資源を活用して「欲しいものを手に入れる」こともたやすいかもしれないけれど、ぼくらのような零細事業体にはそれは簡単なことではない。そういう意味でブリコラージュ的アプローチは、「あるものでなんとかする」という、必要に迫られてのぼくらなりの作戦でもあった。

また、エンジニアリング的なアプローチは、事業計画の達成に忠実であろうと思えば思うほど、それがスタッフにせよお客さんにせよ、容易に「目的のために他者を利用する」構図となりやすく、前著で触れた「利用し合う関係」へと陥りやすい。それと比べるとブリコラージュ的アプローチは、「そこにあるもの」「そこにいる人」の秘めた可能性に着目し、それらを応援しようとする姿勢を持つことが創造のきっかけになることが多く、「支援し合う関係」との親和性が高い。

事業計画に基づいたお店づくりが、旅程のある「旅行」だとすると、事業計画を手放したお店づくりは、行くあてのない「旅」だと言えるかもしれない。旅の場合、行く前に何が起こるかは予測できないけれど、旅を終えて来た道を振り返れば、そこには数々の偶発的だが生命力に満ちた出来事があふれている。もちろん旅行には旅行の安心感があり、驚きがあり、魅力があるとは思うけれど、ときに思うようにならないストレスや、思いがけない出会いに救われる経験などを含めた生きている実感は、きっと旅にはかなわない。クルミドコーヒーは、今もそのさ中にある。

自動車か、植物か

考えてみれば、近代〜現代になって経営が意識されるようになって以降、その方法は基本的に「自動車を作る」ようになされてきた（「まえがき」も参照）。まさに、エンジニアリング（工学）である。自動車作りにおいて「設計図」が必要であるように、事業体には「計画」が必要とされる。その計画が達成を目指す成果は、会社の場合、売上であり利益。そして、こうしたやり方がもたらす一つの重大な帰結が「いのちの規格化」だ。

設計図通りに自動車を作るには、規格化された部品や手順が必要。機能性を発揮できる部品はいい部品で、そうでない部品はダメな部品ということになる。そうでなければ想定する性能が発揮されないからだ。会社などの事業体において部品に相当するもののうち、大きなものは人だから、それに対しても自然とそういう見方になる。会社の目指す方向性や生み出したい成果に貢献できる人材はいい人材で、そうでない人材はダメな人材。いやな言葉だけれど、「使えない人材」という言い方さえされることがある。

そうやって人は機能性や生産性を高め、自らの利用価値を高めるべく方向づけられる。「英語がしゃべれないと」、「論理的思考ができないと」、「コミュニケーション能力が高くないと」、「その人ならではの専門技術がないと」これからは生き残れない、と不安感とともに駆り立てられる。そうして人間が、いのちが、規格化されていく。

このことは、設計図通りに自動車を作りたい、計画通りに（最短距離で）成果を達成したいと考える会社経営においては論理的な帰結だ。その結果、自らに利用価値があると自信をもっては言えない人にとっては、きわめて生きづらい世の中になる（あるいは自らの利用価値に確固たる自信のある人なんて、はたしているのだろうか)。

そしてこうした構図は、営利企業だけでなく、実はＮＰＯや社会的事業、学校や病院などの非営利事業体においても当てはまる。これらの事業体にとって設計図に相当するものは、たとえば「理念」だ。特に事業体を率いるリーダーが、公共心からか、はたまた功名心からか、最短距離で理念を実現することにストイックであればあるほど、関係するメンバーはそのことに直接的に貢献することを求められ、手段化・規格化する。あるメンバーが、理念に対してはもちろん賛同しつつも、微妙にそれと方向性の異なるアイデアを持っていたとしても、それが採用されることはない。また働きへの対価がきちんと受け取れなかったり、業務負担が過剰となる状況があったりしても、「世のため、人のため」という名目の下、自己犠牲を強いられるようなケースもある。当人も、組織の掲げる理念が「正しい」ものであればあるほど、そこに疑問を感じる自分の考えのほうが間違っているのだろうかと、がんばれない自分が悪いのだと、むしろ自分自身を責めるような心持ちになるかもしれない。

本来、一人一人のいのちの形は当然違う。それぞれの好みも価値観も違う。それぞれのエネルギーが向かおうとする方向もその質も、それぞれのいのちに固有のものだ。だとすると、それらが集まって何かをなそうとするとき、一人一人の固有性に目を向けるのではなく、設計図や事業計画や理念を優先し、すべての過程をそこへと最適化しようとすることは、一つ一つのいのちを多少なりとも曲げ、傷つけることになる。そのことはそうされる当人にとって悲劇であるだけでなく一人一人の秘めた可能性を発揮させられないという点で、事業体にとっても大きなマイナスである可能性がある。

そこでぼくらは考えたのだ。「自動車を作るように」ではなく、「植物が育つように」お店をつくることはできないか。

植物には「設計図」はない。もちろん種がＤＮＡ（遺伝子）を持つにしても、それが最終的にどういう形を成すかは最初から決まってはいない。まかれる土や、降る雨、さしこむ光、はってくる虫や飛んでくる鳥、そうした一つ一つの出会いや関わりの積み重ね、周辺環境とのやり取りから、伸ばすべき枝を伸ばし、咲かすべき花を咲かせ、つけるべき実をつけ、自然と成すべき形を成していく。同じ種であっても、まかれる土が違えば違う木になり、同じ土であったとしても、まかれる種が違えば違う木になる。まさにブリコラージュを地でいくありようだ。

ぼくらの来し方を思えば、まさにそんな風にしてお店が育ってきた。スタッフとの出会い、お客さんとの出会い、取引先の方々との出会い、国分寺というまちとの出会い、二〇〇八年十月～という状況。そうした、出会ってきた一つ一つのいのちや、縁やエネルギーに機会を与えるようにして、お店はつくられてきた。これまでのスタッフが一人でも関わってくれていなかったら、あの客さんと出会っていなかったら、あのアイデアが出てきていなかったら、きっと今ごろまったく違うお店になっていただろうと思う。今のお店は、これまで「ここにあった」「ここにいた」いのちの掛け合わせの形をしている。

そして、木における幹と枝の関係もなんだかしっくりくる。

ぼくらにとっての幹は「カフェの通常営業」だ。定休日を除いて毎日お店を開け、朝から夜まで営業すること。すべてのメンバーはそこへの貢献を求められるし、そもそもメンバーはそのために集まった顔ぶれでもある。ただ、一人一人異なった個性が集まれば、その中に「通常営業」の枠からはみ出す者がいたり、別の枝を伸ばそうとする者がいたり、思いがけない花を咲かせる者がいたりするのは自然なこと。そうしてお店の活動範囲は広がっていく。ただ、「出版」や「哲学カフェ」など、一見真新しい取り組みが始まったとしても、それらはやはり枝として、幹であるところのカフェの通常営業とつながっていて、一緒になって一本の木であり続ける（いずれそれぞれがまた、独立した一本の木となる日も来るのかもしれないけれど）。枝は幹なくしては存在しえないし、幹もまた枝の存在によっていっそうのエネルギーを得る。

そして新しく始める取り組みもすべてがうまくいくわけではない。中には思うように育たないものもあるし、うまくいき始めたと思っても、途中その中心メンバーが不在となることで続けられなくなるものもある。ただ、それでも幹は残るわけだ。そうして新陳代謝を伴って、木は成長する。

二十世紀までは、需要に供給が追い付かず、限られた資源の中で最も効率よくモノやサービスを生産するにはどうしたらいいかがまず問われた。そのためには、生産するモノやサービス（成果）を先に定義して、そこから演繹的に必要な資源や手順を導き出し、組み立てる。その間に発生するムリやムダを極力排除する。こういうやり方が、できるだけ安く、できるだけ早く、できるだけ多くのモノやサービスを生産する理にかなった方法だった。その過程で多少、人が規格化・手段化されるとしても、世の生産量を増やすこと、経済的に豊かになることへの社会的な合意や要請が強くあれば、働き手も納得できただろうし、そのことによろこびを感じてもきただろう。

ただ二十一世紀も四分の一が過ぎようとしている今日、特に日本をはじめとした先進諸国においては、経済活動の意味も、働くことの意味も大きく状況が変わってきている。いつからか供給は需要を上回るようになり、生産に求められるのは量よりも質になり、売上やお金、物質的な豊かさだけでは満たされない、働くことの幸福感も問われるようになってきた。そうした点で、経営の常識や方法論だって大きく変わっておかしくない。

人を手段化しない経営。人のいのちの形をいかした経営。そう考えたとき、同じいのちであるところの植物のありようから学べることはたくさんあるはずだ。

単純な話、人間はいのちなのであって、機械ではないのだから。

植物は〈知性〉をもっている

『植物は〈知性〉をもっている』という本がある。著者は、イタリアの植物生理学者ステファノ・マンクーゾと、科学ジャーナリストのアレッサンドラ・ヴィオラ。この本を読むと世界の見え方が変わる。

ともするとぼくらは、その知的レベルに関して無意識のうちに「動物＞植物」と捉えてしまいがちだ。だって植物は動けないし、そもそも脳がないじゃないかと。ただ、知性を問題解決能力と捉えるなら植物には間違いなく知性があるし、それはひょっとしたら動物より高度である可能性さえあると著者は言う。

辺りを見渡したときに見える景色に、その結果が表れている。

地球上の生物量（バイオマス）のうち、動物と植物のそれをとりだすと、植物は九九・五％以上を占めている。つまり、地球上で生きている多細胞生物の総重量を一〇〇とすると、多少の変動はあるが、植物の総重量はそのうちの九九・五〜九九・九にあたるということだ。逆にいえば、すべての多細胞生物に対して、動物は――人間もふくめて――ご

くわずかな割合しか占めていない〔後略〕

そう、この地球上の圧倒的な支配者は、実は植物なのだ。

また植物は人間ほか動物がいなくてもなんの問題もなく生きられるのに対して、人間ほか動物は、植物なしではたちまち絶滅してしまう。

その知性のあり方や生存戦略が動物とまったく違うために人間からは理解されにくいものの、植物は極めて高度な知性を備え、また時とともに発達させてきた。その詳細は同書に譲るとして、ここではお店づくりや事業体の経営を考えるに際して、そのありようから学べる点をひとまず二つ、挙げてみることにする。

一つは、「固着性」だ。

植物は動けない。いや、根を張るし、枝も伸ばすし、動くのだが、動物のように移動することはできない。土にまかれ、根を張れば、その場所でその先やっていくしかない。このことは一見すると生存戦略上、不利なようにも思われる。なぜなら草食動物がやってくれば逃げられないし、日当たりや降雨など生育条件が望ましくなかったとしても、より望ましい環境を求めて移動することはできないからだ。

でも、だからこそ、知性（問題解決能力）が高まるということもある。

根を張ろうと思ったらそこに岩盤があったとする。そうした場合植物は、自らのセンサーで周囲の環境を感知し、湿度が高く、生育に必要な栄養分をより多く含んだ土壌を求めて、岩盤を回避し、巧みに根を伸ばしていく。また植物は、自らは動けないとしても、資源を奪い合わない一定の遠さで子孫を増やすため、虫や動物、ときには人間まで利用して種を拡散させる。そのために美しい花を咲かせたり、甘い実をつけたりもする。

植物は、ないものねだりをすることなく、知性を高度化させてきた。

クルミドコーヒーもその生い立ちにおいて、その立地環境を恨んだことがある。なぜ西国分寺なのかと（西国分寺は駅の乗降者数が中央線における最下位グループで、駅周辺にもそこを目がけて人が訪ねてくるようなスポットがほとんど何もない場所だ）。あるいは、垂直方向に何層にも分かれてしまっているお店の空間のつくりにも。ただぼくの場合、自分の生まれた場所は地球上でそこでしかありえず、その地でお店をやることは選べない所与の条件だった。だから、その場所、その環境でなんとするしかない——そのいい意味でのあきらめから、望ましくない条件も含めた現状を受け入れることから、お店はスタートすることになった。

そして結果的にはそのことが、大木の根元のうろに入り込んだかのような、立体的なお店のつくりという発想につながったし、また少し遠くからでも足を運んでもらえるような魅力づくりという方向で、お店やチームの力を高めることにもなったように思う。

そしてもう一つ、「環境をそのまま受け入れる」を実践してきた部分があるとすれば、それは社員の採用だ。オープンしてから十六年間で二十五人ほどの社員を採用してきたけれど、その多くの採用基準は、「そこにいる人」。もちろんまったく選んでいないわけでもないけれど、縁あって、そのタイミングで近くにいて、お互いの目が合って……というような人に、チームに加わってもらってきた。

学生時代、アルバイトをしてくれていて、社会人経験を経て戻ってきてくれた人。元々はお店の常連だった人。何かの打ち上げの席で隣に座り、話をしていたら……という人。インターンシップをしていたが、単位が足りず大学を卒業し損ね、内定を取り消され、そのまま入社してくれた人。大々的に募集をかけ、候補者をたくさん確保し、面談し、互いに熟慮を重ねた上で採用するというより、行きがかり上という感じでさえある。

普通はもう少し計画的にやるものだろうし、そもそも会社としての採用基準というものがあるはずだ。飲食店をやっているのだから、調理の技術や経験があるとか、明るく清潔感があって接客に向いているとか。ただ実際には、そうしたやり方にはどうしても気が進まず、「気がついたら一緒にやることになっていた」という具合で、社員を採用してきた。

結果的には、それでよかった。

できあがったチームは、必ずしも飲食店に最適化されたものではなくなる。そのことで苦労する局面はいまだにあるし、他の職場環境でうまくやれなかったなりの欠点を抱えているメンバーもいたりして、そのことでチームやお店がぎくしゃくすることもある。ただ、そうしたことで、人それぞれに事情があることへの想像力や思いやりをそれぞれが育んでこられた面はあるし（これは飲食店の運営においてはとても大事なことだ）、それぞれに持ち味のあるメンバーが集まったことで、自然とお店は、飲食営業以外の方面にも枝葉を伸ばす育ち方をすることになった。

一本の木は、いくつかのいのちの群生体

植物のありようから学べる点の二つ目は、「群生性」だ。

一本の木は、動物の一個体よりも、ミツバチやアリのコロニーによく似ている。〔中略〕「創発特性」という言葉をごぞんじだろうか？〔中略〕これは「グループを形成することによって生みだされる、元の構成要素（個人など）を超える特性」を意味する。この特性は、多くの個体が集まり、一つにまとまることによってのみ発揮される。〔中略〕そうした虫たちは、コロニーとして互いに結びつくことではじめて、各個体の知性をはるかに超えた集団的な知性を示す。

一本の木は、いくつものいのちの集まりというわけだ。

その結果として、植物はその体の大半を失ったとしても生き続けることができる。中には、その体組成の七〇%までを失ったとしても生き続けられる種もあるという。これは動物では考えられない特性だ。

クルミドコーヒーでもそれを目指したい。

前著で「仕事に人をつけるのではなく、人に仕事をつける」と書いたけれど、これまで、決められた仕事や業務フローに人を当てはめるのではなく、その人だからこそ、その人がいるからこそ可能となる、その人に根差した仕事を育てることに力を注いできた。ただ、そういう組織運営の仕方を選ぶ以上、メンバーの誰かが不在となればその仕事は実現不可能になり、それに合わせてお店の大事な何かしらを失っていくことにもなる。これはお店の存続という観点からいえば、大きなピンチになりかねない。

また動物には多くの場合脳があり、その脳を失うと生きられない。事業体の場合、それにあたるのは社長だったり、理事長だったり、経営メンバーだったりするだろう。トップやリーダーを失った組織が、その後事業を継続できなくなることはしばしばあること。これも考えうるお店存続のピンチの一つだ。

ではそれでも存続できる、成長し続けるお店をつくるにはどうしたらいいか。そのことを考える上でのヒントが植物の「群生性」ではないかと思うのだ。お店という単位で一つのいのちをつくるのではなく、お店に先んじて一つ一つのいのちが生きていること。

量の意味でも質の意味でも組織体の大きな部分が失われたとき、それでもそこに残ったいのちが生き続け、ときにはそれまで眠っていた別の能力を開花させたりしながら、失った分を補い、育ち直し、続いていく。構成するいのちが変わるのだから、仕事の内容や形は変わるとしてもだ。

そのためには、少し禅問答のような言い方にはなるが、個が個でありながら、同時に全体でもあるというようなあり方が必要になってくる。[2]

某大手企業が運営する日帰り温泉を利用したことがある。そこは顧客サービスの質の高さで有名で、実際にその日も、館内の清潔感、顧客対応スタッフの接遇、運営におけるちょっとしたサプライズなど、不満点は何もなく、さすがだなと感じ入ったものだ。ただ、である。帰り際、その仕事ぶりに対しての敬意と感謝を伝えたいという気持ちになったとき、ふと思った。伝えられる相手がいないと。それは運営企業や施設の大きさゆえにしょうがないことなのかもしれないけれど、受付スタッフは受付担当の顔をしており、清掃スタッフは清掃担当の顔をしていて、一人として「この施設（全体）は、私です」という顔をしたスタッフを見つけられなかったのだ。

これは必ずしも役職の問題でもないと思う。たとえば駅の売店などを利用していて、客観的に言えばきっと一販売スタッフでしかないだろう「おばちゃん」に、「このお店は、私である」というような存在感を感じることがある（多分に主観的な話であるし施設の規模も違うところ、単純に比較してしまうのにも無理はあるけれど)。役職や、場合によったら技術や経験値などにも関係なく、またもっと大きな施設だったり、分業的な運営だったりしたとしても、「この場所で起こるあらゆることを、私は当事者として引き受けます」という健やかな覚悟みたいなものを、現場の一スタッフから感じられることが、ときにあるのだ。

量の成長と、質の成長

植物が育つようにお店をつくる、という考え方を進めてくると、経営にまつわる重要な論点の一つである「成長」に関しても、大事な示唆が得られる。事業体の成長をどう考えるか。そして、その成長をどうやって測るのか。

植物の成長には周期がある。

若木、成木、老木といったライフステージと呼ぶべき周期もあれば、一年の中でも、緑萌える時季、花咲かせ実をつける時季、葉を落とし力をたくわえる時季が、春夏秋冬、めぐり繰り返される。その過程は決して直線的ではない。そしてそれらの周期が、量的に成長する時期と質的に成長する時期によって構成されていることに気が付く。背丈がみるみるうちに高くなり、幹は太く、枝は長くと生長する時期を前者とするなら、外目にその変化は見えにくくとも、着実に光合成や水循環を繰り返し、次なる生長へと力をたくわえる時期は後者と言えよう。

お店にも同じことが言える。

お店をやっていると、ぐっと客数が増え売上が伸びる時期がある一方で、やれどやれど成果が数字となっては表れてこない時期がある。そしてこうした時期をどう過ごすかこそが重要だ。誰しも、努力が結果となって表れてこないと焦れてくる。無力感に陥ったり、士気が落ちてきたりもする。そういう時期は、その先へと備えるタイミング。少しゆるめるところはゆるめながらも、これまでのあり方ややり方を見直したり、関係性を育てたり、スキルアップに取り組んだり、研究開発をしたり、無駄なことをしたり、少し未来を展望したりしながら、次の成長の時期へと備える。こうした時期の充実が、次なる量の成長を可能にするとも言える。

こうして量の成長と質の成長とを繰り返しながら、植物もお店も育っていく。

そしてどんないのちも、成長とともに必ず縮退を並走させている。

お店をやっていると、「もうこの辺でとどまりたい」という誘惑にかられることもあるけれど、量においても質においても成長しないことは、縮退だけを組織に残すことになる。たとえば去年とまったく同じことを今年やるのだとすれば、それは去年よりも少ない負荷で実現できることなのであり、それはそれだけお店/組織が小さくなることを意味する。より大きくなりたいと思うのであればもちろん、その場にとどまりたいと思う場合でさえ、常に新しく何かをつくり続けなければならないということ。これはお店の、つらいと言えばつらいが、飽きないと言えば飽きない部分でもある。

もちろんどんないのちにもその最後の時はあり、どうあがこうが成長のペースが縮退のそれを補えない時は必ずくる。ただ最後のその瞬間まで、それでもそこには成長もあるのだろうし、その成長をあきらめない姿勢がいい引き際をつくるのだと信じている。

成長とは、何が大きくなることか

それでは、成長をどうやって測るのか。

おそらくこれまでのやり方は、ものさしが単純過ぎたのだと思う。

営利企業においては売上や利益。非営利企業においてはもう少し話が複雑だが、期待成果にせよ理念にせよ何かしら達成したい物事や状況があり、そこへの到達度合いに応じて成長は測られてきた。そして、達成したい成果が予め定義されているということは、事業体を構成するメンバー（いのち）のエネルギーを、他律的に特定の方向へと向かわせることを意味する。

「単一のものさし」を植物に当てはめるなら、それはひたすら高さだけを追求するようなものだ。高さだけが事業体の価値であり成長を測る視点なのであれば、横方向に伸びる枝はムダであり、限られた栄養分（経営資源）はできるだけ上へ上へと仕向けられるべきということになる。

ただ、一つ一つのいのちの形やエネルギーの向かう方向がさまざまであるように、事業体の価値や成長を測るものさしだって、もっと多様であっていい。ぼくらのお店や会社においても売上や利益はきわめて大事なものさしの一つではあるけれど、すべてではない。

そこでぼくは新しい評価指標として、先の引用でも少し登場した生物量（バイオマス）という視点を提案したい。

生物量とは定義によれば、「ある時点に任意の空間内に存在する特定の生物群の量を、重量やエネルギー量で表したもの」。直感的には、木を見て大きいと感じるとしたら、それはその木の生物量が大きいということだ。そしてそこには垂直方向の大きさ（高さ）だけではなく幹の太さも影響するし、根や枝や、三次元的なあらゆる方向への生物的生長が含まれる。花や、果実まで含めて、一つとしてムダなものはないと考えるわけだ。

そしてたとえば木の種類によって、生物量の形成の仕方（＝樹形）は異なったものになる。杉やひのきがすっと垂直方向にエネルギーを現実化するのに比べて、くるみは広葉樹で、地表近くからより四方八方に枝を広げ、枝はさらにその先で分岐し、全体としてこんもりとした樹形をなす。このことを事業（ビジネス）の世界に当てはめるなら、業種業態によってなす樹形が違うということになろうか。カフェや喫茶店という事業は、なかなか高さは出にくいけれど（売上は大きくなりにくいけれど）、通常営業を幹としてさまざまな方向へと枝を伸ばしやすい特性を持つ。カフェは広葉樹。その育ちようはまさにくるみの木のようだ。そして広葉樹だったとしても、いのちがいきいきとその潜在能力を開花させることで、木は三次元的に生物量を大きくさせるだけでなく、結果的には高い木ともなる。くるみも、大きいものでは高さ二十メートルを超える高木ともなるのだ。

ただ、生物量で事業の成長を捉えるとすると、それだけでは成長の質を捉えることはできないという論点が残る。この点については、成長を「測ろうとする」、あるいはその前提として「測れるものと考える」視点の限界があるのかもしれない。

二〇一八年五月、ぼくらははじめて、すべてのメンバーが一堂に会しての「活動報告会」というイベントを開催した。[3]会社の決算や財務状況を全体で共有することに加えて、メンバーが取り組みのチームごとに分かれて、それぞれの活動成果や共有したいエピソードを発表する。その内容はもちろんのこと、発表者の表情や声のトーンなどからも、「ああ、大変だったんだな」、「お、すごいいい感じ！」など、いろいろなことが伝わってくる。これは、数字や形としては見えにくかったとしても、確かにそこにある活動の萌芽や充実、進展、あるいは挫折や困難まで、メンバーみなで感じ合うための機会だ。

会の終わり際、あるメンバーからの発言が印象に残っている。

「いろいろあると思うんですけど、焦らなくていいんじゃないかと思いました」

数字を見るだけだと不安になることもある。仕事においては、ともすればいいことよりも悪いことのほうが大きく、広く伝わる。でも直接顔を合わせて、魅力的な一人一人の存在や、着実に積み上げてきている仕事の中身に触れられれば、人はそこに可能性を感じられる。事業体や組織の成長でありその秘めた力は、測ろうとするのではなく、感じること。そういう付き合い方がいいんだろうと思う。

目的と目標

事業計画を手放し、偶発性に身を委ね、植物のありように学びながらお店をつくる。いや、本当は「つくる」という表現にも少し違和感がある。一つ一つのいのちでありそれらの群生体としてのお店は、自ら育っていくものだと思うからだ。

経営者の役割は、むしろそれを変にコントロールしようとしないこと。それはできないことだし、するべきことでもない。ただ、かといってまったく放置すればいいかというとそういうことでもない。

たとえば、ぼくらはかなり事細かに計数管理を行っている。

売上一つをとっても、前年や前月との比較、部門別の構成、時間帯別の構成、客数と客単価に分けての推移、人件費とのバランス等。日々の営業報告を集計し、指標化し、毎週の定例会で共有している。経営者として言えば、資金繰りの計画は組むし、なんなら日次でいま会社にいくらの現金があるかだって把握している。

こうしたことは、体温を測るようなものだ。

体温がその人のすべてを反映するわけではないように、計数がお店のすべてを表現するわけではないのだけれど、それを見ることで、さらにはその変化を経時的に追うことで、お店の調子はかなり正確につかむことができる。そしてそうした中から、チームに数値面での目標を設定することもある。日々の売上目標もあるし、月単位などで、特に意識する計数を設定・共有することは今でもある。ただ大事なのは、それはあくまでぼくらの「目標」なのであって、どこまでいっても「目的」ではないということだ。

目的と目標という言葉は、使い分けが重要だ。

目的は、疑問詞でいうならwhyに対応するもので、その取り組みの存在理由や意義に関するもの。一方、目標はhow muchに対応し、ある取り組みの進捗を測る際の目安。計数管理を行い、数値目標を設定することは、取り組みに緊張感をもたらし、張り合いや知恵を引き出す上でも極めて大事な経営技術ではあるけれど、ただそのためにぼくらはあるわけではない。

お店の目的は、お店を訪ねてくれたお客さんによろこんでもらうこと。来たときよりも少しでも元気になって帰ってもらうこと。まちの人々の、日々の励ましや癒しとなること。だからぼくらの会議での問いかけは、常に「お客さんによろこんでもらうには？」から始まるのであって、「売上○○円を達成するには？」といった問いに乗っ取られることはない。

天然林においても、人の手が入ることでその生育がスムースにいくことがあるように、お店にも適度な人の手入れは有効だ。ただ、干渉のし過ぎは、いのちの自由な発現を妨げかねない。どんな手を加えるとよくて、どんな手は加えないほうがいいのか、そのバランスを問われるのが計数管理なのだ。

となりのまちに、種を落とす

クルミドコーヒーを始めて八年半。二〇一七年三月には、となりの国分寺駅北口徒歩五分のところに、新店「胡桃堂喫茶店」をオープンさせることができた。これも、多店舗展開をしたくてと自分たちの都合で進めてきたことでもなく、たまたま同地の大家さんと出会い、タイミングや互いの求めているものが合い、では、ということでお店の形に結実したもの。また、当時のチームの内からの成長意欲や挑戦意欲が、新しいステージを求めていたこともある。

元々築四十年の建物をお借りして、改装してお店にする考えでいたのだけれど、最終的には「クルミドコーヒーさんが入ってくれるなら」と、大家さんが建物を建て替える決断をしてくださった。

二つ目のお店をつくること自体は五年目くらいの時点で意識し始めてはいた。ただそれまでは西国分寺（クルミドコーヒーから半径一キロ程度の範囲）での出店にこだわっていたこともあり、なかなかその機を得ることができなかった。

通常、新規出店こそ計画的に進めるようなことかと思うけれど、うまく進まないときにはきっとうまく進まないなりの事情があり、そこを無理強いしてもあまりいいことはないという感覚があった。タイミングや場所や縁といった意味でも、自ずとなるようになる――それくらいの開き直りでもって、時を待った。

結果的に胡桃堂喫茶店の出店地は、クルミドコーヒーから直線距離で二キロくらいの位置。植物も、自らが育つための資源を奪い合わないよう、一定の距離をもって種を落とすという話を思い出した。

気がつけば、お店を続けてきたことで縁は育ち、広がり、ぼくらが「自分たちのまち」と認識する範囲も自然と広がってきていた。その径がとなりの駅にかかるようになってきて、新しい出店の話を得たわけだ。思い込みと言われればそれまでだけれど、二店舗目の出店地はここである必要があったのだろうし、そこに出店するには八年半の月日が必要だったのだろうとも思う。

根を張り、幹を育て、枝を伸ばし、少しずつながら花を咲かせ、実をつけたくるみの木は、時機を得てとなりのまちに種を落とした。その種はまた時間をかけ、新しく小さな芽を出していくことになる。

1　二〇〇九年に発刊された同書でしたが、その後「品切れ重版未定」となってしまったため、版元とご相談し、二〇二〇年、クルミド出版から『カフェから時代は創られる』として増補改訂版を出させていただくことになりました。
2　西田幾多郎流に言えば、一即多、多即一ということになるだろうか。
3　このとき以降、定期的に開催するようになりました。今後はこれを外にも開き、チームメンバーだけでなく、関係する方々やまちの仲間にも参加してもらう「フェスティナレンテの日」として、企画できたらと考えています。

第四章

種の話

「あなたの中に種のあることをやりなさい」

「影山君、好きな食べ物なに？」

二〇〇八年四月、カフェ マメヒコの井川啓央さんと、後にクルミドコーヒーと名付けられることになるお店の企画会議を始めたとき、最初に聞かれた質問がこれだった。

「好きな食べ物ですか。……とうもろこしと天津甘栗です」

食べ物に限らず、自分の好きなものは常日頃から割合はっきりしている自分だったので、ほとんど時間を置かずに答えていたと思う。

「あ、でも、むいちゃってある甘栗はいやです」

付け加えておいた。

ただ、「なぜそんなことを聞くんだろう」とも思っていた。

お店の企画会議の、最初の質問。それまで経営支援の仕事をしてきたぼくにしてみると、こういうケースでは環境分析のような手順から入るのが通例だ。「お客さんのニーズは?」、「西国分寺に住んでいるのはどんな人?」、「商圏内にどんなお店がある?」、「立地環境の特性は?」……。取り巻く環境に目を凝らし、データを集め、分析する中から成功確率の高いお店の業態を組み立てていく。こういうやり方がお店づくりの第一歩だと考えていた。


「なんでそんなこと聞くんですか?」

「いやいや。他にはなんかないの?」

「他に、ですか。そうですね。毎朝食べてるのはフルーツグラノーラです。他に好きなのはくるみパンとか。殻付きの落花生とか。果物なら柿が好きですね。熟れてるのじゃなくて、噛むとパキッて音がするようなやつ」

「へえ、そうなんだ。でも、影山君、全部、かじるもんだね」

「あ……」


当時、三十五歳。自分の好物の並びがほとんど齧歯類のそれだということに、初めて気付いた瞬間だった。言われてみれば、ぼくは見た目が少しネズミに似ているし、高校時代のあだ名は「トムとジェリー」のジェリーだった（一部において）。自分の前世が、おぼろげながら見えてきたような気がした。

「じゃあさ、ネズミとかリスとか、そういう小動物が、くるみとか木の実を集めてやってるようなお店にしたら、影山君らしいんじゃないの」

こうしてクルミドコーヒーの原型が決まっていった。

このときのやり取りのことは、今でもよく覚えている。なにせこれまでのお店づくりのプロセスとはまったく違うものだったからだ。その分、想像のつかない感じはあったものの、こうしたやり取りを進めていけば、机上で考えるだけのコンセプトとは違って、ちゃんと自分に根差した、地に足のついたお店になりそうだとワクワクする気持ちもしていた。そして、このプロセスを通じて井川さんには、「あなたの中に種のあることをやりなさい」と言われているように感じていた。

好きなものとか、生い立ちとか、その人だけの経験とか――そこにつくり手や主の存在を感じられるお店をつくれたなら、その趣味やトーンに対する好きや嫌いはあったにしても、「ああ、こういうのが好きな感じの人なのね」と、お客さんはそこに人を感じ、最低限信じてくれるように思う。お店が、お店とお客さんとの間のコミュニケーションで育っていくものだとするなら、こうした店づくりをすることは、いわばお店側からお客さんへの最初の自己開示ともいえる。こちらが開くから相手も開いてくれる。そうして「お店とお客さん」を超えた、「人と人」としての関係づくりがお店を舞台として始まっていく。

それに、「環境分析に基づいて頭で考えた成功しそうなお店」とか、「流行りだからって考えた、とってつけたようなコンセプトのお店」の場合、その隅々にまで行き届く一貫性をつくることは意外に難しいものだ。「メニューはいいとして、じゃあ椅子は？　エプロンは？　接客は？」と、議論が細部になっていけばいくほど、それでなきゃいけない理由が見つけづらく、世界観がブレていく。そこに「影山知明のような」、「影山知明が好きな」といった原則が定まることで、繰り返しになるけれどそのテイストへの好き嫌いは別として、細部の判断に迷うことが少なくなる。そうして一貫した世界観が構築されていく。

「じゃあ、次回までにお互い、『くるみ』について調べてこよう。くるみを使ったメニューとかだけじゃなくて、くるみそのものについてもね。原産地はどこなのか、日本ではどこで取れるのか、くるみにはどんないわれがあるのかとか」

自分の人生がその後、こんなにもくるみに影響されたものになるとは、このときはまだ知るよしもなかった……。

自分の〈いのち〉の形にどうしたら気付けるか

ぼくの場合、井川さんからの質問に引き出されるようにして、自分でも自覚していなかった自分の中の自分に気付くことができたわけだけれど、それが見つからないという人はどうしたらいいのだろう。

ぼくからの一番のおすすめは「とにかく歩いてみる」ことだ。

「犬も歩けば棒に当たる」という言葉があるように、とにかく歩いてみさえすれば、何かしらの棒に当たる。裏返して言えば、「歩かなければ棒には当たらない」のだ。

ぼくにとっては、二十六～二十七歳の頃が特にそういう感覚だったことを覚えている。当時、経営コンサルティング会社をやめて、先輩に誘ってもらって次の仕事（ベンチャー投資）を始めながらも、自分の行く先を模索していた時期。「自分は何がやりたいのか？」「自分は何に興味があるのか？」、うまく答えられずに苦労してもいた。幸いなことに新しい職場では日中の時間の使い方を含めて勤務体系がフレキシブルだったから、何かあればとにかく億劫がらず動いてみようと心掛けた。誰かの紹介で人に会うこと、イベントやセミナー、活動へのお誘いなど。「迷ったらやる」が当時のスローガンだった。

たとえばちょっとした飲み会を思い浮かべてみて欲しい。たまたまある日に二つの誘いがあって、どちらに行くかを選ばないといけない状況だとする。「仕事に役立ちそうだから」、「○○に会いたいから」、「会場が近いから」、いろんな判断基準があるだろうけれど、実際には人はそうしたものをいちいち羅列して検討したりはしないものだ。ざっと総合的に判断して、多くの場合直感で、どちらに行くかを決める。実はこの「総合的な判断」というのが意外に重要で、他にも「ピンときたから」とか、「気が向いたから」とか、なにしろ、なんとなく道を選ぶ中にこそ、当人の言葉にすらなっていない好き嫌いとか、潜在的な興味とかが潜んでいたりするものだ。そして実際にその道を進んでみると、大事な人との出会いがあったり、さらなるイベントを紹介してもらったり、活動に誘われたりと、また次の道が見えてくる。そうした中からピンときた道を選び、また進んでいくことになる。

このように、歩いて、棒に当たって、選んで、歩いて、また棒に当たって、選んで、歩く。樹形図を書けば無限に広がっていくような選択の枝分かれの中で、意味とか目的地とかをあまり考えることなくとにかくピンときたほうへ歩き続けてみる。そうして後から来た道を振り返ってみると、そこにはやはり何かしらの志向性が表れているもの。自分でも気付いていないような、自分なりの興味や担いたい役割、取り組んでみたいテーマがそこから浮かび上がってくるわけだ。

三十歳になることを「立志」と言ったりするけれど、「犬も歩けば棒に当たる」を繰り返した末にたどり着いたその当時の自分の志は、「社会起業家になる」だった。この用語は今でこそ自分を表現する手段としてほとんど使わなくなったけれど、カフェの可能性を追求する自分の根っこには、今もこの言葉が生きている。

be と do と have

そもそも「自分のやりたいこと」ってなんだろう。

ぼくの場合も、中には学生時分から、「獣医になる」「家庭裁判所の調停委員になる」「広告代理店に行きたい」など、自分の将来の夢や職業をはっきり言葉にできる友人がいたりして、はっきりしない自分と比べて焦る気持ちになることもあった。自分のやりたいこと、就きたい職業なんて、なかなか思い浮かばなかったからだ。

ただ、三十歳前後、ちょうど先の「社会起業家」という言葉との出会いがあった頃、自分の中のこうした焦る気持ちとうまく折り合いをつけられる考え方にたどり着くことができた。それは人生の目的地をbe動詞で定義すればいいのではというアイデアだった。

人は幼い頃、自分の人生の目的地を動詞のhaveで考える。あのぬいぐるみが欲しい、新しいスマホが欲しい、かわいい彼女が欲しい（こうしたことをhaveで捉えるのも幼さの一面だろう）と。成人し、就職活動をするような段階になっても、意外にこうした欲求から脱皮できないものだ。固有名詞を出して恐縮だけれど、「トヨタ自動車に就職したい」「ソニーに」「伊藤忠商事に」という就職活動は、そこで何をするか（do）というより、その会社のブランドが欲しい、その会社の名刺が欲しいというレベルにとどまっているように思うのだ。あるいは年収の高いところに勤めたいという欲求。これは端的に言えば「お金が欲しい」ということなわけで、これら含めてhaveの欲求と言える。

そこから少し大人になると、人生の目的地を動詞のdoで考えるようになる。「発展途上国に行って学校をつくりたい」、「ゲーム会社に入って大ヒットゲームをつくりたい」、「スポーツ選手になってオリンピックに出場したい」など。通常、「君のやりたいことは何なのか？」と問われるときは、こうした答えを期待されてのことが多く、自分が苦しんだのもこうした問いだ。そしてこうした「やりたいこと」の中でも、がんばってもたどり着けるかどうか、到達の難しそうな目的地は「夢」と呼ばれ、「夢を持とう」、「夢に日付を入れよう」と奨励されたりもする。

ただ、こうしたdoで人生のゴールを定義することの辛さは、多くの場合、それらがすぐには実現できない事柄であることだ。努力と研鑽を積み上げて、貯金もして、いつの日かきっと……。この道のりを図示しようとすると、ピラミッド（△）のようになる。つまり、未来のある到達点に向けて、自分の人生の大半を振り向けていこうという具合に。

こうした考え方にももちろん意味がある。こうしたアプローチを取るからこそ、人類はその歴史において数々の偉業を成し遂げてこられたのだろうし、そうやって自分を追い込むからこそ引き出される人間の可能性もあるだろう。また、ぼく自身にも夢はあり、それはそれでぼくの中の大事な部分だ。

ただ思うのは、このアプローチが行き過ぎると、来年のために今年はあることになり、来月のために今月はあることになり、明日のために今日はあるということになりかねないということだ。つまり未来のために、今が手段化してしまう。そして、周囲の人々との関係性も、到達に向けての利用価値ではかられることになってしまいかねない。

また、達成したいゴールイメージを強く持つということは、常に今の自分を「達成できていない自分」というマイナス状態に置くことにもなり、その精神的な辛さもある。つまり、人生を不足と未達成の連続にしてしまいかねないのだ。

すべてを投げ打って、そこまでの道程をすべて手段化してでも、これを成し遂げられさえすれば幸福な人生であるというような「究極の人生の目的」があれば、話はまた別なのだけれど、実際には人生はそんなロールプレイングゲームのようなものではない。

そこで、be動詞である。

「何を持ちたいか」「何をしたいか」ではなく、「どうありたいか」。

これであれば、そこに置く言葉にもよるけれど、「いつか、どこかで」ではなく、「今、ここで」それを達成することができる。そして「今を生きる」ことを目的として、人生を達成と充足の連続として生きることができるようになる。

自分の場合、三つの「こうありたい」がある。
- 目の前の人を大事にする自分でありたい
- 自分にウソをつかない自分でありたい
- まわりに感謝し、感謝される自分でありたい

これらであれば、自分がそうしようと決めさえすれば、その瞬間から自分の人生の目的を達成することができる（三番目は、感謝してくれる他者が必要だけれど）。

不思議なもので、こうした自分なりのbe動詞を見つけられるようになったことで、逆に言えば、そういう自分であれる限り、do（すること／仕事や職業）はなんでもいいと思い切れるようにもなった。それが学校の先生でも、ゲームクリエイターでも、スポーツ選手でもなんでも。なぜなら自分にとっては、「何をやるか」よりも「どうあるか」のほうが重要だから。ただ、そういう自分であろうとすることを許してくれる職場環境や、職業上の向き不向きはあるのかもしれず、そういう点でカフェの店主という仕事は、そうありたいと思う自分であることを仕事上でもまさに求められるという点で、自分にとってはこれ以上ない仕事でもあった。

そして、beの充足は、doの挑戦への前向きな前提条件ともなる。

根っこのところで、自分は自分でいいんだと思えていると、少々の失敗ではたじろがなくなる。思うようにお店の売上が上がらなかったり、企画したイベントが不発に終わった

りしたとしても、それはカフェ店主としての自分の「職業技術」だったり「機能性」が十分でなかったからなのであり、自分の「存在」そのものを否定されるようなことではないと思えるからだ。その上で、結果を振り返り、反省し、次はもっとうまくやってやろうと再度挑戦する気持ちにもなる。

その関係をぼくは、beの充足を根っことし、具体的な行動・挑戦（do）を幹であり枝とする樹形のように捉えている。あなたの中の種が、beの根っこを生やし、doの幹であり枝を育てていくのだ。根っこが育つことで幹や枝が育つように、幹や枝が育つことで根っこもいっそう育つ。お互いがお互いを必要とする関係だ。その過程でときには枝が落ち、幹が傷つくことだってあるかもしれないけれど、ただそれですべてがゼロになるというわけでもない。それでもそこに根が残っていれば、またいつだってやり直せる。そうしてその人なりの、その人にしか描けない樹形をなしていく。

「でない」が、「である」の輪郭をつくる

自分なりのbeやdoを見つけるには一つのコツがある。それは、自分の中の違和感や不快感に注目することだ。

自分が「どうありたいか」や「どうしたいか」を言葉にするのは意外と難しいものだけ

れど、「どうありたくないか」や「どうしたくないか」は比較的見つけやすい。日々の生活、日々の仕事の中で、あれ?と思うこと、不快だと感じることにセンサーを働かせればいい。満員電車に乗っているとき、お金のことしか考えない会社の企画会議に参加しているとき、誰かに利用されてるなと感じたとき……、「ああ、なんかイヤだ」と思う感覚。少なくともこれではないという確信。この「でない」感覚こそが、次なる「である」に向けての創造の源になる。

だから、家庭でも、学生生活でも、社会人経験でも、自分の望まない、不幸な、苦しい経験を積んできた人ほど、それは後になって、自分の大きな財産になるという面がある（もちろんその渦中にあるときには、そう冷静に思うだけの余裕はないことも多いだろうけれど）。自分の中でのNoの経験が、次なるYesへの根拠となるからだ。ぼくも、経営コンサルティング、投資ファンドと、グローバル資本主義の一端に触れる仕事を経験できたことで、その醍醐味の一方、そこを究めることでは人は最後、幸せにはなれないという確信を得た。じゃあどうしたらいいか?という問いに答えることは簡単ではないけれど、カフェ店主としての道のりに迷うことがあったとしても、それでも「そっちに戻ることはない」という形で、かつての経験が自分の大きな判断を下支えしてくれている。

一人称、二人称、三人称

「棒に当たりながら歩く」こと、違和感や不快感に注目すること——自分なりの種、そしてbeやdoを見つけていくためのコツを紹介してきた。最後にそこに加えておきたいのは、他者とうまく関わることだ。

ぼくらは文法で、一人称、二人称、三人称というのがあることを学ぶ。「私は、社会起業家になりたい」にしても、「私は、目の前の人を大事にする人でありたい」にしても、その主語は一人称だから、ここまでの話題は、そうした一人称で自分なりの考えや言葉を見つけられるかがテーマだということになる。ところがぼくらは普段一人称で話しているようでいて、実は意外に、それが三人称（彼は／彼女は／それは）になってしまっていることがある。自分の気持ち、自分の考え、自分のアイデアを話しているようで、その実それは一般論だったり、世間の常識（と思われるもの）だったり、誰か有名な人が言っていることだったりということがあるものだ。「社会人になるってそういうもんだ」とか、「スティーブ・ジョブズの言葉なんだけど」といった具合に。

そういう発言に出くわすたびにぼくはいつも、「それで、あなたはどう思うの？」と聞き返したくなる。あなたはスティーブ・ジョブズではないわけだから。

そして三人称で自分なりの考えや言葉思想を組み立てようと思っても、それは本章の冒頭で触れたように、環境分析に基づいてお店をつくるようなもので、どこか借りてきたような感じになって、一貫した世界観を構築することは難しい。もちろん他者から学ぶことは大事で、本書でも何人もの「他者」に登場してもらっているけれど、それでも常にどこかで自分の主体性に還って、自分の内なるものと照合させながら血を通わせないことには、それがどんな偉人の言葉だったとしても、「自分の言葉」として生命力を持つことはない。力ある言葉は、いつだってそれを発する人の存在にひもづいている。

だから最終的には一人称で、「私は」から始まる言葉で、自分に根ざした言葉やアイデアを育てていけるといい。

ただ、である。

赤ん坊が最初に獲得する人称は二人称であるという。それは言われてみればそうだろう。赤ん坊にとっては、「私は」と自覚をするよりも先にそこに母でありおっぱいがあるのであって、その「あなた」が徐々に境界をはっきりさせるようにして、世界が構築されていく。実際、初めて発した言葉が「ママ」や「かあ」（や「パパ」）ではなく、「私は」であったという赤ん坊には、ついぞ出会ったことがない。

第三章でも紹介したクロード・レヴィ＝ストロースが一九八六年に来日した際の講演で、日本文化の特徴として興味深い発言をしている。ちょっと長くなるが引用してみよう。

日本の大工が鋸や鉋を西欧の大工とは逆方向に使うことは、べつに人類学者ならずとも注目するところでしょう。つまり日本では、道具を手前にひくときに作業が行なわれるのに対し、西欧では逆に、向こうへ押し出すときに切ったり削ったりするのです。

〔中略〕

一方、日本語研究者たちは、次のようなことに興味をひかれ注目しています。すなわちちょっとした不在（手紙を出しにゆく、新聞とかタバコを買いにゆくなど）に、日本人はよく「いってまいります」と言い、これに対して「いってらっしゃい」と答えるということです。つまり、同じような状況で、西欧の言語が、外出するという決定に重点を置くのに対し、日本語ではすぐに戻ってくるという点にアクセントが置かれるのです。

より卑近な例をあげれば、ヨーロッパで「油に沈める」というところを、日本料理では油から「もち上げる」、つまり「揚げる」と表現します。

分野も様式もさまざまですが、そこにはつねに自分のほうへ引きもどす動き、自己への回帰が見られます。すでに構成された自律的な「自我」から出発するのではなく、日本人はあたかも自らの自我を、外部から出発して構成するかのようです。〔中略〕それはつきつめれば、求心的運動と遠心的運動の対比ということができます。

（クロード・レヴィ＝ストロース『レヴィ＝ストロース講義 ―現代世界と人類学』）

つまり赤ん坊の時代に限らず、ぼくら日本人は大人になってからも、「私は」から始めることが少し苦手で、「あなたは」や「まわりは」から始めて、そこから自身に回帰するようなプロセスで、「私は」を形成するやり方になじみがあるということだ。

実際、「私」がどんな形をしているのか把握するには、他者という鏡があるといい。他者を目の前にして、そことの類似点や相違点を手掛かりにすることで「私」という像は見えてくる。とすると、ぼくらが「私は」から話すことを苦手にする状況があるのだとすると、それは一つに「あなた」や「彼ら」の不足、つまり他者との対話の機会が不足しているからということなのではあるまいか。

こう考えられると、一方で気持ちが少し軽く感じられはしないだろうか。

一人称で、「私は」から語りなさいと言われても、それはそう簡単には、自分一人の努力では形成されないということだ。むしろたくさんの「あなた（二人称）」や「彼（彼女）ら（三人称）」に取り囲まれ、関わり、対話し、そこに映る数々の「私」の像と向き合う中から、それはようやく形づくられていくものなのだろう。

「私とは何者か」と自己診断テストに取り組んだり、内省的に悶々としたりするくらいなら、カフェに行き、他者と交わってみるといい。

まわりをいかそうとすることで、自分の中の種に気付く

他者との関わりの中で、自分のことも少し見えてくる。その点については、前著にも次のように書いた。

> 自分が何をやりたいのか、自分は何に向いているのか、迷って動けなくなるくらいなら、まわりの頑張っている人を応援することから始めればよい。
>
> （影山知明『ゆっくり、いそげ～カフェからはじめる人を手段化しない経済～』）

「私」を主語にして話す＝自分をいかす道がなかなか見つからないのであれば、まわりをいかすことから始めればよい。

学生時代にアルバイトメンバーとしてクルミドコーヒーで働いてくれた森野日菜子さん（当時）は、まさにその道を行った一人だった。

就職活動の時期が始まるけれど、自分が何をやりたいのか、自分とは何者なのか、よく分からない。そのとき彼女は、先の一節を思い出してくれたという。そして、チームの力になりたいと考えてくれた彼女は、自分の関わっているウェブメディアでお店についての

記事を書くことを思い立つ。ウェブメディアといってもそれまでは事務局サポートのような仕事で、彼女自身は記事を書くことはなかったし、書くことへの自信もなかったというのだけれど。

彼女が考えたのは「とにかく書く経験をたくさんしよう」ということだった。クルミドコーヒーのことに限らず、たくさんの人にインタビューをして、そのことを記事にして……。そして、である。気が付くと、人の想いを受け取って、その想いをまた次の誰かに伝えることの面白さに、彼女は夢中になっていったという。

「これが、私らしさの種かも。誰かがその人らしく伸びてゆくところを、応援したい。私はそういう人の想いを受け取って、必要とする人の心に届けたいのかもしれない」。そう思った時、これまでクルミドコーヒーで感じていたすべてのことがつながりました。

目の前の人を大切にし、〝贈る〟ことを大切に毎日を過ごしてみる。すると、〝贈る〟ものや方法に私らしさが現れてくる。それが〝私らしさの種〟になり、まわりとともに生きる喜びになるのだ、と。

「私らしさ」を貫くことには、もちろん困難や葛藤も伴いますが、私はこの〝私らしさの種〟をじっくりと育ててみたいと思っているのです。[1]

そして彼女は、文章を書くことを一つの核として、人の想いを受け取り、それをまた次の誰かへと伝えていくことを仕事にできないかと歩み出した。

ときに、「自分の『好き』を仕事にしよう」というような表現に出会うことがある。ただ、ぼくはその考えにはあまり賛成しない。なぜなら、仕事とは「誰かをよろこばせるためにすること」なのであって、「自分をよろこばせるためにすること」は趣味なのではないかと思うからだ。[2]

自分の贈るものに価値を見出し、よろこんでくれる人がいて、そこに何かしらの対価が支払われることで経済がまわっていく。それが仕事なのだと思う。

ただ、誰かをよろこばせること、誰かの力になろうとすることは、（おそらく自分をよろこばせること以上に）簡単なことではなく、簡単でないからこそ、自分の「ありったけ」「とってもき」で取り組まなければならないことになる。でも、そのよろこばせたい相手、力になりたいと思う相手が、自分にとって大事な存在であればあるほど、そのことへの動機はとても自然で前向きなものになる。そして、ウソがつけないものになる。そうなったときほど、いっそう自分の中の秘めた力が引き出されるという人も多いのではないだろうか。

そして、こういう前向きな必死さが、自分の中の種の存在に気付かせてくれる。それはときに、「ああ、自分にはこんなこともできたんだ」って、自分にとっても意外な角度から。

ぼくにとっては、クルミドコーヒーをやってきた過程がまさにそうしたものだった。前著のあとがきにも書いたように、元々はカフェなんてやりたくはなかった。接客業に向いているようなタイプでもなかった。ただ、娘のため、もっと広く言えばこどもたちのため、一緒に働くことを選んでくれた仲間たちのために、「よろこんでもらえたらいいな」と自分にできることを考え、力を尽くしてくる過程で、カフェ店主としてのぼくの種はむくむくと育ってきた。そのことのためであれば、自然とがんばれた。そして、一人一人を受け止め、力になってあげることや、場をつくることなど、「ああ、そういうこと、意外に自分得意かも」ということに、やりながら気付くことができた。

そして今では、カフェ店主こそ自分の天職であると感じている。

自己実現の方角

アメリカの心理学者エイブラハム・マズロー（1908–1970）の「欲求五段階説」は有名だけれど、それら五つの欲求の間に一本の線が引かれていることは意外に知られていない。「生理的欲求」「安全の欲求」「所属の欲求」「承認の欲求」までの四つを称して「欠乏の欲求」。そしてその先の「自己実現の欲求」を称して「成長の欲求」。

この両者は性格が大きく違う。欠乏の欲求においては、裏返して言えば足りないものがはっきりしているから、それを埋めようという欲求の方向性も具体的で特定可能だ。ところがその先の成長の欲求となるとそうはいかない。なぜなら、成長（や自己実現）の方向性は人それぞれで、そこに正解はないからだ。三六〇度、どちらの方角に芽を伸ばせばいいのか……。

現代を生きるぼくらの悩ましさの一因はここにある。

ぼくの場合、当初は「やりたくもなかった」カフェの方角へと自分を伸ばすことになったきっかけは、実家の建て替えだった。

自分や家族が長らく住んでいた木造一軒家の実家が、築五十年でおんぼろになり、しかも空き家になり、建て替えるということになった。企画の段階から、集合住宅へと建て替えるその一階を、まちの縁側のようなカフェにできたらいいというアイデアはあったものの、それはあくまで大家として誰かに貸すことを想定してのもの。その当時まだ投資ファンドの仕事も佳境だったし、自分でお店をやるなんてことは考えてもいなかった。ただ、出店者探しを始めてはみたもののそれも簡単ではなく、どうしたものかと考えあぐねていた頃にマメヒコの井川さんに出会うことになる。そしてやり取りを重ねるうちに彼の話に触発され、全面的にサポートするからという彼の申し出にも意を強くし、「じゃ、やってみようか」と気持ちが動き、自分でやってみることにしたのだった。

熟慮の末でもなかったし、周到な計画に基づいてでもなかった。それでも、気が付けばもう十六年である。

さきほど天職という言葉を使った。「これこそ自分の仕事だと、本心から自分を重ねられるような仕事」とでも言えようか。「誰から教えられるのではなくても自然とできてしまうような、その人の天分が発揮される仕事」のように言われることもある。

興味深いのはこの天職という言葉の英訳だ。この言葉、英語ではcalling[3]という。つまり、あなたを「呼ぶ」もの。英語圏ではキリスト教的な背景もこの言葉にはあるわけだけれど、それでもこの表現にはぼくもピンとくる。天職とは、自らつかみ取るものではなく、呼ばれるものだというのだ。ぼくも、自分からの能動的な選択の結果としてというより、呼ぶ声に応えるようにしてカフェを始めることになった。

そもそも自分はずっと流されるように自分の進路を決めてきた。

大学を卒業してコンサルティング会社に就職することになったのも、そもそもは春、大学のキャンパスで「インターン募集。五日間で十万円」というポスターを見かけたからだった。それまでつぼ八（居酒屋）やドムドム（ファストフード）でアルバイトをしていたぼくにしてみると破格の待遇。履歴書の志望動機にも「十万円」と書いて提出したところ、その正直さも買われてか、運よく参加することができた。そして、五日間のプログラム終了時に「来年からうちに来ないか」と声をかけてもらえたことから、そのまま就職を決めてしまったという次第だ。[4] 自慢話のように聞こえるかもしれないけれど、大学卒業時の進路選択は一大事。キャリアデザインなんて言葉だってあって、自分の将来やりたいことや就きたい職業、送りたい人生、未来予測などから逆算するようにして進路を選ぶやり方が推奨されることもあるのに、それとは対極のように、流されるまま、勢いで、就職先を決めてしまった。

その三年後、コンサルティング会社を辞めて投資ファンドの仕事をすることになったのも当時の先輩に誘われてのことだった。元々金融や投資の仕事に興味があったわけでもないし、自分がそういう分野の仕事をすることになるのは、ぼくにとっても想像していない展開だった。

そして先に説明したように、カフェを始めたのも、シンプルに言ってしまえば井川さんに勧められたから。その後、クルミド出版を始めたり、二店舗目となる胡桃堂喫茶店を始めたりしたのも、それぞれたまたま人に出会ったり、勧められたり、そっちへとつながる縁に恵まれたからだった。

こうして振り返ってみると、なんだか少し恥ずかしいくらい、これまで他律的に自分の進路を決めてきた。よく言えば好奇心が強く、だいたいどんなことでも面白がれる性格ということでもあるけれど、悪く言えば無計画で行きあたりばったり。

でもそれが幸いしてきたという気もする。行きあたりばったりとは言っても、まったく選んでいないわけでもない。その時々に自分の目の前にあるいくつかの選択肢から、ピンときたものを選んではきた。そしてそれらにはきっと必然性があったのだ。実際、コンサルティングの仕事の経験も投資の仕事の経験も、今の自分の大事なバックグラウンドになっているし、天職にめぐり会うこともできた。

みなが一人称的に、自律的に、自分の芽を伸ばす方角を見つけ、選ばなければいけないわけではない。むしろ流される中、二人称・三人称的に、他律的に、呼ばれるほうに進んでみることで、自分ならではの、そして自分にふさわしい人生が形成されるということがある。自分の成長、自己実現の方角に迷うことがあったなら、ひとまずピンとくる方向へと流されてみるのも、一つの方法だろう。

人生に一回の、大きなYes

かように流れ流されのぼくの人生だけれど、実は、流れにあらがい、自分なりに相応の覚悟をもって決断を下したことが一度だけある。それは、先にも述べた西国分寺の実家を建て替え、集合住宅「マージュ西国分寺」をつくったことだ。

それ以外の人生の選択が、基本としてはまわりから誘われ、勧められたことが契機となったことはここまで説明してきた通りなのだけれど、マージュ西国分寺をつくることはまったくそうしたものではなかった。建て替えとなれば二億円近い借金を抱えることになるし、当時（二〇〇五年）、世間的にはまったくポピュラーではなかったシェアハウスへの建て替えを考えていたから、身内からも反対され、銀行からお金を借りるにも難儀し、自分として成功の確信があるものでもなく、途中で何度もあきらめようかと思うようなプロジェクトだった。

ただそうした際、それでも前に進もうとする自分の気持ちの背景には弟のことがあった。

実は、建て替える前の実家には最後、弟が一人で住んでいた。そして二〇〇五年六月、まわりからするとなんの予兆もない中、突然の急性心不全で亡くなってしまった（当時二十八歳）。寿命とは、人それぞれに定められたもの。早くして亡くなること自体はしょうがないとあきらめもつくのだけれど、不憫だったのは、弟が死後、一週間発見されないまま放置されてしまったことだった。都会の孤独死――そうしたケースがあることはテレビや新聞で見聞きすることはもちろんあったけれど、まさか自分の身内に、弟に起こるとは……。だから、そうして空き家となってしまった実家を建て替える際、真っ先に考えたことは、自分の身内に限らず、まわりで二度とそういうことを起こしたくないということだった。だから、「入居者同士でゆるやかに関係性を育てながら暮らす」場所をつくりたかったたし、若者だけでなく年を重ねた人も住める／住みたいと思ってくれるような多世代型のシェアハウスをつくりたかった。自分には、あきらめられない理由があった。

おそらく誰しも人生に一度くらいは、誰にも期待されなくても、まわりから反対されたとしても、貫き通したいと思う決断がある。逆に言えば、そうした決断は人生で一度すれば十分という風にも思う。そういう「大きなYes（Big Yes）」を人生で一度、言うことができれば、あとはその決断が自分を自然と、しかるべき方向へと導いてくれる。だからぼくにとってクルミドコーヒーを始めることは、マージュ西国分寺をつくる決断をした時点ですでに決まっていたことのように感じている。

弟も、さまざまな弱さを抱え、うまくがんばれず、現実世界の中でどう生きるかに苦しんでいたタイプだったから、人が、それぞれの痛みや弱さを安心して持ち寄れるような場所をつくること、一人一人に「あなたはあなたであることにおいて、大切な人だ」と言ってあげられること、結果的に、クルミドコーヒーを通じて目指すことになるこうした姿勢の原点には、二〇〇五年の出来事がある。

Big Yesを言うときがいつなのか。それは人によって違う。その機に気付かないまま、人生を終える人もきっとたくさんいる。そしてそのことが悪いことだとも必ずしも思わない。ただ逆風の中、一人称で下す大きな決断は、自分といういのちの最大の発露の機会とも思う。その決断をできたからといってその先の人生が順風満帆ということでは決してないだろうし、それが酸っぱくも辛くもあるのは誰しも変わらないのだろうけれど、ただ人生を通じて自分らしい樹形をつくり、そこに自分らしい花を咲かせ、実を成したいと考えるのであれば、いつかどこかで、そうした決断を下すべき時はくる。そしてその選択は、人生を通じて十分報われる道だということも、今ぼくは感じている。

芽は待てないが、種なら待てる

植物の場合、一度芽を出すともうそこでとどまることはできない。育つか、枯れるか、どちらかの道を歩むしかない。ただ種の状態なら待てる。何年も。ものによっては何十年も。

　だから焦らないことだ。種が、その種らしい芽を出すタイミングが、いつか来る。それどころか種の場合、それが発芽力をもつようになるまで、一定の成熟の期間を必要としさえする。その上で、発芽条件というものがある。光、水分、温度、空気……。そしてこれらはどこまでいっても種側ではコントロールできない事柄だ。

　どんな種も然るべきときに芽を出すし、どんな木も然るべきときに花を咲かせる。サクラの花芽は三月にふくらむのであって、それはその時以外ではない。「啐啄（そったく）の機」という言葉もある。ヒナが卵から孵化するとき、不思議なことにヒナが内側より殻をつつくのと同じ頃合いで、母鳥が外側よりまた殻をつつく。そのタイミングが揃うことで殻は割れ、ヒナが孵化する。そのどちらが欠けてもそれは実現しない。

内側からの力と、外側からの力。

その半分はコントロールできないものであることを自覚しつつ、力を育て、蓄え、熟成させ、その機を待てばいい。自分の中の種を発芽させる、その時を。

1 「不安いっぱいの大学生、クルミドコーヒーで働く。〝贈る〟ことからはじめる毎日の中で出会った〝自分らしさ〟とは？」（greenz.jp） https://greenz.jp/2018/02/23/kurumed_coffee/

2 この言葉を教えてくれたのは、Street Coffee&Books店主ののんちゃんでした。愛知県の豊田市駅前で小屋のコーヒー屋さんをされています。伺うといつもやさしい時間が流れていて、自分の心と体が潤うのを感じます。

3 そのことをぼくは、内田樹さんの『街場のメディア論』（光文社新書）で知りました。同書は、「贈与経済」についても言及されるなど、全編通じて知的好奇心を大きく刺激してくれる一冊です。

4 正確には、その後に経緯があり、最初にお声がけいただいた会社ではなく、別のコンサルティング会社に入社することになります。

コラム3

ぼくとクルミドコーヒー

井上大樹

いのうえ・たいじゅ▼元クルミドコーヒースタッフ。「お手紙コーヒー」を実現し、同じくスタッフの高井と取り組んだ「お菓子とコーヒーの夜」は大きな評判となった。今はお店を離れ、グルテンフリーのお菓子づくりに取り組む。

居場所と思えるカフェを探し求めていた過去について

かつて実家のオーブンで母と一緒にパンを作っていたぼくは、将来の進路を決めるときも、迷わず食に関する仕事をしたいと考えました。十八歳で専門学校に入学し、二十歳で社会に出て、個人洋菓子店のパティシエになりました。右も左も分からないぼくは、「なんでも、やる！」という意気込みのもと先輩やシェフから指示をもらい、ひたすら全身全霊で目の前のお菓子づくりに取り組む毎日。何事も見よう見まねで覚えていく、まさに職人の世界でした。

厨房に入れば技術がすべて。任せられた仕事を完璧にこなせなければ新しい仕事も振ってもらえません。職場ではシェフが絶対的な存在であり頂点。一つのミスも許されない環境で、とにかく美味しく、早く、美しく仕上げることがそのお店でのシェフの絶対的な習わしでした。上下関係も徹底され、見習いのぼくの仕事はシェフの指示によって決められていました。ぼくはそんな、技術によって評価され、自分の行動も何もかもが決められてしまうパティシエという仕事をしていて、ロボットになってしまったような気分でした。

自分の気持ちを押し込めながら、その場の環境に耐えて働きながらも、少しずつ自分の心が傷ついていくのを感じていた覚えがあります。当時、そんな自分の心の支えになっていたのは、静かな空間で自分自身と丁寧に向き合うことのできる、喫茶店やカフェという存在でした。どこか自分に嘘をつきながら働いていたぼくは、仕事を終えた後にすぐカフェに向かい、自分の気持ちを取り戻そうと必死になっていたのです。

クルミドコーヒーとの出会い
（『ゆっくり、いそげ』との出会い）

自分との対話をゆっくりできるようなカフェを探していたときに、出会ったお店の一つがクルミドコーヒーでした。お店に入ると、木の温もりや森を思わせる内装。スタッフの方々も自然体で柔らかく、温もりを感じるような接客をしてくださったのを覚えています。ぼく自身をお客さんとして受け止めてくれているのと同時に、〈人〉としても受け止めてくれ、大切にしてもらえている感じがして、すぐにこのお店が好きになりました。

そんなとき、店内で出会ったのが、店主 影山さんの著者『ゆっくり、いそげ』でした。ぼくは読み進めるなか、元スタッフの川上さんのつくるビーフシチューの一節に目が止まりました。「川上さんがやめたらもうビーフシチューはやらないと決めていた」、「クルミドコーヒーでは、その人の存在が感じられるものづくりをしていきたいと思っている」。読んだとき、つい涙ぐんでしまいました。なんて、ものや人に向き合う姿勢があたたかいんだろうと。

当時、心を失ったロボットになったような気持ちで働いていた自分。お菓子をつくれる技術がなければこの会社には必要ないと言われてしまいそうな威圧感があるなか、自分の存在価値が見つけられず、どうしようもなくなっていました。いま思えば、体も心もギリギリのところまで追い詰められていた気がします。ぼくは、「自分がほんとうに大切にしたいお菓子づくりや生き方とは何なのだろう？」と考えました。本を読むだけでは、すぐに自分の答えを見つけられなかったぼくは、その問いの答えをクルミドコーヒーで働きながら探したいと、強く強く思ったのでした。

クルミドコーヒーから想像するもの

【暖炉のような存在】

クルミドコーヒーに入ったばかりのぼくは、人をまともに信頼することができず、感謝されたり、褒められたりする言葉も素直に受け取れないような状態でした。きっと社会で「働く」ということ自体に、どこか失望していたのだと思います。そんな、心にポッカリ空いた穴があるままクルミドコーヒーに入社し、すぐに体感したのは、このお店に関わる人たちの「温もり」でした。それはスタッフはもちろん、このお店に集まる人たち、足を運んでくださるお客さんも含めて。このお店に集まる人たちは穏やかで、思いやり、優しさに満ちていました。ぼくは、そんな人の愛情や優しさに触れることで人間らしい感情を取り戻し、心に空いた穴も少しずつ塞がっていったのです。

ぼくがクルミドコーヒーを何かにたとえるなら暖炉です。

たとえ自分が何か思い悩むことがあっても、その場所に居るだけで一人じゃないと思えたり、優しい気持ちになれたりする場所。寂しい気持ちや不安な気持ちがあっても、大丈夫かもと思える場所。それは、暖炉の火に手をかざしながら、時間とともにじんわり体温を取り戻していくような感覚。暖かいものに触れ、体だけでなく心まで満たされていくような。

ぼくにはこのお店を集まる人たちは、どこか森の中で薪を燃やし、みんなで暖を取っているようにも見えるのです。

【職場であり、カフェであり、家のような場所】

ぼくは幼少期に、家庭の都合で家という場所に安心を感じられない時期がありました。自分にはどうしようもできないことという風に捉えて、自分の感情に蓋をしてきた過去がありました。今でも、蓋をすることが当然となっているところがあります。自分の素直な感情をそのまま出していいのか分からなくなってしまうことがあります。ぼくは大人になってから、そのときの自分に芽生える感情や想いを、カフェという場所で書いて表すようになりました。これまで自分の感情を表現するにはノートの中が一番安心できたのですが、自分が素直に感情を外に出してもいいかもと思えるようになれたのは、クルミドコーヒーの仲間のおかげだと思っています。

クルミドコーヒーでは接客をするときにマニュアルがありません。それぞれが目の前にいるお客さんとの心地よい距離感を取りながら、その人を見守るように接しているのです。

それはお客さんだけでなくスタッフ同士も同じ。会社の形式や枠を取り外し、お互いを仲間という意識で、心で、働いています。ぼくもそんなメンバーと働くことで自然体で居られ、自分を受け止めてもらえる気がしたのです。これもスタッフ同士が生む「健全な負債感」。誰かを素直に応援し支援したいと思わせる、気持ちの交換をしている気がします。

ぼくの思うクルミドコーヒーは、家であり、「また還りたいと思える場所」です。

このお店を卒業しても、クルミドコーヒーが続いているだけで、ぼくはあたたかい勇気をもらい、大丈夫だって思える。その場所には変わらない記憶と変わらない思いを持っているスタッフがいるからです。

【大切な「問い」を受け取った場所】

クルミドコーヒーの定休日である木曜日には、仕込み以外に「定例会」という時間があります。週に一回、社員が集まり（月に一回はアルバイトメンバーも含めた全員で集まります）、売上状況の確認や今後のメニューついてなど、お店に関することを話し合います。そうした場で、スタッフみなが心がけていることがあります。

- 意見が分かれても決して多数決で決めないこと
- 「なぜ」「そもそも」という問いを大切にすること
- 役職や立場関係なくそれぞれが安心して話せるような雰囲気をつくること
- 異なる意見があっても、否定をしないこと

クルミドコーヒーのスタッフは職歴や年齢もさまざま。その分、いろんな目線からのカフェの捉え方があり、意見は千差万別。特に特徴的なのは、社長や上司の独断で何か物事が決まることがないということです。みなで意

見を聞き合い、多数決で決めない分、出てくるアイデア、その場で交わされる言葉にはどこかいつも愛情と遊び心があふれています。

もしかしたら、側から見ればとても非効率に見えるかもしれません。ですが、本当の意味でお店に関わる人のことを思い意見を交わした時間は、ぼく個人にとっても人生の財産になったと思っています。もちろん、チームにいる一人として、お店やスタッフがどうあったらいいだろうか?お客さんにどうしたらよろこんでもらえるだろうか?ということも考えますが、お店という枠を超えたところで、個人の生き方、物事の捉え方という点でも、ヒントをもらえたり、考えるきっかけになったりしたと思います。

クルミドコーヒーではいくつもの問いをもらいました。

- 「人に寄り添う、支援する」ってどういうことだろう。
- 「人を想う心、あたたかみ」ってなんだろう。
- 「一つ一つのいのちを大切にする経済・社会をつくる」って、つまりどういうことだろう。ぼくならどういう風に体現するだろう。

そうした問いに対して、「答えを探し続けること」を、ぼくは人生を歩む上での大切な指針にしようと思っています。その過程は、未完成な道を自らの手で開拓し進んでいく、日々を生きることそのものです。何かに疑問を感じて、なぜだろう?と考えたり、言葉にならない感情を何だろう?と探ってみたり。その思いや感情には常に、自分の心や思考を理解するためのヒントが潜んでいます。何かに対して主体性をもって考えるというのは、自分の人生を生きる上では欠かせないことだと思います。

小麦アレルギーを持った自分の今後

ぼくはこれまでクルミドコーヒーで主に焼菓子をつくってきました。ですが、二〇二三年八月、まさか突然、小麦アレルギーになってしまいました。パティシエとしてこれまでお菓子づくりをしてきたぼくにとって、小麦を扱えなくなることは、右手が動かなくなってしまうようなできごと。当然のようにつくってきたお菓子をつくれなくなり、そして食べられなくなること。その現実を自分でどうにかして整理しなければいけないと、焦りが急に襲ってきました。

自分が悩んだ末に出した答えは、米粉一〇〇%のグルテンフリーのお菓子をつくっていくことでした。これまで自分が特別な思いを抱きながら向き合ってきたお菓子づくりを、身体的な理由で諦めたくなかったのです。自分が思うお菓子の素晴らしさは、つくり手が人を思い、創造したもので人の心を励ます力があること。パティシエであることと同時に、お菓子自体の持つ魅力や性質を愛おしく思う気持ちがあるから、ぼくは辞めたくなかったのだと思います。

クルミドコーヒーで教わったのは、〈人柄や存在が溶けこんだものづくり〉。ぼく自身がつくるものに込めたい意識です。ずっと根底にある気がします。これからも、そんな人のあたたかさを感じられるお菓子づくりを目指していきたいと思っています。

第五章

土の話

「いいスタッフが集まっている」のか

今から書くことで、クルミドコーヒー／胡桃堂喫茶店、両店のメンバーのみんなを敵に回すことになるかもしれない。

非常にありがたいことに、お店を訪ねてくださるお客さんから、こんな風に言ってもらえることがある。

「とてもいいスタッフを集めていらっしゃいますね」

明るく、笑顔がすてきで、親しみやすく、それでいて仕事熱心。

カフェ体験の大きな部分は、そこにいる人によってもたらされるから、それはとても大きな褒め言葉だと思うし、そう言っていただけることはとてもうれしく、ありがたいこと。

「いいスタッフに恵まれて、影山さん、幸せ者ですね」

それは確かにそうで、その通りなので、自分もこう返事をすることになる。

「はい、そうなんです。自分はほんとに幸せ者です」

ただ心の中で――あくまで心の中で、こうも付け加えたくなる。

「最初からそうだったってわけでもないですけどね」

前章にも書いたように、自分こそ、元は接客業にはまったく向かないようなタイプだった。基本、気分屋で不機嫌。人を小ばかにするようなところがあるし、気に入らない人に対しては「気に入らない」って顔が言ってしまう。変にプライドが高く、人に頭を下げるのが大嫌い。高校時代には、授業の最初の「礼っ！」の掛け声にしたがって頭を下げるのがいやで、毎度突っ立ったままでいるものだから、体育教師に目をつけられ呼び出されたこともある。

そんな自分が、一日何十人もの人に「いらっしゃいませ」とか、「ありがとうございます」とか頭を下げ、笑顔であいさつできるのか。学生時代のアルバイトこそ、そのほとんどが接客業ではあったけれど、それはお金のため、そしてまかないを食べさせてもらえるからと割り切った上でのもの。自分の生業として、毎日の仕事としてそんな職業選択をしていいのか。はっきり言って自分が一番疑問に思っていた。

ただ、今お店のシフトに入れば、ぼくは自然とそういうことをしている。自分の本質が変わったと言うつもりもないけれど、笑顔で接客している自分に無理があるとも感じていない。それができているのはなぜなのか。

ここには一つ、「場の力」というものが作用しているのではないかと思う。

今お店となっている空間も、元はといえばコンクリートの塊だった。実家を建て替えて集合住宅にした一階部分。設計をお願いした建築家の方のテイストもあってコンクリート打ちっぱなしで、よく言えばモダン、悪く言えば寒々しい灰色の空間。

そこを井川さんや、立川で家具工房kitoriをやられている山上さん、金属作家の関田さん、Pocketsの安藤さんら、たくさんの職人の方たちが、当時のチームメンバーと一緒になって、来る日も来る日もトンカントンカンやって、今のお店へと仕立て上げてくれた。出来上がったお店の引き渡しを受ける時は泣けた。そのセンスのよさはもちろんだけれど、お店の形となるまで、途方もない手間と時間とがそこにかけられていることを心身に感じたからだ。

お店づくりにあたっての合言葉の一つは「フェイクはやめよう」だった。木っぽい樹脂や、ガラスっぽいプラスチック、土っぽいペンキを使うのではなくて、木やガラスや土や鉄や、自然界に存在するものをそのままちゃんと使うこと。

もう一つは、「こどもたちのためのお店だからこそ、大人の本気を見せよう」だった。店内入ってすぐの床から階段一帯を見渡すと、木がモザイク状に張り合わされているのが分かる。これも一枚一枚古材を切り出し、磨き、色を付け、オイルを塗って、張り合わせ、目地を埋め、磨き直し……とすることで出来上がったものだ。規格化された床材を貼り合わせてしまえば、もっと時間と手間もかからずそれらしいものはできるのだけれど、そういう道は選ばなかった。お店の床や階段がそうした地道な仕事の積み重ねで出来上がっていることは、よっぽど関心をもって見ない限りほとんどの人は気付かないだろう。でもそれでも、そこにある種の熱量が残っていることは、五感を通じてなんとなく「ああ、いいお店だな」と感じてもらえることで、お客さんに届いているのだろうと思う。

そして、お店が、そうした関わってくださった一人一人のウソのない仕事によって出来上がっていることを日々、より直接的に感じるのはぼくを含めたスタッフだ。その仕事を受け継ぐ者として少し背筋が伸び、自分もまた嘘のない仕事でお客さんに相対し、よろこんでもらいたい。自然とそんな心境になってホールに、キッチンに立つ。だから、お店のメンバーの一人一人が悪い人であると言うつもりはもちろん一切ないけれど、元からみなが「明るく、親しみやすく、仕事熱心」だったかというとそういうわけでもなく、それぞれの中に眠るそうした前向きな部分を、お店が、お店をつくってくださった一人一人の仕事が、引き出してくれているのだろうと思うのだ。

「場の力」の正体

人の力が、場の力によって引き出されるということは、しばしば観察されることだ。芝居における役者と舞台の関係しかり、スポーツにおけるアスリートと競技場の関係しかり。ぼくらも、大きな自然に包まれれば安らぐし、笑顔が多く、明るい雰囲気の会議であればあるほど発言がしやすく、いいアイデアが出てきたりもするだろう。それではここでいう「場の力」とは、いったい何なのだろうか。

『場の思想』の著作もある、NPO法人場の研究所の所長であり生命関係学者、清水博が、物語の力を借り、こどもを含んだ多くの読者に届くようにと表現を試みた『コペルニクスの鏡』に、こんな登場人物のやり取りが出てくる。場の力の正体は「縁」だという。

「それにな、自分で気がついていなくても、〈いのち〉のつながりが縁となって居場所に残っていくのだよ。だから居場所には、昔からの縁が積もっていく。生きものはみな、そうした縁のなかで生きていくのだよ」

「その縁っていうもの、わたしは学校で教わってないけれど、何なの？」

「それはな、生きものの〈いのち〉と〈いのち〉が出会ってつながる役目をするきっかけのことだよ。目には見えないけど、縁がたくさん積もっている場所ほど、〈いのち〉がつながりやすいのさ。それでそうした場所ほど、安心して腰を落ちつけて生きていくことができる居場所になるのじゃな」

そうだとすれば、カフェには場としての力が備わりやすいと考えることもできそうだ。カフェには日々、何十人から百人を超える人々が訪れ、お客さん同士、お客さんとスタッフ、スタッフ同士、さまざまな縁を紡いでいる。その中にはすれ違うようなささやかな関わりもあれば、ときには、その人の一生に大きな影響を与えるような、大きな関わりの舞台となることだってある。

清水は、そうした縁が紡がれていくことを通じ、やがて場そのものに〈いのち〉が宿るようになるという。

「居場所の〈いのち〉に人間の〈いのち〉が包まれていると、ちょうど〈いのち〉の着ものに包まれていることになるからね、〈いのち〉は元気になるのだよ」

「じゃ、じゃ、その〈いのち〉の着ものは、どうすればできるの？」

「そのことだがな、生きものが一緒になって『〈いのち〉の糸』から織るのじゃよ。その〈いのち〉の糸なんじゃが、親と子の間でも、友だちの間でも、人間と犬の間でも、とにかく生きものの〈いのち〉の間にかかわり合いが生まれるということは、その二つの生きものが『〈いのち〉の糸』でつながるということなんだよ。そのような〈いのち〉の糸が、同じ場所に生きているいろいろな生きものの間にたくさん生まれていくと、その場所に〈いのち〉の着ものが織られていくことになる。〔後略〕」

もっとも、関わり合いならなんでもいいということでもない。

スタッフとお店の関係は、家族と家庭の関係にもたとえられる。家族一人一人が、家庭という場所を大事に思い、日々の掃除にせよ、家族の誕生日を祝うことにせよ、自分にできる貢献をする。その積み重ねによって、最初は物理的なハコでしかなかった居住空間も「家庭」となり、場所としてのあたたかさを持つようになる。そうして、やがて家族一人一人も、その家庭から癒しや励ましを得るようになる。家族と家庭は、相互にいかし／いかされる関係になるのだ。

それが「利用し合う関係」だとしたらそうはならないだろう。つまり家族一人一人が自分のことしか考えず、他の家族は、自分の「利益」のための手段としか考えない。まわりへの、場への、自発的で利他的な貢献はなされない。一人一人がそういう関わり合いばかりを繰り返すならば、やがて時とともに家庭はやせ細り、場としての力は失われていく。

清水は、その独特の表現で、〈いのち〉の与贈循環という言葉を使う。

与贈とは、「自己の能動的な〈いのち〉のはたらきを環境世界に代償を求めずに与え贈って、世界の一部を自分の居場所にすること」で、人から場への与贈はやがて循環し、場から人への与贈をも生むという。

お店が場として育っていくとき、最初は空間やスタッフがそれを構成する主たる要素かもしれないが、徐々にそこにお客さんも加わってきてくれるようになる。特にお店のことを大事に思い、それを自分の一部だとさえ思ってくれるようなお客さんと出会えたときはなおのこと。そうして、スタッフもお客さんもその境界線をあいまいにしながら一緒になってお店（場）を育て、そのお店（場）によって、関わる一人一人がいかされる。

場の力の正体とはなんなのだろう。
自分なりに定式化するとすれば

空間　×　関係性　×　記憶

とでも表現できようか。物理的な空間だって、元をたどればその正体は人の仕事だ。それが、誰かが誰かを思って、ウソのない仕事で設えられたものなのかどうかは場の力に根源的な差異を生む。そして、いかし／いかされる関係性。それが日々繰り返され、積み重なることで、まさに「着ものが織り込まれる」ように、場の力は育っていく。最後には、それらが時間を超えて受け継がれていくための記憶。記憶の力によって、かつてそこにあった人の仕事や関わり合いが、今もそこにあることとしていのちを得る。

こうしたことは、客観的な証明、実証は難しいような性格のものなのかもしれない。ただぼくら自身が、日々お店をやりながら体感していることでもある。

ぼくらが、お店という場の力によっていかされていることは事実だが、そのお店に場としての力を与えてきたのもまた、ぼくらのはたらきだということ。そのようにして人と場は、互いが互いに影響を与えながら、ともに成長していく。

おでん理論1

少し話のトーンが変わってしまって恐縮だけれど、人と場とが、相互作用によってお互いを高めていくさまは身近な事象によっても確認できる。――おでんだ。

つゆ（場）には出汁がいきている。そしてそのつゆのおかげで、たまごも、大根も、こんにゃくもおいしくなる。それは間違いない。ただそれと同時に、そうした具材たちによって、なかんずく、昆布やさつまあげや牛スジたちのいいはたらきによってつゆそのものもいっそうおいしくなる。そしてその味わいはまた、具材たちへと沁み込んでいく……。ここにも相互の循環が見て取れる。

しかも、個々の具材が、つゆ（場）によっていかされるといっても、それらはバラバラに活躍するのではなく、そこにはおでんとしての一体感がある。お店において、一人一人がそれぞれに個性的な活躍をしつつも、それでもそこにはクルミドコーヒーや胡桃堂喫茶店としての一体感があるのと同じように。かように、多様な個のはたらきに一定の創造的な秩序をもたらすのも、場の力だ。

さらにもう少しこのアイデアを引っ張るのなら、具材の中に「引き立てられる」のが上手な具材（大根など）と、むしろ「場を育てる」方面でこそ力を発揮する具材（昆布など）があることにも気がつく。これは現実世界でも同じだろう。お店でもそう。目立つのは前者だし、前者の活躍でお店が存続できる面があるのは事実だけれど、その人（具材）が活躍できるのもその舞台があればこそであり、その舞台を力あるものにすることに貢献する人（具材）がいることも見落としてはならない側面だ。

さくらんぼと、桜の木

二〇一六年九月、福島で行われたイベントで、映画監督、プロデューサーにして思想家である（と自分は思っている）高畑勲（1935–2018）が、人の生きようについてこんな表現を使って話をしていた。

さくらんぼが人生で
それを実らせる愛が桜の木
みんな、逆に思うかもしれないけれど
人生は、愛の木に育つ甘いさくらんぼ

最初はうまく理解ができなかった。

人生と愛の関係について語るのであれば、自分という人生の木に、いつか愛という甘い（そしてすっぱい）さくらんぼが実ると考えるほうがしっくりくるように思えたからだ。

ただ何度か噛みしめていくうちに、そして前述の清水の『コペルニクスの鏡』の中での表現とあいまって、合点がいった。これは「地動説」と「天動説」、どちらの見方で世界を見るかの違いなのだということに。

ついついぼくらは、自分を中心に世界を捉えてしまいがちだ。自分という個が先にあって、そこに他人や、まちや、自然があって、さらにはそれらとの関わり合いがあるという具合に世界を認識する。極端なことを言えば、自分が認識できない、特に五感を用いて実感することのできない事柄は、それが現実に存在するかどうかは本当のところでは分からないわけだから、ないに等しいと考えることだってできる。

これはある種の現実主義ではある。自分の実感の範囲で世界を考えればいいし、何が大事で何が大事でないかの価値判断もその実感に基づいて考えていけばいいから、自分の中での納得感も構築しやすい。ただ一方、この考え方はこの考え方で辛くもあろうと思う。なぜなら、世界が常に「自分で構築しなければいけないもの」として自分に迫ってくるからだ。そしてその大変さ、重さを考えれば考えるほど、人は「自分と家族と、気の合う人たち」というような狭い範囲に、世界を限定したくなる気持ちになるものだ。

こういう世界の見方は、近代に入っての「自立した個」「主体的な個」という人間観の一つの帰結でもあり、「自分の世界を狭くする」というのは、周囲からのそうした期待感となんとか折り合いをつけてやっていくための、現代人の処世術と言えるかもしれない。

ただこれは、あたかも地球が世界の中心にあって、そのまわりを宇宙を含めた天体が回っていると考えた、かつての「天動説」のようだ。

反対に、「地動説」に基づいてこの世界を見ることもできる。

つまり、自分が存在しようがしまいが、自分がそれを認識しようがしまいが、世界は「ある」。そしてそこに自分という存在が生じ、世界のまわりをぐるぐると回っている。

この見方は、自分という存在のちっぽけさを思わせ、自分では影響の及ぼしようもない「大きなもの（世界）」の存在を認めてしまうという点で、人によっては無力感に陥ってしまうものかもしれない。ただ一方で、先の「天動説」と比較すれば、「自ら一つの個として世界と相対し、自らのまわりに自らの世界を構築していかなければならない」というような壮大な責任感から自分を解放してくれる見方でもある。

自分は、悲喜こもごもの世界（一本の木）に、ちょこんとなったさくらんぼ。さくらんぼはさくらんぼなりに、じたばたもするし、世界に影響を与えることだってできる。そこは必要以上に自分を卑下する必要もないけれど、反対に世界をすべて背負い込む必要もない。

大きな循環、大きな場の力に自らを委ねて、「なるようになる」に任せる。

天文学の世界で、コペルニクスやガリレオ・ガリレイらの業績と信念の力とによって「天動説」が「地動説」へとひっくり返されたのが十六世紀から十七世紀。それから数百年。あなたはどちらの視点で、この世界を見るだろう。

種が芽を出しやすい土

至哉坤元　至れる哉坤元（かなこんげん）
万物資生　万物資り（と）て生ず

大地の徳とは、なんと素晴らしいものであろうか
万物はすべてここから生じる

中国の古典、『易経』の一節。

化粧品会社、資生堂の社名の由来がその後段にあることでも有名だけれど、実はぼくらがクルミド出版に取り組むときに、拠り所とした一節でもある。

クルミド出版は、土でありたいと思いました。

土は動きません。
ずうっとそこにあり続け、
水や光の恵みを得て、生命を育む本（もと）になります。

土は種を受け止めます。
根に抱きしめられ、抱きしめ返し、
種がやがて、その種にしか出せない小さな芽を出す
その時を待ちます。

書き手であり、書き手のアイデアが種。ぼくらはそれらを受け止める土であろうと。そして種が機を得て芽を出すように、本を一緒につくっていけるといいねと。
ロゴも、そうしてできた。[2]

考えてみれば土とは不思議な存在だ。
一見、土にはいのちがない。芽を出し、双葉を広げ、やがて木へと育っていくいのちは

種のほうにこそある。だけれど、土がなければ、種も芽を出すことはできない。土がはたしている役割とはいったい何なのだろう。

生物学的な説明は他に譲るとして、土の力とは、まず第一に「受ける力」だろうと思う。この受ける力、さらには種が芽を出すのを助ける土の力について考えるとき、いつも思い浮かべるのは、本書にも何度も出てくる、ミヒャエル・エンデの『モモ』だ。


小さなモモにできたこと、それはほかでもありません、あいての話を聞くことでした。なあんだ、そんなこと、とみなさんは言うでしょうね。話を聞くなんて、だれにだってできるじゃないかって。

でもそれはまちがいです。ほんとうに聞くことのできる人は、めったにいないものです。


モモは、質問するわけでもない。答えるわけでもない。

彼女はただじっとすわって、注意ぶかく聞いているだけです。その大きな黒い目は、あいてをじっと見つめています。するとあいてには、じぶんのどこにそんなものがひそんでいたかとおどろくような考えが、すうっとうかびあがってくるのです。

これは、できるようでなかなかできないことだ。話を聞く側にも「我」のようなものはどうしても残るし、聞く側には聞く側で事情があったりもするから、ついせっついて答えを求めてしまったり、相手のアイデアに評価をはさんでしまったりしがち。話す側の種が強靭であればそれでもいいのかもしれないけれど、強さと一緒に弱さが同居し、自信と一緒に不安が同居するような種の場合、その聞き手のペースやリズムについていけず、しゅんとしてしまうことだってある。

ただ寄り添うように相手のそばにいて、反応を示すこと。

それはつまり、自分の時間をそっと差し出して、相手の時間をともに生きること。

そして、そこで寄り添い、反応する「相手」とは、その人の「機能性」ではなく「存在」であるといい。

たとえば本の編集で考えるなら、その文章がいいとか悪いとか、世のニーズに照らして売れそうだとか売れそうにないだとかいった反応は、機能性に対してのもの。もちろんいいものをつくるには、ときに厳しいことだって言わなければいけないし、反対にいい出来のときにほめることで、書き手の意欲を引き出せることだってあるだろう。ただこうした一喜一憂は、お互いの関係を不安定なものにする面もある。なぜなら、機能性についての評価は基本的に条件付きなのであり、その条件が失われたときに評価されないことをも予見させるものだからだ。「いい文章」をほめられるということは、「いい文章」を書けない自分には価値がないことをも想像させるものであるということだ。

だからまずはその人の存在に対して反応を示せるといい。

その人自身のありよう、本を書こうとしている背景、内に抱える葛藤や痛み。そういったものすべてを包摂して、その存在に対してうなずいてあげること。いい文章を書けようが書けまいが関係なく、まずはあなたの存在そのものが大事なのだと伝えてあげること。受け止められる側として、こうした反応ほど心強いことはないだろう。そして、こうしたお互いの信頼感や安心感がベースにあればこそ、その先、ときにその仕事（機能性）に対して厳しい突っ込みをすることがあっても、そうした摩擦をも、お互い前向きに受け止めていけるようになる。

前著で「支援し合う関係」について述べた。それは「ギブし合う関係」であるとも。ただ、「支援」や「ギブ」という言葉を使うと、どうしてもそこには何かしらの作為——積極的な働きかけをイメージしてしまいがちだ。そしてそれは難しいことであると感じられてしまうかもしれない。

今回、「支援する」を再定義させてもらうなら、それはまず「受ける」こと——反応を示し、うなずくこと。そこから始まるのだと表現し直したい。そして、なんらかの作為に対してはむしろ慎重であることを求められるかもしれない。相手には相手のペースであり、リズムがあるのだから。

自分の友人で、紙巻きオルゴール paper tunes 等で活躍されている杉山三さんは、とあるインタビュー[3]の中でこう語られていた。

反応を示すことは、その人が生きていることを祝福するようなことだ。

確かに「反応がない」ことほど辛いことはない。反応がないことによって、あたかも自分がそこには存在しないようなことになってしまうからだ。

評価でもなく、アドバイスでもなく、うんうんとうなずくこと。そうだねと、まず受け止めてあげること。自分のありのままをさらけ出しても、受け止めてもらえるという安心感があれば、人の中に眠るアイデアやファンタジーはどんどん引き出されてくるだろう。モモによって、ジジやベッポやこどもたちの可能性が引き出されていったように。

究極的には言葉でなくたっていいのだろうと思う。寄り添うように反応を示すこと。

土の役割は、そこから始まる。

お店が自由過ぎると、お客さんが不自由になる

カフェをやっていると、カフェをやっている仲間にも自然とよく会う。またぼく自身がカフェに行くこともある。そして「カフェ＝自由」という連想からか、お店を使ったイベントとか展示とかコンサートとか、カフェがさまざまな活動の受け皿になっている様子に立ち会うことがよくある。単なる飲食店にとどまらず、ときに文化の発信拠点にもなる、場としてのカフェの魅力と言っていいだろう。

ただ、である。

自分たちも確かにお店を使ってのイベントを企画・開催したりはする。ただそれらのほとんどは定休日を使ったり、営業時間外であったり、あるいは営業時間内だとしたら地下の空間に限ったりと、かなり限定的な形での実施だ。

ぼくらは、通常営業こそ何よりも優先順位が高く、お店の本分だと考えているからだ。お客さんがいつ来ても、いつもと同じようにやっていて、いつもと同じように時間を過ごせる場所であること――それが、まずもってカフェが果たさなければいけない一義的な役割だと考えている。カフェの使命が「受ける」ことだというのは、つまりそういうことだ。

いつものようにという気持ちでお店にやってきたのに、イベントをやっていて入れな

かったとか、入れはしたけれどうるさかったとか、いつものメニューがなかったとか、そういうことがあるとすると、お客さんにしてみればがっかりだ。もしそういうことが二度あったら、三度目はきっとない。つまり、お店が自由過ぎることで、お客さんが不自由になってしまっているわけだ。

カフェ＝自由だとしても、それはお客さんにとって自由な場であるという意味なのであって、お店が自由であっていいということではない。むしろお店は、お客さんに自由に過ごしてもらうために、不自由を受け容れる必要がある。木曜定休で、金曜～水曜の十一時～十九時営業と案内しているのであれば、少しくらい天候が悪かろうと、気分の乗らないことがあろうと、お店を開け続けること。そしてメニューを出しているのであれば、そのメニューに載せているものは切らさず用意し続けること。それらはお客さんとの基本的な約束なのであり、簡単に反故にしていいものではない。その約束を守り続けることは簡単なことではなく、ときにスタッフに不自由を強いることにもなるけれど、その前提があってはじめて、お客さんは安心してお店を利用してくれるようになる。

こういうのはリズムなんだろうと思う。

お店として、一定のリズムを刻み続けること。営業時間にしても、メニューにしても、あまり極端に変化をさせ過ぎないこと。そのリズムセクションの変わらぬ安定感があるから、そのベースの上でお客さんも自由に「うたう」ことができる。それが場としての力を発揮するための、カフェとしての最低条件なのではないかと思う。

とは言ってもお店をやっているのも人間だから、気分にしても、体調にしても、チームの状態にしても、当然そこにはさまざまな波がある。ただそういう波がありながらも、十六年間、ときに補い合いながら、ある意味淡々と、お店を開け続けてきてくれている、うちのメンバーのことを本当に誇りに思う。それは目立ちにくいことながら、決して誰にでもできるようなことではないと思うからだ。

場が力を持つための五つの条件

安定的に人を「受ける」ことが場づくりの一つの前提条件だとして、その先はどう考えるといいのだろう。世の中にはさまざまな場があるけれど、中でも「そこではいつも魅力的な活動が芽吹き、人がいきいきと活躍している」ように見える場に出会うことがある。場が力を持つときの条件のようなものがあるのだろうか。

これはこれで、また別に本を一冊書きたいようなテーマなのだけれど、ここではぼくの思う五つの条件を簡単に挙げてみる。

一つ目は、目的がなくともふらっと行ける場であること。

第一章でも書いたように、世の中には目的をもって行き、目的を果したら帰るというような場所が多い。映画館しかり、美容院しかり、市役所しかり、神社しかり。そういう点でたとえばカフェは、目的がなくとも行くことができ、目的がなくとも居続けることができる。そうした機会であり時間だからこそ、思いがけない人との出会いがあったり、思いがけない着想に出会えたりする。目的がはっきりしていると人間の意識やセンサーはその目的の達成ばかりに向かうけれど、そこがぼんやりしているからこそ、その場で起こる出来事を柔軟に受け止めることができるし、自分の内側から言葉が立ち上がってくるのを待つこともできる。そして、そうしたぼんやりした時間の過ごし方を許容してくれる場は、まちの中に意外にあるようでない。

二つ目は、多様な人が参加できる場であること。

多様な人が集まるということは、それだけ「違い」に遭遇する確率が高まるということだ。カフェをやっている人間ばかりが集まるよりも、たとえばそこに農家さんやお医者さんがいる方が話題に幅が出る。それとうまく出会い、付き合うことができるのであれば、本来「違い」は自分に世界の広がりと深まりを与えてくれる。

ただ、多様な人に開いていますと口では言っても、行ってみると内輪な感じで、初めて行く人が居心地の悪さを感じるような雰囲気だとすると、参加するメンバーは時間とともに固定化していってしまう。[4]

さらにイベントを一つの入口とする場合、テーマや期待成果のはっきりしたイベントよりも、いわばフリートークというようななんでもありの会のほうが、参加者の多様な個性やアイデアが引き出されて、結果的により創造的になることがある。

三つ目は、〝主〟の存在。

たとえば公民館で、ある集会室とその隣の集会室とで、お互いのことを知り合ったら面白いことになりそうな二つのグループが会を催しているようなことがある。またある人の話を聞いたときに、「この話題だったら、このあいだあいつも同じようなことを言ってたな」と、別の誰かを思い出すようなことがある。もちろん縁は縁なのであって、あまりに人為的に干渉するのがいいことばかりではないけれど、空間を超え、時間を超え、人と人をつなぐことができるのが、〝主〟の存在だ。

ここで言う主とは、必ずしも店主（オーナー）を意味しない。それはスタッフでもいいし、なんならお客さんがその役割を担うことだってありえる。ただ、関わりの深さ的にも、気持ち的にも、その場に流れる文脈のようなものを理解し、その場を自分事として引き受けている人である必要はあるだろう。だからカフェであっても、チェーン系のカフェでこうしたことは起こりにくいし、先に挙げた公民館の例であれば、あまりにローテーションの人事が過ぎると、文書化しにくい人の縁や関係性のようなものは引き継がれず、場としての創造性も失われていくだろう。

お店のスタッフとお客さんという関係を超える

残りの二つは、ぼくらもまさに試行錯誤のさ中にあるテーマだ。

四つ目は、主客同一の要素があること。

「主」は先に「あるじ」と読んだが、ここではホストの意。「客」はゲスト。組織における経営者（雇う）と被雇用者（雇われる）の関係もそうだし、お店におけるスタッフとお客さんの関係もそうだけれど、その立場が固定化されると、場は安定するものの、面白いことは起こりにくくなる。お客さんにはお客さんとしての作法があり、そこには通常、お店との関わりの中で何かを能動的につくり出す側にまわることは含まれていない。その壁をどう超えていけるかは、いまだに続くぼくらなりの課題の一つだ。

そしてそれはきっと、お客さんにもシフトに入ってもらうとかそういうことだけではないのだろうと思う。スタッフとお客さんではなく、人と人として出会うこと、人と人としての関係を育むこと。そうしてフラットな関係の上でお店についての話をできれば、その瞬間からお客さんもお店のつくり手の一員となる。そういう距離の関係を結ぶことを含めて、ときにホストがゲストに、ゲストがホストにという立場の入れ替わりがあると、関わる人の数だけ創造の芽が生まれることになる。

五つ目は、楽しく、遊びの要素があること。

田村都志夫の編・訳である『ものがたりの余白 エンデが最後に話したこと』の中で、ミヒャエル・エンデの言葉が紹介されている。

> 理解したのです。遊び(シュピール)のかたちにおいてだけ、わたしは生産的になれるのだと。
> 　人生の生真面目さをわたしの仕事に取り込まねばならないと思ったら、なにももう思いつかない。そうすると、もう先へ進む意欲がなくなってしまうのです。

いつもそうでなければいけないというわけではない。ぼくらのお店も、どちらかと言えば、その基本的なトーンは「まじめ」であったり、「勤勉」であったりすると思う。ただずっとそれでは息がつまるし、面白いアイデアは出てこない。会議のような場を考えても、毎回が議題のはっきりした会ばかりだと、現状の枠を飛び越えるような発想は出てこない。チーム内でどう「遊び」の場をつくっていけるかは、ぼくらの課題の一つだ。

それに、お客さんとの関わりにおいても、楽しさであり遊びがあるといいなと常々思っている。お店の帰り際、お客さんがポロっと言ってくれる感想として、「おいしかった」とか、「いい時間だった」とかもうれしいのだけれど、もし「楽しかった」と言ってもらえたなら、それはもっとうれしい。大人が飲食店に行って、楽しかったと感じることはあんまりない。でもそれが実現するということは、それはそれだけお客さんたちの間に笑いがあり、発見があり、創造的な時間が流れたということなのだろうと思うから。そしてお店をそういう場にできる可能性があるとしたら、それはやっぱり、お店のスタッフとお客さんという立場を超えた関わりを実現できたときなのだろうと思う。

以上、五つの条件を満たした場、みなさんのまわりで思い浮かぶところはあるだろうか。そしてこれらの条件を並べてみて改めて思うのは、やはりカフェには、こうした人と人の創造的な関係を受け止める場としての可能性があるということ。もちろんそれが唯一無二と言うつもりはないけれど、目的もなくふらっと行けて、多様な人が参加できて、主(あるじ)がいて、主客同一の要素があって、楽しくて……。カフェこそ、ではないだろうか。

固定的な空間は必須か？

先に、場の力を定式化したものとして「空間×関係性×記憶」という書き方をした。それを早くも自らひっくり返すようで恐縮だけれど、実は固定的な空間がなかったとしても、そこが場としての力を持つというケースは、それはそれであるように思う。

もちろん人の熱量ある仕事でできた空間は、場に大きな力を与える。しかもそれが常設であれば、それは条件として有利ではある。スタッフ、お客さんの間で、より継続的にいかし／いかされる関係を重ね、「〈いのち〉の着もの」を織り込んでいくことができるからだ。それを何年、何十年といった単位でひと所に積み重ねていくことができたなら、その場はそれだけ大きな力を持っていく。

ただ、固定的な空間を持たない場というものもある。

たとえばぼくらが関わっている中で例を挙げるなら、「文学フリマ」という場がある。その宣言をウェブサイトから拾ってみると――

> 「自分が〈文学〉と信じるもの」が文学フリマでの〈文学〉の定義です。
> 既成の文壇や文芸誌の枠にとらわれず〈文学〉を発表でき、作り手や読者が直接コミュニケートできる「場」を提供するため、プロ・アマなどの垣根も取り払って、すべての人が〈文学〉の担い手となれるイベントとして構想されました。[5]

二〇〇二年に始まり、東京では二〇二四年五月に三十八回目となる開催。小規模だった開催当初から地道に回を重ね、ここにきて作品の出店者は一八〇〇を超え、来場者は一万二千人強。[6]文学・出版分野を代表する一大イベントとなっている。また、その開催地は全国へと広がり、大阪、金沢、福岡、札幌、盛岡、京都、前橋、広島、香川でも開催が実現。

「文学フリマ百都市構想」という野心的な目標も掲げられている。

ぼくらもクルミド出版として二〇一三年から全国各地の文学フリマに出店（これまでになんと三十五回！）。さらには二〇一六年からはクルミドコーヒーとしても文学フリマ東京に飲食出店させてもらうなど、これまで深く関わらせてもらってきた。

この文学フリマ、一つの都市では年に一度や多くても二度の開催であり、また出店者数の増加に伴ってその会場が変わることもあって、場としての足下はやや不安定といってもいい。それでもここまで大きく育ってきた。

それは、「関係性×記憶」がきちんと育まれてきたからだろう。

こうした場に自らの作品をもって出店する方たちは、表現活動への情熱を持ちながら、一方、必ずしも一般的な意味でのコミュニケーションが得意な人たちばかりでもないのだけれど、毎回多様な参加者間で活発な交流が行われている。また、イベントの運営にも出店者が率先して協力するなど、考えてみれば、先に挙げた五つの条件をまさに地でいくような運営が行われている。

そうした甲斐あってか、毎回、その会場には自由で思いやりあるあたたかな空気が流れ、「秘められた熱さ」の渦巻く、独特の雰囲気が実現している。

二〇一二年にはそれまでの十年を振り返るブックレットが刊行され、関連イベントも実施された。またウェブサイト上では常に、年表とともに「これまでの文学フリマ」を閲覧できるなど、場としての記録と記憶を未来へと引き継いでいく地道な努力もなされている。それもこれも、事務局の方たちの真摯で丁寧な仕事があるからで、、固定的な空間が必ずしも場づくりの必須要素ではないことを教えてくれるいい例だ。

場になる場、最後に残るもの

さらに思考を進めると、固定的な空間が必要ないだけでなく、空間そのものが必要ないこともあるなと思い至る。なぜなら、「人が場になる」ということがあるからだ。

みなさんのまわりで、「この人のまわりでは、いつも面白いことが起こっている」というような人がいたりしないだろうか。その人自身はぱっと見、スーパースターのようなタイプではないかもしれない。ただきっと、まわりを「受け」、「反応する」ことが上手で、自分をいかすこと以上に、まわりをいかすことに熱心なはず。人なつっこく、愛嬌があり、誰からも好かれる。こういう人は、その人の存在そのものが場として機能し、まわりのいのちを輝かせる居場所になるから、むしろその人が動けば、それに合わせて場が動いていくようなことにもなる。

そして、さらに考えると、こんな捉え方もできるかもしれない。少し時計の針を巻き戻してみる。

土の話

二〇一一年の東日本大震災。未曽有の災害が起こったあの年。自宅を流され、工場を流され、事務所を流されてしまった人々。そういう状況に触れる中、少し不謹慎と言われてしまうかもしれないけれど、こんな風に考えたことがあった。——もし何かがあって、ぼくらのお店が流されたり、失われたりしてしまったとしたら……。

なんらかのことが起こってお店を、ひいてはマージュ西国分寺自体をなくしてしまったとして……。一面が瓦礫の山、ただ幸いなことにスタッフはみんな残った。三々五々集まってきたメンバーとともに話し合い、できる限りの形で、お店を続けようと。ただ、そこには、井川さんや、山上さん、安藤さんや、関田さんにつくっていただいた、ぼくらにとっても誇りの、あの空間はありません。かろうじて、机といすは周辺に散乱しているもののなかから事務机とパイプいすとでセッティング。水出し珈琲を落とすための器具はなく麦茶ポットの漬け置き式で代用。ケーキを花の形に焼くこともできないので手で成形して、ちょっと不格好。小麦粉も十勝産ではなくスーパーで売っているもの。殻付きクルミもなく、看板は、スタッフが布に手書きで「KURUMED COFFEE」と。

そんなお店に、果たして来てくれるお客さんがいるのか。自分なりに想像してみたんです。そうしたら、思えたんです、「いてくれるかもしれないな」と。

お店として名前を知っている、あの人とあの人。名前は知らないけど、よくお店でお見かけする、あの人。あの人は、まだお店に来てくださったことはないけれど、来てくれるかもしれないな。

きわめて勝手な妄想ですけども。

実際のところどうなるかは、もちろん分かりません。でも、うれしかったんです。そうやって想像したとき、何人かの仲間の顔が思い浮かんだことが。

そして同時に考えました。これこそ、お店として一番大事にしなきゃいけないものなんじゃないかと。[7]

場とは、最後は空間でもなく、人でさえなく、関係性の記憶なのかもしれない。一緒に汗をかいたり、怒ったり、笑ったり、涙を流したり。ひとりで過ごした時間だってそう。あんなことを考えたり、こんなことをしたり。時間をかけて育んだ愛着は、きっとその場に残る。

そう考えると、この場がクルミドコーヒーとなる前に、この地にあった人々の関係性の記憶だって、ぼくらは引き継いでいるのかもしれないと思う。

そこにぼくらの記憶を重ねて、これからも。

1　この理論を「発明」されたのは、当時ＮＨＫラジオでプロデューサーをされていた比留間亮司さんです。比留間さんからは、〈査読版〉へのフィードバックとして、「おでんをつくるのに、一番多い失敗は煮込み過ぎることだそうです。なんでもじっくり煮込めばいいということではないのです。具材によって火を通す時間や火を通す前の処理が問題になります」と、フィードバックをいただきました。深いです。ありがとうございます。

2　太田真紀さんが書いたイラストを、畑文恵さんがレイアウトしてくれて、このロゴができました。

3　かつて見られたウェブ記事が、今はもう見られなくなってしまいました。

4　ですので、ぼくらのお店の接客では、「常連さんにこそ素っ気なく」というのが一つの合言葉です。また、多様な参加者に開かれた場では、なじみの仲間であってもあだ名で呼ばず、さん付けで呼ぶことを心がけています。

5　文学フリマでの〈文学〉 https://bunfree.net/about/

6　この文学フリマ東京38から、初めて入場料が有料（千円）となったにもかかわらず、来場者はほとんど減りませんでした。そして、二〇二四年十二月一日に開催される文学フリマ39から、ついに会場がビックサイトへと移ります。

7　https://ameblo.jp/kurumed/entry-10924041193.html

コラム4

場をめぐって

清水博
しみず・ひろし▼生命科学者。NPO法人場の研究所所長。諸学の総合的視点から生命を解明するバイオホロニクスの研究に取り組んでいる。

学生の頃、寮の隣に「呑気」というおでん屋があって、そこでおでんを食べながら、こっそりと酒を飲む寮生や先輩がいました。飲めない私は、誰かに連れられて一度だけその店に入ったことがあります。六十年以上も昔のできごとの記憶ですから、多少、違っていてもお許しください。店に入ると、大きな鍋が竈にかかっていて、その鍋には色の濃い汁がいっぱい入っており、そこに竹串を刺したさまざまな種が泡を立てることもなく、静かに煮えているのが目に飛び込んできました。何かを注文すると、種の形がほとんど見えないほど濃いその汁の中から、注文された種を亭主が引き出して、皿のような器に載せるのでした。食べてみると、他では味わえないような独特の味が種の芯まで滲みていて、「とても美味しい」と思いました。

多様な人々の集まりの場所に生まれる状態をおでんの料理に例えてみますと、人々がさまざまな種、鍋がその場所（居場所）、種がつかっている汁が場に相当します。もしも鍋がなければ、おでんはつくれず、また汁がなければおでんという料理そのものが成り立ちません。場所も、場も、「おでん料理」には欠かせません。

哲学者・西田幾多郎が発見した矛盾的自己同一「一即多、多即一」は、「鍋」の状態を表す定理です。それは「おでんなる料理は多種多様な材料によってその存在の意味を与えられ、またその多種多様な材料はおでんなる料理によってその存在の意味を与えられている」と、鍋の状態を決めるおでん料理「一」とそれを構成する多様な種「多」との関係を表しています。そこで、一種類の種だけでは、おでん料理が作れないことが分かります。またおでんには多様な種の鮮度（〈いのち〉）が決定的に重要であることにも気づきます。大切なことは、多様な種がそれぞれにおでんに存在している意義（根拠）をもっていることです。

この料理と材料の関係が分かることは非常に重要ですが、それだけでは、まだ必ずしも、美味しいおでん料理ができるわけではありません。ここでもう一歩踏み込んで、料理を美味しくつくろうとすると、おでんの種を煮ている汁に触れない訳にはいきません。鍋料理のうまさの秘密は汁にあります。その汁に相当するものが、先ほど触れたように、場です。場としての汁は、好き嫌いを言わずに、多種多様な種をすべて包んで、その種に味を与えます（与贈します）。すると、つけられたその味に惹かれて、おでんのお店に通う客が現れるのです。ですから、汁の下地をどのようにつくるかには、お店の秘密が隠されています。お店が隠しているのは場づくりの秘密です。しかしおでんが煮えているときには、種からも味が出て汁に与えられ（与贈され）、汁の味がこなれながら複雑になっていきます。そして汁→種→汁→種→……という汁と種の循環的な味の与え合い（与贈循環）がおきて、多様な種の味は汁の味を媒介にして、互いに（非分離的に）つながって深まっていきます。私が「呑気」で味わったおでんの味は、このような濃く複雑なものであったと思います。

多様な人々の集まりに、集まりとしての主体性（自分の主体的な活き（はたら）きによって生きていこうとする性質）を生み出すためには、人々が全体における自分の存在意義を見つけて、その場、その場で、自分がなすべきことを発見しながら主体的に実践していくことが必要です。そのためには、集まり全体の状態を、全員が常に的確に摑んでいる必要がありますが、そこで必要になることは場の共有です。場を媒介にして与贈循環が生まれることで、それが可能になるのです。

明治から昭和にかけての時代では、日本は欧米の諸国に追いつくために、欧米から新しいことを学ぶ、文化の輸入が大切でした。そして高度成長期に入って日本の経済的な活動が世界の注目を集めるようになると、今度は欧米から逆に日本の文化とは何かと問われるようになってきました。しかし、残念なことに、そのような問いに対して、海外の人びとが理解できるような形で答える用意が日本にはほとんどなされていませんでした。現在でも、そのことが十分できるようになっているとは、私には思われません。

「貴方は何ものだ?」と問われたときに、それに相手が分かるように答えられなければ、「得体がしれない」と受けとられて不気味に思われ、警戒心をいだかれるか、あるいは「精神的に成熟した人間ではない」と受けとられて、存在を軽く見られることになってしまいます。ですから、自分自身について、相手から問われて、相手が理解できるような形で文化としての思想を話せないことが、特に欧米の人々の心に日本人を軽く見る傾向を生み出してきたのです。実際、このような警戒心と存在の軽視とが、日本が第二次世界大戦に引き込まれていく要因の一つをつくったのです。

「日本の伝統文化は場の文化である」と言われていることは、今では常識と言ってもよいほど、多くの人が知っています。それでは「場とは何か?」と問われて、欧米の文化で育った人々が理解できるように答えられる人が、日本にどれほどいるでしょうか。なぜ理解されないかというと、欧米の人々が知っている場は、電場、磁場、重力場のように、客観的に測定できる場のことであり、おでんの汁の例えのように、〈いのち〉の与贈循環の中で「種としての自分」も、「種としての他者」と一緒に生み出しながら、互いの〈いのち〉をつないでいる場のことではないのです。日本の場の文化は、このような場の活き(はたら)きを活用して生まれた文化です。日本では、場の活きによって、人間の間ばかりでなく、人間と自然(環境)とが〈いのち〉の与贈循環によってつながって生きていく独特な生き方を生み出してきたのです。このような生き方こそが、今や人間が地球という居場所に住み続けるために必要になっています。

＊この文章は、『続・ゆっくり、いそげ』(査読版)を読んでくださった清水さんが、ある日突然に、お手紙と一緒に送ってきてくださった、「おでん理論」についての論考です。ぼく(影山)にとって、宝物のような文章です。ありがとうございます。

第六章

いのちをいかし合う組織

ハレの日とケの日

とある日の、お店の定例会。

「今回のお店のテーマは、『由来のある仕事をする。ぼくらに根差した仕事をする』だからね。『暦』も大事なテーマの一つ。たとえばぼくらのご先祖さまたちはかつて、『ハレの日、ケの日』として生活の中のメリハリを大事にしてきたわけだけど」

「そうですね。わたしたちもそれにならって、年に五回の節句──人日(正月七日)、上巳(三月三日)、端午(五月五日)、七夕(七月七日)、重陽(九月九日)──を祝うようなメニューを考えたりもしました。でも、なんだかとってつけたような感じがしてしまうのは否めなくて……」

「そうなんだよね。七夕あたりはさすがに季節の風物詩として存在感があるけど、その他の節句をぼくらが普段から意識してるかっていうとあやしいものね」

胡桃堂喫茶店と名付けた新しいお店は、洋の東西でいえば「東」のお店。アジア、日本、国分寺、ぼくら……。食文化にしても、意匠にしても、暦にしても、ぼくらの足下にあるいいものに目を向けて、それらをぼくらなりに再定義して紹介できるといいなと考えてつくったお店だ。ただ、やり始めてすぐに感じたのは、足下の文化のことこそぼくらは知らないし、それらは日々の生活から遠いものになってしまっているということだった。ハロウィンやクリスマスを祝うことにはみんな熱心なのに、重陽の節句を祝っている人なんて、きっとかなりの少数派だろう。

「ふだんの食事こそ、倹しいながらも丁寧な仕事を、という考え方で『お雑用ごはん』というのをケの日の期間に出してみたりもしたけど、カフェに来たお客さんにしてみれば、『今日はケの日です』と一方的に言われてしまうのも違和感があるかもしれないね。その人にしてみれば晴れやかな気分でお店に来てくれたのかもしれないのに」

「そうですね」

「一八七三年から、それまでの太陰太陽暦にかわって太陽暦が使われるようになって一四〇年以上。ハレとケにしても、節句にしても、二十四節気にしても、暦の感覚は変わっていっているのかもしれない。ぼくらの習慣も風俗も、日々動いていっているわけだものね」

不易流行——変わらず大事にしていきたい部分と、変わっていく部分。どちらがより大事だと一概には言えないわけだけれど、一つはっきりしていたのは、暦にしても節句にしても、ぼくらがそれらをきちんと消化して自分のものにしきれていない段階では、それをメニューや店内の装飾に反映させようと思っても、どうしても借り物感が残って、そこに生命力が宿らないということだった。

「じゃあ、型通りに節句を祝うという形はやめて、ぼくらが自然と『ハレの日』と思えるようなタイミングで、ぼくら自身の気持ちも自然と高まるような時期に、その季節を祝い合うような取り組みをするっていうのはどうでしょう」

「うん。それなら自然かも」

「節句って、暦の節目みたいな意味ですよね。その季節の到来、自然の恵みを祝い合うというような。だったらぼくらにとっては、秋になって、里にくるみが鈴なりになって、その収穫を一緒になってやって、それがお店にどーっと届くタイミングこそ、特別な季節って言えるんじゃないですかね」

「確かに！」

「それに、お店で食事をするということ自体は、やっぱり『ハレ』の要素があると思うんです。その日がケなのかハレなのかを決めるのはお客さんに任せて、店の基調としては『ハレの日』の期待に応えられるものにしてみてはどうでしょうか。その上で、くるみの収穫期など年に何度かは、特別な季節の祝いごとがあるという建て付けにしてみては？」

「そうだね。歴史やかつてあったものへの敬意を大事にしながらも、ぼくらがお客さんと一緒になって自然と共有できる、このお店だから、このまちだからこその一年のリズムみたいなものを見つけていけるといいのかもね」

二〇一七年、胡桃堂喫茶店オープン時のこと。

もちろん実際のやり取りはこんなにスムースではなく、ほぼ一年をかけてこんな議論を積み重ねた。その間の小さな試行錯誤もたくさんある。

そうこうして少しずつ、「暦によりそう」お店のテーマは軌道修正。お雑用ごはんはお休みとし、国産くるみの届く十二月に、お店をあげて「くるみ祭り」が催されることとなった。

誰も、他の誰かをコントロールすることはできない

胡桃堂喫茶店ができて最初の一年間は、本当にたくさんの話し合いの時間をもった。毎週木曜が定休日なので、その日に全社員が集まって話をする。一回あたり二時間の予定なのだけれど、この一年間は会議が二時間で終わることはまずなく、長いときは五～六時間かかることもあった。それを一年やれば、年間五十回。社員数は七～八人（当時）。三時間

×五十回×八人＝一二〇〇人時。これだけの人時（労働量）をかけて別のことをすれば相当の仕事ができるわけで、そうした機会損失を生んだとしても、話し合うことを選ぶのがぼくらのスタイルだった。

多くのお店や会社がそうであるように、店長なり社長なりのリーダーがいて上意下達で物事が進むのであれば、こんなに話し合う必要はない。意思決定をする少数と実行する多数。会社組織はそんな構図。そもそも話し合い／会議はあまり生産的ではない場とされ、短ければ短いほどいいとされる風潮もある。ただそれでもぼくらは話し合いの時間を大事にしてきた。なぜか。

基本、ぼくらはそれが合理的だと思うからそうしてきているだけなのだけれど、そのことについては後に触れるとして、背景にある思いについても触れておきたい。ぼくらなりの哲学の一つ、それは「誰も、他の誰かをコントロールする権限はない」というものだ。裏返していえば「一人一人は自由な存在であり、他の誰からもコントロールされることはない」ということ。

普通、組織で働く際には、雇用者と被雇用者の間で雇用契約というものを結ぶ。そこで指示・命令系統がはっきりし、上司は部下に対して命令することができるし、部下は上司／会社からの命令には従わざるをえない。一人の上司には複数人の部下がつくことが多いから、その指揮命令系統（組織図）を描くと下向きの樹形図、つまりピラミッド状（△）になる。語弊を恐れずものすごく端的に、身もふたもない言い方をしてしまえば、ほとんどの組織は独裁主義なのであって、民主主義ではない。もちろん運用上は、ボトムアップ／民主主義的に現場から意見を吸い上げることは可能だし、実際にそうされている組織も多いわけだけれど、構造／制度としては、意思決定権限はトップに集約されている。

その点、ぼくらのお店／会社は、フラットな、なんなら逆ピラミッド型（▽）の、民主主義的な構造をしている。現時点ではまだ、たとえば多額のお金を使うときなど、社長であるぼくの決裁権限としているものも一部あるけれど、それらもゆくゆくはみんなに譲り渡していきたいと思っている。一人一人が他の誰からも命令されることなく自由で、それらが集まって民主的に組織をつくる――このことを実践しようと思えば当然話し合いが必要になる。一見それは面倒くさく、非効率で、迂遠なやり方のように見えるかもしれないけれど、ぼくはそれこそがこれからの組織づくりの、経営の王道になっていくと感じている。やり始めたらすぐ分かる、こうしたやり方の利点が三つある。

一つ目は、うまく話し合うことで、特定の誰か一人が考えるよりもよりよいアイデアに到達できる可能性が高まるということ。

多様な参加者によって多様な意見がもたらされることは、それらのぶつけ合いを経てたどり着く「答え」の質であり、正当性を高めてくれる。考え得るさまざまな反論やつっこみどころが検討され、それらの批判に耐えられるだけの答えを求めるようになるからだ。

またAという意見に対してBという反対意見が提示されることで、弁証法的にCという全参加者にとってより納得感のある結論にたどり着けるようなこともある。そして、こうした過程を経験することで、お店の状況を受け止めその改善をどう考えるか、一人一人の思考力が高まることも大きな効果だ。

ただ一方で、物事を多角的に考えるあまり、角の取れた丸い（特徴のない、つまらない）意見に落ち着いてしまうリスクもあるから、ある部分では特定の個人の世界観に委ねて、他者の意見など気にせず振り切ってやってもらったほうがいい局面もあることは付言しておきたい。

二つ目は、一人一人の納得感と当事者性が高まること。

やはり、「誰かから言われたことをやる」ことと、「自分たちで決めたことをやる」ことでは大きく違う。その前提の違いによって、コーヒー一杯を持っていくときの姿勢や表情も違ってくるだろうし、何かうまくいかないことがあったとしても、それが自分で決めたことなのであればうまくいくようにと自らなんとかしようとするものだ。その試行錯誤を通じて人は成長するし、ひいてはこのことが第三章で触れたような、「胡桃堂喫茶店とは、私です」という、メンバー一人一人がお店全体を引き受ける姿勢にもつながっていく。

そして一人一人がお店とこうした関わりをしていくからこそ、お店にまつわる問題や改善点について、別の誰かから指摘をされなくても、自分事として率先して気付き、自ら改善のためにも動いてくれるようにもなる。

三つ目は、お店の成長点が増えること。

ピラミッド状の組織が成長するためにはトップ（経営者や組織としての戦略）が引っ張る必要があるけれど、フラットな組織では、メンバーの数だけ成長点があることになる。その成長の量や質という点で、短期的に見れば、組織の全エネルギーが一つの方向へと向かうピラミッド組織に歩があることもあるだろうけれど、中長期的に見れば、個々のメンバーの成長と相まって（また一つ目の利点、二つ目の利点との相乗効果で）、多くの成長点を持つフラットな組織のほうが多面的かつ持続的な成長をもたらしてくれる。

そうして、一人一人であり、一つ一つの取り組みが育っていく過程で、自分や勤続年数の長いメンバーは、どちらかというとサポートする側にまわることにもなる。そうすると組織は、より逆ピラミッド型（▽）になり、その広がりゆえ、お店は自然と樹形をなしていく。

多数決に頼らず、物事を決める

さらに言うならば、初年度こそ一回の話し合いに何時間もの時間がかかっていたものの、胡桃堂喫茶店も二年目に入ってからは、もっと短い時間で定例会を終えられるようになった。これは最初の一年で多くの「問題」を改善し、話し合わなければいけない議題が減ったからということに加えて、みなの話し合いの技術が上達していったからだ。

自分の意見を言うこと、まわりの意見を聞くこと（言葉にならない思いへの想像力をはたらかせることを含めて）、そこに相違点があったときにすり合わせ、建設的な調整を図ること。これらはひとえに経験であり技術なのだ。やればやるほど向上していく。

そして同じメンバーで繰り返し繰り返し話し合いの経験を蓄積することで、チームの共通言語が形成されてくる。つまり、ぼくらは何を大事にし、どんなものを美しいと思い、迷ったときにはどんな基準で判断するのか。こうした言語体系がチームのものになってくる。さらに第二章で触れたような、間ファンタジー性。どんなお店を目指していきたいかという創造的な想像力の重なりも育ち、チーム全体の指針になっていく。

こうした共通言語や間ファンタジー性があることで、一人一人の思考が楽になるし、チームとしての意思決定もスムースになる。これらは目には見えず、成文化しにくい性質のものだけれど、確実に存在し、代えがたいチームの財産となる。

そしてこうした点で、身内をほめるようで恐縮ではあるものの、自分たちについて一つ誇りに思っていることがある。それはクルミドコーヒーの十六年、胡桃堂喫茶店の七年半を通じて、物事を決めるのにほぼ多数決を使ったことがないということだ。

特定のリーダーに権限を集中させるのではなくみなの話し合いで物事を決めるのだとしても、最後の最後、意見が割れたときに多数決に頼ってしまうケースは多いだろう。「民主主義とは多数決（で物事を決めること）」と思っている人だっているのではないだろうか。ただその実、多数決は、採用されなかった少数意見の側の不満をくすぶり続けさせる。それが学芸会の演目くらいであればいいけれど、こと話題がそれぞれの価値観や美意識に関するようなものとなると、自分の意見が通らなかったことはそのまま「答え」への非協力的な姿勢や、当事者意識の喪失にもつながりかねないものだ。

もっともチームとして結論を出すといっても、それは必ずしもみなの意見が一つになるということでもない。重要な役割を果たすのは、「消極的な賛成」という選択肢だ。互いの話をし尽くした結果、結論を積極的に支持するわけではないにしても、チームとしてのその決断には異論はないし、その結論が採用されれば、実行に際しても協力すると意思表明してくれること。逆に言えば、最低限全員がその心情になれるところまでは話し合いを尽くすということ。

こうした過程を尽くしてはじめて、「一人一人の自由や自己決定」と、「組織としての意思決定」とが矛盾しないものとなる。前著の表現を使うのであれば、「他人と共に自由に生きる」ことが組織においても実現されるのである。

他動詞と自動詞

普段、いかにぼくらが知らず知らずのうちに他者をコントロールしようとしているかは、その言葉遣いに表れる。「お店を始めたんだけど、人を集めるにはどうしたらいいか」、「このやり方で社会を変える」、「人材を育てる」……。お気付きいただけるだろうか。「集める」も「変える」も「育てる」もすべて他動詞だ。他動詞とは、目的語をともなう動詞。つまり他者という目的語を動かそうとする言葉だ。

ぼくらは日々、気が付くとこうした他動詞をかなりの頻度で使っている。それは、潜在的にであったとしても、ぼくらが他者を自分の望むようにコントロールしたいという願望をもち、あるいは、コントロールできるという傲慢さを抱えていることが、言葉として表出したものといえるだろう。

あるいは、企業におけるマーケティング活動（モノやサービスの開発や販売）の場面では、当然のようにこうした言葉遣いがなされる。企業の目的が売上や利益の最大化であり、そのためにはモノやサービスを売る必要があり、そこには必達の目標もありとなってくれば、自然と、いかに「知らせ」「興味をもたせ」「買わせる」かと、他者をコントロールし動かすための方法論が必要となってくるからだ。それが売上や利益ではなかったとしても、何かしらの成果や理念の達成など、組織として実現したい何かが、特に「いつまでに」と時間軸を伴って強く意識されるときには、それが営利事業であると非営利事業であるとを問わず、他者をコントロールしようとする動機が頭をもたげてくる。

「お客さんを集めるには？」ではなく、「人が自然と集まるようなお店をつくるには？」——そう問うてみてはどうかと思うのだ。そのお店に行くかどうかを決める決定権は他者にある。それをコントロールすることはぼくらにはできない。ただ、行きたいと自然に思ってもらえるようなお店をつくるためにぼくらにできる努力はあるし、その努力をあきらめないという点ではぼくらだって成果を求めてもいる。ただその成果のために、他者を手段化していいとは思っていないということだ。

組織づくりにおいてもそう。人は育つものだし、人は学ぶものだし、人は変わるもの。育て、教え、変えるものではない。それを外から無理強いはできない。それぞれに固有のやり方やペースもある。こちら側からできることは、きっかけを提供することや、反応すること、見守り、ときに手を添えてあげるくらいのことだろう。

自由とは、「自らに由る」ということ。それぞれが自由に、誰のコントロールも受けることなく、それぞれの自己決定に基づいて行動し、関われること。あらゆる組織づくりはここから始まらなければならない。そのために、まずは自分の使っている動詞に意識的になってみることから始められるといい[1]。

ＡＢＣＤ理論

ここまで紹介してきたように、クルミドコーヒーも胡桃堂喫茶店も、全員参加型の経営をしているということは間違いない。ただ一方で、お店にまつわるすべての取り組みにすべてのメンバーが参加しているかというとそうではない。人それぞれに興味・関心はあるし、人生の優先順位だってある。また一つの取り組みにおける機動力を優先したいときに、よりコンパクトなチームをつくったほうがいいこともある。

こうしたバランスの中で、ぼくらのやっているチームの組成・運営の方法論がある。名付けて「ＡＢＣＤ理論」。

クルミド出版を例に説明してみよう。

どんな取り組みにも言い出しっぺというのはいて、多くの場合その人は、他に協力してくれるメンバーがいなくなったとしても、その取り組みを最後まで引き受ける覚悟をもった中心人物となる。これがＡメンバー。Ａメンバーは一人であることも多いけれど、もし複数人いたならばその取り組みはより粘り強く続くだろう。クルミド出版の場合基本的にはぼくがそれにあたる。

続いて、その取り組みの核となってくれるメンバーがいて、これがＢメンバー。定例会があれば原則、毎回参加する（逆にいえば、Bメンバー全員が参加できるよう定例会の日程を調整する）。そして取り組み推進の中心的な役割を担う。クルミド出版の場合、出版する本ごとにチームが編成されることが多く、通常三〜五人ほどのBメンバーがいる。著者に加えて、社員、アルバイトメンバー、デザイナー、ご近所さんなど。

そしてそのまわりには、常に情報を共有しながらそれぞれに可能なタイミング、可能な範囲で貢献する意欲をもって参加してくれているCメンバーがいる。クルミド出版の場合、ここには、ほぼすべての社員、アルバイトメンバーの中から何人か、元スタッフ、著者、ご近所さん、お客さん、縁あって関わり始めてくださった方など、ずっと二十人ほどが関わってくれているだろうか。

ここまで総勢約二十五人がクルミド出版のチームメンバー。そしてカテゴリー間の境界はある程度あいまいで、それまでCメンバーだった者が、時間に余裕ができたり、興味あるプロジェクトが始まったりすることでBメンバーになることもあるし、その逆もある。また、メンバーかメンバーでないかの境界もまたゆるやかで、特にCメンバーのような関与余地があることによって、それが社員やアルバイトメンバー以外の人たちにも参加してもらえる機会となっている。

こうしたチーム編成のいいところが二つある。

一つは、ここにDメンバーがいないこと。Dメンバーとは、自分のメリットのために参加し、チームに貢献しようという意欲はあまりなく、興味のないこと、自分にとって得にならないことには関わらない。むしろ自分の期待通りにならないことには反発し、ああして欲しいこうして欲しいと要望ばかりが多い……メンバー。ギブとテイクでいえば、テイクの意識が強いメンバー。それが営利事業であろうと非営利事業であろうと、チーム編成をすると、こうした面々は普通に交じってくる。自分の得や関心（のみ）に基づいて行動することは、その人の選択として、現代においてはなんら珍しいことではないからだ。呼びかける側としても、関わってくれる人が増えることはうれしいことだったりするから、よろこんで受け入れがちになる。ただこうしたメンバーが増えても、いいところばかりをもっていかれ、肝心のところでは貢献してもらえず、現実的にはほとんど戦力とはならないことが多い。それどころか、要望には応えなければならないし、不平不満や、後ろ向きな発言をしてチームにネガティブな空気を持ち込んだりもするし、いることのマイナスさえある。

A、B、C。程度の差はあれど、いかに、貢献意欲／ギブする気持ちのあるメンバー「だけ」でチームを編成・運営できるかどうか。いかにそこにDメンバーを紛れ込ませないかは、その先の結果に大きな差をもたらす。

ただ実際には、世の中、ギブする人とテイクする人の二種類がいるというほど単純な話ではない。そこで大事になってくるのが、エントリーマネジメント（入口段階での工夫）だ。習慣ゆえ、そうなっているだけという人も多い。だから最初の段階で伝えることだ。このチームはみなの持ち寄りでつくっていて、あなたにもそれを求めたいのだと。そしてみなのギブでつくり上げていくからこそ、一人一人が得られるものも結果的に大きなものになるのだと。最初の段階でそうちゃんと言われれば、実は大半の人は、「分かりました」と、ギブの姿勢でチームに参加してくれるようになるもの。ただ、一回関わり始めた後になってそのことを言われても、その姿勢であり、動き始めた関係性はなかなか変わりにくい。だから最初の段階（エントリーの時点）で、そのやり取りをし、ギブの姿勢を引き出しておくことが大事になる。

支援してもらう力

ＡＢＣＤ理論のいいところの二つ目は、Ｂメンバーという層が形成されること。

Ａメンバー（言い出しっぺ）が代えがたい存在であることは事実なのだけれど、実は、ある意味それ以上にＢメンバーの存在は重要だ。なぜなら、Ａメンバーはその取り組みが自分の言い出したものであり、自ら当事者意識をもって関わることは当たり前といえば当たり前。それにＡメンバーはリーダーとして目立つことが多く、何か成果が出れば真っ先に注目される存在であるなど、大変な一方でそれなりに報われる立ち位置でもある。でも、その他のメンバーはそうではない。ただ、Aメンバーだけでできることには限りがあるのであって、その取り組みの成長であり成否には、一緒になって当事者意識をもって関わってくれるメンバーの存在が必要になる。その要がBメンバーなのだ。

このBメンバーがうまく集まってくれるかどうかは、Aメンバーの「支援してもらう力」に大きくよってくる。ここはとても難しいところだ。ことが「支援する力」であれば、これは自己決定の範囲に属すること。自分が決めさえすればそうできるわけで、話はどちらかというと単純。ところが「支援してもらう力」はその逆で、決定権は他者の側にある。先に触れたように、「誰も、他の誰かをコントロールすることはできない」原則に立つ限り、相手を「支援させる」ことはできないのだ。

通常はこの問題を、お金を中心とした利害得失で解決しようとする。つまりお金をこれだけ支払うから力を貸してと。会社などの組織での雇い／雇われる関係はまさにその典型だ。もしくはお金を十分に支払えないときは、お金に代わるなんらかの特典（インセンティブ）を用意することで支援させようとする。ただこれでは、お互いの関係はテイクし合う（利用し合う）関係となる。支援「させられる」側にとってみれば、その動機は給料だったり特典だったりするから、自分にとってメリットがある範囲でしか関わらない、もしくは関わるのであれば関わるだけの対価を求めるという、Dメンバーのメンタリティに自然となってしまう。

そうではなく、サポートする側としても、支援「させられる」のではなく、自己決定に基づいて支援「する」のであれば、それはギブし合う（支援し合う）関係となる。Aメンバーとしてそれを強要／強制することはできないけれど、実際には世を見渡すと、まわりからのサポートを自然と得られているような人に出会うことがある。何がそうした「支援してもらう力」のポイントとなるのだろうか。

ぼくは三つの点を挙げたい。

一点目は、動機の利他性。

なぜ、そのことに取り組むのか？　その動機であり理由が「自分のやりたいことだから」と利己的なものであったなら、まわりからの反応も、「好きにしたら」で終わっておかしくないけれど、「誰々をよろこばせたいから」「こんな価値を守りたいから」などと利他的なものであった場合、「そういうことなら自分も」と応援したくなるもの。誰かの利他性が、まわりの利他性も引き出すのだ。

二点目は、支援してもらっていることへの感謝をきちんと表現すること。

貢献すれど貢献すれど、そのことへの「ありがとう」が一つもなければ、支援する気持ちも次第に枯れていく。支援する側も、別に感謝されたくてやっているわけでもないにしても、自分のしたことに対しての反応がまったく得られなければ、そもそも自分の行為が存在しなかったかのような寂しい気持ちになるものだ。支援を受け取っている側からしてみれば、慣れもあるし、「言わなくても分かってくれているだろう」という心境になることもあるだろうけれど、感謝の気持ちは表明して表明しすぎることはない。

三点目は、支援してもらう当人もちゃんと汗をかくこと。

発言は利他的でかっこよく共感できるもので、こちらのしたことへの感謝もきちんと表現してもらえる人だったとしても、その人自身は自ら荷物を背負わず、手を汚さず、汗もかかない人だったとすると、支援する側としては「なんで自分だけが」という心境になってもおかしくない。実はまわりから見えにくいところで、実際には汗をかいていたとしても、だ。リーダー（支援してもらう人）にはリーダーならではの業務や役割があり、それらの多くは実はまわりから見えにくいものであることも多い。けれど、他のメンバーのところにちゃんと身体的に存在して一緒になって汗をかくことは、他のどんな仕事よりも大事なことだ。

Aメンバーがそうした存在であること。そしてそれらを受けて、自身の損得だけでなく誰か／何かに貢献しようとする、まわりの気持ちと行動力とが発揮されたとき、Bメンバーが形成されていく。

大きく言えば、組織の実現力の源はBメンバーの層の厚さにあるといっていい。推進力や取り組みの広がりにおいてCメンバーの存在が助けであることは間違いないにしても、そのCメンバーに活躍の機会があるのも、それ以前にA＋Bメンバーの働きがあるからこそだ。またAメンバーばかりの組織があったとしたら、それは一見、新しい取り組みがどんどん芽吹く華やかなチームに見えるかもしれないけれど、その実は組織力を背景にもたない、弱々しい枝の集合体ということにとどまるだろう。

Aメンバーは Aメンバーで大変で、求められることが多く、孤独でもあり、いいことも悪いこともすべてを引き受ける覚悟がなければ担えない役割。ただ一方で、先にも書いたように、まわりからは注目されやすく、取り組みがうまくいけばその功労者として評価もされる。それと比較してBメンバーは、Aメンバーに劣らない大変さを背負うことになりながらも、Aメンバーほどには報われることがない。幹ががっしりとして、太い枝を持つ立派な組織には、目には見えにくいBメンバーによる貢献が確かに生きているはずだ。

一人一人のいのちが最大化するという戦略

コンサルティング会社に在籍していた当時、企業向けコンサルティング業務の中で組織にまつわるテーマを取り扱うことがよくあった。そうした際の思考の枠組み（フレームワーク）としてよく活用されたのが、「組織の7S」と呼ばれるものだった。Sから始まる7つの英単語を用いることで、大きな見落しなく組織にまつわる論点を検討できるというもの。その7つのSとは、Strategy（戦略）、System（システム／制度）、Structure（組織構造）、Shared Values

（共通の価値観）、Staff（人）、Skill（技術／組織能力）、Style（風土）。前者三つをハードS、後者四つをソフトSと表現することもある。

本章でも、これらのうちのいくつかについては言及したけれど、「植物が育つような」、「いのちの形をした」、「いのちをいかし合う」組織（▽）をつくろうと思えば、これまでの「自動車を作るような」、「成果にむけて最短距離をいこうとする」組織（△）のつくり方とは、その方法論において大きく変わってくるのは自然なことだろう。

「△の組織論」と、「▽の組織論」――その整理・体系化については、自分自身のテーマとして改めて取り組みたいと思うけれど、中でもここでは、組織づくりの大きな枠組みとなる、Strategy（戦略）、System（システム／制度）、Structure（組織構造）について考えてみようと思う。

まずは、Strategy（戦略）。

通常、経営学／経営コンサルティングの体系においては、「組織は戦略に従う」ことが常識とされる。戦略とは、「競合優位性を持続的に確立するための実行可能な施策群」を指す。……と言われてもよく分からないかもしれないけれど、もう少し平たい言葉でいうなら、「競争環境において相手に勝つための大局的な作戦」とでも表現できるだろうか。

たとえば、「コメダ珈琲店」を展開するコメダホールディングスという会社がある。同社の戦略は、「くつろぎ」をテーマに、家賃を抑えた二等〜三等地に広めの店舗を構え、朝から夜遅くまでどの時間帯の需要にも応えられるようなメニューをそろえ、マニュアルに寄り過ぎないフルサービス型の接客でおもてなしをすること。こうした方向性や内実が受け入れられ、同社はコロナ禍にあっても成長を続け、その店舗数はいまや千を超えた。

会社としては、こうした戦略であり方向性に添う形で、組織としての価値観が言語化され、組織図がつくられ、スタッフの採用基準が決まり、評価体系が構築される。求められるのはその一貫した整合性。端的にいえば、戦略が主で、組織は従。組織とは戦略実現のための手段なのだ。

ところがクルミドコーヒーや胡桃堂喫茶店ではアプローチが少し違う。お店としての戦略や目的地があって、そのために組織を構築するのではない。むしろ組織が先にあって、その内発的な動機と外部環境とがうまくかみ合うところで、戦略や事業が具現化していく。組織が主で、戦略が従。別の言い方をすれば、チームメンバー一人一人が最大化すること、一つ一つのいのちが最高に発揮されることを目指すという組織のありようそのものが、ぼくらのお店の戦略なのだ。

動くものさし

続いて、System——システムや制度、仕組みについてはどうだろう。それが「▽の組織論」であったとしても、それらと無縁ではいられない。たとえばスタッフの評価制度を題材として考えてみる。

ぼくらのお店では、新しく入ってくるスタッフ用にスキルチェックシートというものをつくり、運用している。お店のスタッフとして身につけてもらいたい知識や技能を一覧表にして新しいスタッフに渡し、日々のシフト業務の中でできるようになったことを指導役と一緒になってチェックしていく。およそ三か月程度で、すべての項目にチェックがつくような具合だ。

こうしたチェックシートを使っているというと、「なんだ結局、あなたたちだって、人を枠にはめてるじゃないか」と言われてしまうかもしれない。ただそこは少し考え方が違う。「守破離」という言葉がある。茶道や武道や芸事といった分野で古くから使われてきた表現で、人の成長を三つのステップで考えるものだ。まず決まった「型」を忠実に身につける第一段階（守）。身につけた型を自分なりにアレンジし、活用する第二段階（破）。身につけた型を土台としながらも、自分なりの新しい型を創造する第三段階（離）。それがキッチン業務でもホール業務でも、あるいはお店と少し離れたところでの仕事だとしても、最終的には、一人一人が自分の個性を最大限に発揮していってもらいたい。ただそのためにも最初の段階では、ある種の「型」を身につけることが必要だと考えてのスキルチェックシートなのだ。

ただ、難しさはその先にある。

社員として数年が経ち、お店にまつわるすべての物事がひと通りできるようになったそのあと。たかがカフェといえど、されどカフェ。仕込みの手際にしたって、コーヒーを淹れることだって、お客さんへの声がけにしたって、これができたら完璧という状態があるわけではない。何かができるようになってもその先には次の段階があり、究めようと思ったらどこまでもその道があるというのが仕事というものだ。数年経過した社員の、その先の成長を支援するために、会社としてどうしたらいいのか。

普通、会社だと、そうした中堅社員には中堅社員用の評価制度があるものだ。それはもちろん新しいスタッフ向けとは異なった内容で、よりレベルの高い技能の習得と発揮を求めるもの。そしてその評価表にしたがって、一義的には上司が、そして会社によっては三六〇度評価などといって同僚や部下からの目線も加える形で、評価を行っていく。給料やボーナス、さらには昇格などを判断するための評価としての目的と、スタッフの成長を支援するための目的とをもった人事制度だ。そうしたものをお店としてもつくらないといけないのか……。実はまさにこうしたテーマが、定例会の議題となったことがある。

「新しいスタッフ向けはいいとして、経験を積んだ社員のみんな向けにはどうしたらいいかね。評価表のようなものをつくることもできなくはないだろうけど、一つの共通した

『胡桃堂喫茶店のスタッフ像』みたいなものにみんなを当てはめたいわけでもないしね。それに評価って、それをより高いレベルでできている人がいるから評価ができて、その内容にも納得感があるわけだよね。その時点で、もうぼくにはできない（笑）」

「そうですね。自分も今のままでいいとは思っていないんです。ただ、この先どこを目指すかとなったら、メンバーの中でも意見が分かれるかもしれませんね」

「それに今時点でも、それぞれのやり方が結構バラバラですからね。それぞれの個性としていいところもあるとは思いますけど、改善できるところもあるかもしれません」


どうしたらいいか悩ましい。どんなやり方がぼくららしいのか。

そこに突破口を与えてくれたのは、ある一人のこんな発言だった。


「そうそう、社員みんなで集まってお互いのやり方を共有しつつ、お互いにアドバイスし合うっていうのはどうですか。私も自分のやり方が正しいっていう自信はないですし」

「うん。そういうのがいいと思う。そうやって話し合えば、『もっとこういうやり方もあるんじゃない』って、これからの目指す姿も見えてくるかもしれないし」

「キッチン、ドリンク、ホール、それらの連携……それらをすべて一気にはできないだろうけれど、まずはお互いに課題を感じているポイントからでも始められるといいですね」

言ってみれば「動的な評価制度」、「学習する評価制度」だ。

評価項目や評価ポイントが固定的にあるのではなく、チームの状況に応じてそれさえ動いていくやり方。まず互いの顔を合わせて、やり方を共有する。そうするとたとえば接客についてであれば、とある「いい接客」と「よくない接客」のケースが共通の経験値となる。と同時に、「じゃあどうしたらいいか」をみんなで考える。お店の中のさまざまなシーンについてそうしたやり取りを積み重ねることで、次第に共通する原則や判断基準が見えてきて、その原則や判断基準がまた、個別ケースの「どうしたらいいか」をはっきりさせてくれる。そうして、帰納と演繹を行ったり来たりしながら、ぼくらの「目指したい姿」が言語化され、イメージが共有されていく。またそれらの中で、共通してやるべきことと、個々の個性に委ねていい部分の境目もはっきりしてくる。そしてそれらの像と照らし合わせるようにしてそれぞれが自身を省み、自発的に取り組むべきテーマを見つけていく。

運用を始めたあと、一定の期間を経てまたこうした機会を設けられれば、それまでにまた力量を高めたメンバーによって、いっそう高いレベルでの「目指したい姿」をイメージできるようになっていることだろう。あるいは新しいメンバーが加わったり、社会の状況が変わったりすれば、それらの刺激によっても、その像はまた揺らいでいく。

評価基準とは、一つの「ものさし」ということができる。それを固定的・絶対的なものと見るのではなく、現場の状況に合わせて、常に動的に再構成していくわけだ。そして、こういうやり方をすると、出来上がるものさしに意味があるだけでなく、そのものさしをつくる過程そのものが、一人一人にとって、組織にとっての、学びと成長の機会になる。プロセスパラダイム（▽）的なシステム／制度との付き合い方とは、そういうものなのだろう。

壁と卵

つまり、システムが先にあって、人がそこに当てはめられるのではなく、人が先にあって、人と人の関わりが先にあって、自分たちが心地よくあれるようにシステムを使いこなす関係にあるということだ。

小説家の村上春樹は、二〇〇九年二月、エルサレム賞という文学賞を受賞した際、こんなスピーチをして話題になった。

〔前略〕

もしここに硬い大きな壁があり、そこにぶつかって割れる卵があったとしたら、私は常に卵の側に立ちます。

〔中略〕

我々はみんな多かれ少なかれ、それぞれにひとつの卵なのだと。かけがえのないひとつの魂と、それをくるむ脆い殻を持った卵なのだと。私もそうだし、あなた方もそうです。そして我々はみんな多かれ少なかれ、それぞれにとっての硬い大きな壁に直面しているのです。その壁は名前を持っています。それは「システム」と呼ばれています。そのシステムは本来は我々を護るべきはずのものです。しかしあるときにはそれが独り立ちして我々を殺し、我々に人を殺させるのです。冷たく、効率よく、そしてシステマティックに。

〔中略〕

考えてみてください。我々の一人一人には手に取ることのできる、生きた魂があります。システムにはそれはありません。システムに我々を利用させてはなりません。システムを独り立ちさせてはなりません。システムが我々を作ったのではありません。我々がシステムを作ったのです。

〔後略〕

（村上春樹『雑文集』）

たとえば資本主義は一つのシステムだ。株式会社も一つのシステム。議院内閣制も、小選挙区選挙制も、国民健康保険も、学習指導要領も、自動改札も、Jリーグもそう。法律自体が一つのシステムだから、憲法も、道路交通法も、建築基準法も一つのシステム。こうして考えていくと、ぼくらの日々は大小さまざまなシステムによって成り立っている。そして一つ一つのシステムには、それが組み立てられた動機であり目的があり、その動機や目的に沿うような人々のふるまいと相性がいい。いやむしろ、その動機や目的に沿ってふるまうよう、人々を方向付ける力をもっていると言ったほうがいいかもしれない（これを前著では「システムの力学」と表現した）。これらのシステムのいくつかは、その存在があまりに強固で高い壁のように感じられ、ぼくらに変えることなんて到底できないように思える。ぼくらは卵として、その壁の前で怯み、佇み、システムの求める役割を演じるしか道はないのか……。

ぼくは、そんなことはないはずだと信じている。どんな堅固に見えるシステムであっても、最初にそれを構想し、つくった人が必ずいる（現代ではシステムがシステムをつくっている（自己増殖している）ように思えることもあるけれど）。ということは誰かがつくったものなのなら、理屈としては、また別の誰かによってつくり直すことだってできるはずのものなのだ。

ではどこから手を付けていけばいいのだろう。もちろんその大きく、硬い壁に向かって、正面から戦いを挑む（それを変えようとする）道だってある。ただぼくらはちょっと違うアプローチで挑んでみたいと思っている。大局的なものの見方をしながらも、小さなところから手を付けていくやり方だ。

国より地方、資本主義そのものより一つのお店（一つの経済主体）と考える。一つの学校から始まった取り組みが、学習指導要領に対して大きな影響力をもつことだってあるだろう。最初はシステムエラーくらいに思える一つの事例であり状況が、少しずつ周囲に影響を与え、やがてシステム全体に大きな影響を与える。ぼくはそんな展開を思い描いている。

そのためにも、チームの評価制度しかり、意思決定の方法しかり、身近なところから、「人が主で、システムが従」であるようなやり方をぼくらなりに構想し、つくり、うまく使いこなすことを一つ一つ積み重ねている。

クルミドコーヒー／胡桃堂喫茶店の組織図

「組織の7S」についての話もこれが最後。Structure（組織構造）について。

一つ、分かりやすい話題は組織「図」についてのものだ。クルミドコーヒーや胡桃堂喫茶店、ひいては株式会社フェスティナレンテとしての組織図を書くとしたら？　そのことはよく考える。

普通、組織図を書こうとすると事業／業務のかたまりごとに箱をつくって線でつなぐ。その線は、指示・命令系統を示すことが多いから、組織の上層から下層にいくにしたがってピラミッド状に末広がりをなす（△）。

ただぼくらの場合、先にも触れたように、誰も他の誰かに指示・命令をすることがないから、通常の組織図でいうところの線が引けない。また、どちらかのお店をメインの職場として働いているメンバーが多いのは確かだけれど、その人の働きや貢献は個別のお店の単位にとどまるものでもない。「仕事に人をつける」のではなく、「人に仕事をつける」から、一人一人の働きの範囲は随所にはみ出していく。

だからいつもたどり着くのは、一人一人が事業部のようなものなのだろうということ。「合地茜事業部」、「柏岡紗季事業部」、「吉田奈都子事業部」……。それぞれがそれぞれに熱量と働きの範囲をもっている。そしてそれらのいくつかが集まって、重なって、ときにクルミドコーヒーをつくり、ときに胡桃堂喫茶店をつくる。またそこから、大小さまざまな活動が枝を伸ばしていく。その集まりや動きを少し離れたところからみれば樹形（▽）に見える。中には、固着性が高く、概ね一つのところにとどまって働きをなしているメンバーもいれば、反対に流動性が高く、あちらこちらと縦横無尽に動き回っているメンバーもいる。会社はそれらの群生体。

確かに中には「店長」などの役職名をもつメンバーもいる。ただそれはあくまでみなを取りまとめる役割としての呼称なのであって、権限を示すものではない。なにしろ社長である自分にだってその権限はないのだから。いずれは社長だって持ち回りで担えるようになったらいいと思うし、株式だってみなで持ち合えたらいいと思っている（現在は自分が百パーセント所有している）。

もっともこうした仕事ぶりをあえて平面的に表現するのだとすれば、マトリクス図にすることもできなくはない。ヨコ軸にはメンバーの名前が並ぶ。これら一つ一つのいのちによって組織が形成されているというのが基本構造だ。一方、タテ軸にはプロジェクト名が並ぶ。「クルミドコーヒー」、「胡桃堂喫茶店」、「クルミド出版」、「クルミド／胡桃堂の朝モヤ」、「胡桃堂書店」、「クルミド大学」……。同列に並べるには少し規模や範囲の大小はあるけれど、それぞれにメンバーが集まって取り組みが始まり、運営されているというメカニズムは同じだ。

それぞれのマス目に、先のＡＢＣＤ理論に基づいて、アルファベットが振られる。クルミドコーヒー一店舗の頃であれば、すべての社員がすべてのプロジェクトに対してＣメンバー以上で関与していた。原則としてすべての取り組みについての情報が共有され、ここぞというところでお互いに協力し合うための基礎となっていた。ところが胡桃堂喫茶店ができて状況が変わる。それはまるで、雑木林における二本の木のように、土壌を介してつながってはいても、幹や枝など基本的な組織は分かれており、情報も必ずしも行き届かない。ABCのいずれもが入らないマス目が出てくるわけだ。ただ、それでも気配は互いに感じ合っている。そしていざとなれば手を差し伸べ合う。

一つのいのちには、その守備範囲とでもいうべきものがある。組織が大きくなってくると、個々のいのちの守備範囲ではカバーできない領域がどうしても出てくるけれど、一本の木が雑木林という一つの系と共存するように、一人一人のメンバーも、広がった組織と気配を通じてつながりながら共存していくのだろう。

折り合いつけてやっていく

ここまで述べてきた内容は、全体的にはいい話の部類かもしれない。ただ実際には、こうしたやり方でいつもうまくいっているわけではないし、局面によっては、「すわ、チーム崩壊の危機か！」というような状況になることだってある。中でも、メンバー間での価値観の違いをどう乗り越えるかというのは常に難題で、「XとYとがぶつかってZにたどり着く」という具合にうまくいくことばかりではやっぱりない。

むしろ一つ一つのいのちを尊重したやり方をするからこそ、個々の違いがクリアに出てくるという面もある。これがトップダウン組織であれば、多かれ少なかれすべてのメンバーがその色に染まることを求められ、個性は目立ちにくくなる。また何かで行き違ったりもめたりすることがあったとしても、上司という裁定者がいるから、個々の納得感は別としても、何が白で何が黒かははっきりし、仕事という現実も進行していく。ただぼくらのように、一人一人の相互調整でもって物事を動かそうとするやり方の場合、メンバー間の不調は長引くきらいがあるし、人に仕事をつけている分、個々のメンバーの不調が仕事でありお店の不調にダイレクトにつながってしまうことも起こる。

こうしたぼくらの来し方を振り返っても、ここに書いてきたような組織の運営が、今すぐ、どこでも、誰とでも、できるようなものだとは決して思わない。ひと言でいえば、自分をいかしながらも、自分と異なる他者ともうまく付き合っていくという、一人一人の自立と成熟が必要だからだ。それは誰にでもすぐにできることではない。ただ一方で、世の中にできる人とできない人がいるということでもないと思っている。できるとできないの間は地続き。ぼくらもこの間、うまく折り合いをつけられず、ぶつかり合い、傷つけ合ってきた歴史をチームの中にもつ。多かれ少なかれ、これからだってきっとそうだろう。ただそうした経験の積み重ねから、長い時間をかけて、かつてできなかったことが少しずつできるようになってもきた。

別にみなが仲良しになる必要はない。別にみなが同じ価値観でなくたっていい。それぞれのあり方を尊重し、受け入れ、違いを踏まえた上でなんとか折り合いをつけてやっていくこと。それが社会というものだろうと思う。そしてこうした姿勢は妥協ということでもなく、互いが互いのことを人として尊重できてさえいれば、違うことはむしろ世界を広げ、深めてくれるきっかけであり、人生を豊かにし、楽しませてくれるものでもあると信じている。そして、違うと思っていた私とあなたの間に思わぬ共通項を見つけられたとき、それは大きなよろこびをもたらしてくれる。

健康的な共同体のためには個人の自立や成熟が必要だけれど、個人の自立や成熟のためには健康的な共同体が必要だ。どちらが先でどちらが後ということでもなく、組織と個は互いに影響し合いながら共に成長していく。

誰かが、別の誰かや何かの手段とならずに、健やかに自らを発揮できるような社会をつくるためには、ここに書いたようなやり方をおいて他には、ぼくには方法が思いつかない。そしてこれも、こんなことを書いたらみんなから怒られてしまうかもしれないけれど、今のチームのみんなが世の精鋭集団ということではまったくない。お店をきっかけとして、互いの道すがらたまたま出会った縁ある人たち。中には、それぞれ心や体に自由にならない部分を抱えていたり、他の環境では自分を発揮できず、しようがなくここにたどり着いてしまったというメンバーだっている。こんなぼくらでさえここまではできたのだから、こうしたやり方を、きっともっと上手に成し遂げられる人たちはこの世にたくさんいるだろうと思う。

ぼくらもぼくらなりのペースで、引き続き、ぼくらなりのやり方を成熟させていけたらいいなと思っている。

組織はどこまで大きくできるか

本章で触れたような参加型の組織づくりは、どれくらいの大きさまでできるのだろうか。クルミドコーヒー／胡桃堂喫茶店は、この本を書いている時点で三十名くらいの規模。学校の一クラス分くらい。それならある程度一体感のある運営ができることも想像できる。じゃあこれが倍になったらどうだろう？　その先、三倍になったら？

これはぼくらにとっては未知の世界で、今の時点で確証あることは何も言えない。ただイメージでいうなら、その組織の成長の仕方はきっと林や森のようなものになるのだろうなと思っている。一本の木がどこまでも大きくなるのではなく、その木があるとき種を落とし、また別の木を育む。そのうち、そこには下草も生え、コケも蒸し、微生物だって生息を始めるかもしれない。そうして同じ土壌を共有しながら、相互に連携したいのちの「系」を育む。

確かに高さ六三四メートルの建造物をつくることは植物にはできない。それは工学的な手法だからこそなせるわざだ。ただ植物には植物の戦略があり、その戦略ゆえにこの地表上の圧倒的な支配者とまでなった。

垂直に対して水平。

構造物を積み上げるのとはまた違った組織論／方法論で、しなやかに、したたかに成長していけるといいと思う。

1　実は同様に、文章の末尾も重要だと思っています。「お願いします」や「してください」は、言葉遣い自体は丁寧ですが、それでもやっぱり指示であり命令です。なのでぼくは普段、「お願いできますか」、「してもらえますか」という言い方をします。「最後に決める権利は、あなたの側にあります」と伝えたいからです。あんまりまどろっこしいのも考えものですが、大事なところだと思っています。

2　「支援してもらう力」は、舘岡康雄『利他性の経済学―支援が必然となる時代へ』（新曜社）の中で検討されている重要な問いの一つです。

第七章

いのちはどのような形をしているか

ゆっくりなのか、いそげなのか

前著のタイトルを『ゆっくり、いそげ』とすることについては、編集者とひと悶着あった。「カフェの経済学」みたいな候補もあったし、いくところまでいくなら、「日本一のカフェのつくり方」みたいな案もあり得たろう（実際に日本一であるかどうかは別として）。ただ最終的にはぼくが、「『ゆっくり、いそげ』でなければ出さない」と覚悟を伝え、なんとか飲み込んでもらったような経緯があった。

結果的によかったと思っている。

謎かけのようなタイトル。書店でそのタイトルを見かけることがあってもなんのことだか分からない。だから実際、発刊後の売れ行きはのんびりしたものだった。でも時々、引っかかりを覚える人がいる。そういう人は、本で取り扱うテーマとどこか問題意識でつながっている。そして何人かに一人、読んでくれた人たちの中でこれはいい本だと思ってくれた人が、同じようなテーマに向き合っていそうな仲間にこの本を紹介してくれる。そんな風にして、この本は読んでもらえてきたのだろうと思う。

そして読んでみたとして、「ゆっくり、いそげ」とは何なのかがやっぱりよく分からない。いや正確にいえば、分かるような気はするけれど、どこか分かっていないような気もする。それはそうだ。なにせ書いた本人だって、あの頃も、今も、ずっと考え続けているのだから。

結局のところ、ゆっくりなのか、いそげなのか。それら以外の何かなのか。その謎への応え方として、あるとき、とても腑に落ちる考え方に出会った。

内田　ユダヤ教の構造ってすごくダイナミックなんです。僕がユダヤ教に興味を持った理由の一つは、ユダヤ人にノーベル賞受賞者がめちゃくちゃ多いことなんです。

〔中略〕

そのうちに、思いついたことがあって、それは「中心が二つ」ということです。日本の神様には二種類あるという話がありましたが、ユダヤ教にも中心が二つあるんです。正統が二つあって、つねにおたがいにきびしい批判を投げかけ合っている。古代イスラエルでは、タルムードにはエルサレム版とバビロニア版の二つのバージョンがあって、タルムードを研究する学院も二ヵ所あり、同時代に必ず偉大なラビが二人出てきて、おたがいに激烈な論争をする。

中沢　楕円みたい。

内田　そう、楕円なんです。中心が二つあって、ぐるぐる回っていて、一つの解決に落ち着かないようになっている。だから、驚いたことに、ユダヤ教の聖典であるタル

ムードは「増殖する書物」なんです。決定版がない。

（内田樹／中沢新一『日本の文脈』）

楕円だ！

「ゆっくり」という中心点と、「いそげ」という中心点とがあって、それらからの距離の和が一定となるような点の集合が楕円となる。いや、その定義は分からなくたっていい。要はあの、カレーのお皿なんかでよく見かける、平べったい円。

ぼくらがお店をやるということは、その楕円軌道をぐるぐる回るようなものなのだ。あるときは、「ゆっくり」なほうに寄っている。その中心点から届く重力を感じながら。自分たちの思いに忠実に、一つ一つの仕事を丁寧に。そのことをよろこんでくれるお客さんがいる。そうした仕事だからこそ築ける関係性がある。ただそればかりだと経済性が成り立たない。そっちに行きっきりにはなれない。そこでそのまま楕円軌道を移動していく。

やがて「いそげ」な中心点に近づいていく。今度は、稼ぐことをちゃんと大事にする。かと言って、ウソをついたり人をだましたりということではもちろんないのだけれど、そんなに気の向かない仕事だとしても、稼ぐため！と割り切って引き受けることは正直ある。でもずっとそっちにいるわけでもない。そっちにい続けていると、なんのためにやってるのか分からなくなる。心がどんどん乾いてくる。そのうちに、重心は少しずつ「ゆっくり」なほうへ動いていく。

ぼくらは、このぐるぐるをずっと続けている。しかもいろんな時間軸で回っている。一年という単位でめぐる感覚もあるし、月次や週次で移動している感覚もある。なんなら一日の中でも、ある時間帯はゆっくり寄り、ある時間帯はいそげ寄りと、ぐるぐるすることもある。

いずれにせよ大事なのは、この運動をやめないことだ。ぐるぐる運動を続けているとそこには遠心力がはたらくから、時とともにその軌道は少しずつ大きくなっていく。そうすると、気が付けば大きくなった軌道上で、より多くの「ゆっくり」とより多くの「いそげ」とを実現できているということになる。

二項対立を超える

ぼくらはしばしば、二項対立的に物事を考える。善か悪か？　伝統か創造か？　自由か秩序か？　量か質か？　主観か客観か？　安心か冒険か？　どっちなんだって。

ミヒャエル・エンデの仕事を追っている途中で、哲学者・青山拓央の面白い文章に出会った。青山は、エンデの『モモ』において、灰色の男たちもモモも、どちらもこれ以上なく時間の大事さを理解した存在であるとした上で、前者に属する時間を「空間化された時間[1]（量として計測されるものとしての時間）」と捉え、後者に属するそれを「空間化される前の時間（実際に生きられている――流れている――質感をともなった時間）」と呼んだ。そして話題は、人の「幸せ」に及ぶ。

書店にはとてもたくさんの〈幸せになる〉ための本が並んでいるが、そうした本を見ていくと、次のことに気づかされる。それぞれの本で用いられている「幸せ」の意味が異なっていることに。そうした意味の違いはちょうど、モモにとっての時間の価値と、灰色の男たちにとっての時間の価値のそれぞれに対応している。つまり、ある本において幸せとは〈充足〉のことであり、いま自分が手にしているものを十分に味わうことであるのに対し、他の本において幸せとは〈上昇〉のことであり、いまよりも多くのものを――空間化された時間を貨幣のように使って――手にすることである。

（青山拓央「『モモ』と二つの時間」[2]）

そう、ぼくらは幸せを考えるとき、「充足」と「上昇」の両方向を視野に捉える。そして、二つの時間のどちらかのみを本当の時間とは言えないように、二つの幸せのどちらかのみを本当の幸せと言うこともできない。〈充足〉の側から〈上昇〉を見れば、つねに何かに追われているようで、表面的で虚しい生き方に見える。だが、〈上昇〉の側から〈充足〉を見れば、現実を変えようとする意欲に欠け、ときには自己欺瞞的な生き方にも見える。〈上昇〉だけを望む生き方は世界を灰色にしてしまうかもしれないが、〈充足〉だけを望む生き方では、世界を維持できるかも分からない。

（「同」）

だから、ときに相矛盾するような二項があることを理解した上で、それらとどう向き合い、どう問うかが大事なのだろう。——充足か上昇か？ではなく、充足と上昇と、どっちもを実現するにはどうしたらいいか？　そしてその問いに応えるコツが、先の楕円をイメージすることだ。そしてその運動をやめないこと。

実際に、この充足か上昇かというような問いは、簡単にどちらかを選べるようなものではない。時勢的にはどちらかというと、がんばらない生き方とか、足るを知るとか、今あるものを深く味わい、そこに幸せを感じる精神性を大事にするというような、少し充足サイドに寄った人生訓が受け入れられ、よろこばれる傾向があるのを感じる。一方、上昇志向とか成長意欲といった、ガツガツした感じは敬遠されるムード。『モモ』が読まれるのもそういう文脈で、灰色の男たちは、一方的に悪者扱いとなってはいないだろうか。でも、同じ時間の中で、できるだけたくさんのことを実現しようとがんばる姿勢や、現状に甘んじず、なりうる最高の自分を目指そうとする向上心も人生の大事な一部で、否定されるようなものではない。そしてそれは、一人の人生の幸せにおいて大事だというだけでなく、そういう「上昇」へと向かう人の働きによって、世に革新が起こり、感動が生まれ、真理に近づき、世界が広がってきたこと。そしてそのことの恩恵を多くの人が受けてきていることも忘れてはならないだろう。

やっぱり、どちらか?ではなく、どっちも、なのだ。

『モモ』の目次を見てみると、エンデもそうしたことに意識的だったのではないかと思えてならない。

一章　大きな都会と小さな少女
二章　めずらしい性質とめずらしくもないけんか
三章　暴風雨ごっこと、ほんものの夕立
四章　無口なおじいさんとおしゃべりな若もの
五章　おおぜいのための物語と、ひとりだけのための物語

（ミヒャエル・エンデ『モモ』）

以下もずっと、二つの項を対比させるような章のタイトルが続く。

そしてそれは、「どちらかを選べ」とか「矛盾に苦しめ」という意地悪な呼びかけではなく、二項対立や矛盾を超えていこうという、エンデなりのあたたかな提起ではなかったかと思うのだ。

善か悪か？　どっちも。

伝統か創造か？　どっちも。

自由か秩序か？　どっちも。

量か質か？　どっちも。

主観か客観か？　どっちも。

安心か冒険か？　どっちも。

モモか灰色の男たちか？　どっちも。

充足か上昇か？　どっちも。

ゆっくりかいそげか？　どっちも。

それらの対立や矛盾を包含し、乗り越えていくことは、一人一人の器の大きさを問われることでもあり、簡単なことではない。けれど、そうした対立や矛盾が現実世界の実相でもあるのであり、そこから目を背けていいものでもない。

それは大変ではあっても、刺激的で創造的な、歩きがいのある道でもあるのだ。

楕円かららせんへ

さて、楕円をめぐるとき、軌道が小さいうちは、二つの中心点からの距離が近い分、それぞれの重力を別のはたらきとして自覚させられるかもしれない。今はゆっくり、今はいそげ、という具合に。でも運動を続け、軌道が大きくなってくると、その重力の影響は混然一体としてくる。それぞれの瞬間に、ゆっくりといそげのどちらもがあるというように。

こうした点については、こんな風にコメントされることがよくある。「ゆっくりといそげ、要はバランスっていうことですよね」。あるいはこんな質問をされることもある。「ゆっくりといそげ、何対何くらいの割合が適切なんですか」。でも、ぼくに言わせると、いずれもが微妙にそういうことではない。

当初は、「ゆっくり」と「いそげ」という別種の成分がそれぞれに存在し、時折ブレンドされるというような状態がある。この時点では、「何対何くらい?」みたいな質問も的外れではない。コーヒーとミルクを何対何で合わせてカフェオレをつくるかというような状況だ。

でもやがて、運動を続け軌道が大きくなってくると、いわば「ゆっくり×いそげ」というような、分離できない、第三の、高次の何かへと変わっていく段階がある。[3] これはゆっくりの仕事、これはいそげの仕事と分けることはできず、一つの仕事の中に、ゆっくりもいそげも両方が溶け込んでいるという具合に。カフェオレをかきまぜ過ぎたら、コーヒーリキュールになっていた（実際にはそんなことは起こらない）というような、量的なバランスだけでない、元に戻れない質的な変化がそこにはあるということだ。

そういう意味では、楕円軌道をめぐる運動を横から見ると、それは実はらせん階段のように、上昇していっているのかもしれない。一周して同じところに還ってきたようでいて、仕事の水準は一段上がっているというように。さらにその径が少しずつ広がりながら（軌道を大きくしながら）、らせんを描いているのだとすると、その様子を横からみたときの図形は逆三角形（▽）となる。

もともと▽は、自分なりには、樹形であり、植物の育つ様子からインスピレーションを受けての「いのちの形」なのだけれど、その内側深くには実は対立や矛盾が存在し、▽は、そのまわりをぐるぐるスパイラルアップしながら上昇することで描かれる、いのちの軌跡なのだと言うこともできるかもしれない。

いのちとは何か

いのちの本質に迫り続けている生物学者／生命学者に福岡伸一がいる。福岡はその著書『生物と無生物のあいだ』で、生命とは何か？という問いに、こう応えている。

秩序は守られるために絶え間なく壊されなければならない。

なぜか？　ここにシュレーディンガーの予言が重なる。一九四四年、シェーンハイマーの死後三年して出版されたシュレーディンガーの『生命とは何か』で、彼は、先に記したように、すべての物理現象に押し寄せるエントロピー（乱雑さ）増大の法則に抗して、秩序を維持しうることが生命の特質であることを指摘した。しかしその特質を実現する生命固有のメカニズムを示すことはできなかった。

エントロピー増大の法則は容赦なく生体を構成する成分にも降りかかる。高分子は酸化され分断される。集合体は離散し、反応は乱れる。タンパク質は損傷をうけ変性する。しかし、もし、やがては崩壊する構成成分をあえて先回りして分解し、このような乱雑さが蓄積する速度よりも早く、常に再構築を行うことができれば、結果的にその仕組みは、増大するエントロピーを系の外部に捨てていることになる。

壊しながら、再構築する。分解しながら、合成する。それが本質的ないのちの営みだというのだ。そうして福岡は、

生命とは動的平衡（ダイナミック・イクイリブリアム）にある流れである

との定義に到達する。

こうした洞察はお店をやっている実感とも大いに重なる。

お店は日々、バラバラになっていく。空間もそう。組織もそう。扱っている食材などはなおのことそう。放っておけば、食べられたはずのものが食べられなくなり、人の心や関係性は離れていき、机や椅子や壁は壊れ、荒れていく。いろいろなものがほどかれていって、いくところまでいけば最後、土へと還る。ぼくらの日々の営みであり仕事は、そうした過程に抗うようにお店を日々結び直すことだ。賞味期限を管理し、チームの一体感・共通言語をつくり、空間を修繕・メンテナンスする。

そしてその一方で、自然とほどかれるのを待つだけでなく、意識的にほどいていく面もある。たとえば、お店としての一貫した世界観を実現するために、チームを「クルミドコーヒーらしさ」へと統合することを意識しないわけではないけれど、それは第二章でも触れたように一人一人のメンバーの「重なり」なのであって、その前段に、重なりうる個が存在している必要がある。そしてその個が豊潤であればあるほど、重なりも豊潤になる。だからむしろぼくが日々意識することは、一人一人が「クルミドコーヒーらしさ」なるものにあまり縛られることなく、もっと自由にのびのびと、自分を発揮していってもらうこと。それは自然とお店がバラバラになっていく方向性ではあるけれど、そうして生まれる「重ならない」ところに、お店の新しい可能性が秘められているとも言える。そういう豊潤な多様性を味わいつつ、重なりをつくっていく。ほどきつつ、結ぶ。それが、分解しながら合成するいのちの営みと通底する、お店づくりというプロセスなのだ。

クルミドコーヒーは何歳か

福岡が、池田善昭（哲学者）の導きで、哲学界の泰斗、西田幾多郎（1870–1945）の思想・生命観へと迫る過程を記録した『福岡伸一、西田哲学を読む—生命をめぐる思索の旅』という本がある。

百年の時、哲学と科学という分野の違いを超えて、西田哲学と福岡動的平衡論、二つの思想が驚くほどの共通性をもち、両者手を携えるようにして生命の本質へと迫っていくその様子に、深い感動を覚える一冊だ。[4]

西田の論文に『生命』（一九四四）がある。「世界は個別的多と全体的一との矛盾的自己同一の世界である。」が印象的な同論文の「生物学的な」抄訳を、同書の中で福岡が試みている。

世界（＝この場合、生命の世界）は、雑多な細胞の集合体であるものが、全体として一つの有機体として機能するという、相反する状態が重なりあった世界であると言える。

これは逆反応（合成と分解、酸化と還元、あるいは取り込みと放出）が同時に行われているうえに成立するバランス、いわゆる「動的平衡」状態と言える。

続く箇所では、

世界はエントロピー的である。つまり、秩序は絶えず壊されるものとしてあり、この方向性は絶対に非可逆的である。これに対して、全体性を持った有機体が、自分自身を作り出すこと、つまりその内部に自己表現的な要素を持ち得たとき、世界は生命の世界となる。

自分自身を作り出すためには、秩序はまず常に壊されるものとしてあり、そのうえで再構築される必要がある。分解と合成が絶え間なく循環する必要がある。このとき初めて、絶えず増大するエントロピーを絶えず捨て続けることが可能となる。このとき時間は線形的に進むもの（数量的）ではなくなり、循環から汲み出されるものとして連続的なもの（性質的）になる。

一読しただけでは消化しきれないかもしれない。

西田哲学の重要概念の一つに「一と多（全体的一と個別的多）」がある。これを「全体と要素」と捉えたときに、それは一人の人間という個体（全体）と細胞（要素）の関係と見ることもできるし、一つのお店（全体）と一人一人のメンバー（要素）と見ることもできる。そしてそこには「一から多」という、分解・ほどく方向性のはたらきと、「多から一」という合成・結ぶ方向性のはたらきとがあり、生命の世界においては、それらが同時空的に進行している。

そして繰り返し表現されるように、すべての物理現象はエントロピー増大の法則から逃れられないはずなのに、生命が一定の期間それに抗えているのは、生命が「一から多」という分解の流れを、秩序崩壊に「先回りして」、積極的に行っているからだというのだ。

福岡　〔中略〕「先回りする」ということは、時間を追い越すことによって時間を作って、そしてちょっとだけエントロピー増大の法則よりも先んじて、あえて壊して作るということを行うことによって、エントロピー増大の法則によって（生命が死に向かって）どんどん坂をくだっているのを絶えず少しずつ登り返しながら、でも全体としては、ずるずるとその坂を下がっていく、というのが生命だと思うんですね。

池田　はい、その通りだと思います。

先回りしての、積極的な分解（一から多）こそが、生命を生命たらしめている原動力ということだ。先節で触れた、「意識的にほどいていく」ぼくらのやり方も、このメッセージを受け取って、行っていること。

エントロピー増大の法則から逃れられないのは、お店も例外ではない。

ぼくらもそうだけれど、お店がバラバラになっていくのを防ぐために、チームの一体感をつくっていくこと、ベクトルをそろえていくこと、在庫管理や清掃のスケジュールづくり、標準的な業務フローの確立等、お店の統合性を高めていくことに意識をはたらかせることは多い（多から一）。それらはある部分でもちろん大事なのだけれど、いのちの本質から学べることは、より「くだっていく坂を登り」たいのであれば、それだけ積極的に分解していくこと、ほどいていくことを意識するといいということなのだ。

お店にも年齢がある。それは一つには数量的にはかれる時間だけれど、性質的に見る視点もある。年を重ね、統合性を増したお店には安心感がある。なんなら経済的にも効率性は高まり、収支は黒字化するだろう。だがそれは、生命力を失っていくことでもある。長い年月続くお店であっても、その過程でたくさんほどいてきているのなら（それはその分、たくさん結んできているということでもあるわけだけれど）、それはそれだけ「坂を登り返し」、若々しいお店であり続けているということでもある。そういうお店はいつもどこか乱雑で、見ていてハラハラし、なんなら収支的にも危うい感じかもしれないけれど、触れることで生命力のおすそわけをもらえる感覚にもなる。

とすると、「ほどく」とは、改めてどういうことだろうか。先にも書いた、メンバー一人一人が自身を発揮することに加えて、積極的に既存のものを変えていくこと、今までやったことのないことに挑戦することなどがそれに当たるだろうか。それらを突き動かすのは、一人一人の、お店としての創造的な想像力（ファンタジー）だ。

ただ、ほどく一辺倒では、途中、空中分解してしまうことにもなりかねない（ぼくらも度々、そういう危機に見舞われてきた）。だからこそ同時空的に結ぶ営みが必要なのだけれど、それはきっと「多から一」という言葉から直接的に連想されるような、多くのメンバーが集まって一つのチームになるというニュアンスだけでなく、一人一人が全体である、つまり一人一人が、「私が、クルミドコーヒーである」と分かり、体現しているようなお店になることを目指すということでもあるだろう（このことを第三章では、「個が個でありながら、同時に全体でもある」と表現した）。多、すなわち一。一人一人が、「私が、全体を引き受けます」という健やかな覚悟をもって、店頭に立てているかどうか。

たくさんほどいて、たくさん結ぶ。その律動（リズム）を刻む。

それは終わりのない営みだ。

自然をどう見るか——ニュートンとゲーテ

いのちを含んだ自然には、なんらかの理（ことわり）がはたらいているように感じられてならない。そして、その理をなんとか読み解きたいという願いが、古今東西の自然科学者たちを突き動かす行動原理にもなってきた。

エンデは、エアハルト・エプラー（政治家）、ハンネ・テヒル（演劇人）との鼎談録『オリーブの森で語りあう』で、「たとえばゲーテの自然科学について。（中略）彼の自然科学は、自然における質を認識しようとした反ニュートン的な自然科学なんだ」と言及している。この文脈で、ニュートンと対比される形でゲーテの名前が出てくることを不思議に思われる方もいるかもしれない。ゲーテといえば「文豪」のイメージで、その詩作や小説（代表作は『ファウスト』や『若きウェルテルの悩み』）を思い浮かべる人が多いだろうから。でも実は彼には、自然学者としての顔があるのだ。「形態学」や「色彩論」の祖である。

ゲーテ（1749–1832）は自然をよく見る人だった。それも分析的にでなく、五感をフル稼働させ、全身で。そうして彼は自然の中へと入り込み、「直観知」を通じて、目に見えるものだけでない自然の本質に迫ろうとする。

光のすぐそばにわれわれが黄と呼ぶ色彩があらわれ、闇のすぐそばには青という言葉で表される色彩があらわれる。この黄と青とが最も純粋な状態で、完全に均衡を保つように混合されると、緑と呼ばれる第三の色彩が出現する。

（ゲーテ『色彩論序』）

片やニュートン（1642–1727）にとって、光とは物質である。
ゲーテを中心とした自然学、ドイツ文学を研究し続ける高橋義人はこう解説する。

彼（ニュートン）にとって光は物質にほかならず、この物質を分析することに彼の努力は傾注された。光は原因であり、色彩は結果である。しかも彼はこの物質のなかには、「一般的な自然法則」があるという。〔中略〕数学的で一般的な自然法則を発見してこそ、科学になるというのである。これがニュートンが確立した近代科学的な方法である。

（高橋義人『現象か法則か―「自然の表情学」としてのゲーテ色彩論』）

自然を客観視し、計測し、数値化し、原因と結果で説明される一般法則を導き出そうとするニュートンの方法論は、以来、今日に至るまで、自然科学全般にわたっての礎となっている。そしてその科学は技術と結びつき、やがては資本主義とつながり（彼の方法論は、自然との関わりにおいて再現性を持ち、具体的なモノをつくり出せるという点で、資本主義との相性がよかった）、今のぼくらの日々の利便性であり、物質的な基盤をつくってきた。またその過程では、社会物質的な進捗に呼応するようにぼくらの自然観も形成されてきているわけだから、近・現代に及ぼした彼の影響たるや甚大である。

ただ一方で、いつの時代においても、彼への批判者が存在する。そのトップバッターがゲーテだったと言っていい。

小さな孔を通して暗室に白色光を導き入れ、それを赤、橙、黄、緑、青、藍、紫のスペクトルへと分けて見せる、ニュートンの行った実験——「決定実験」に対しても、「これは、研究者（ニュートンのこと）が自然を拷問台にかけ、あらかじめ自分が信じ込んだものを自然に自白させようとしたものである」[5]と、「激烈な調子で噛み付いている」[6]。自然はそんなに単純なものではない。自然は数学的な法則以上のものなのだ、と。

ゲーテにとって自然とは、対峙しコントロールし計測する対象ではなく、その中へと入り込み、一体となり、直観知でもって感得するもの。でもだからこそ、そこで見出したものを言語化するには限界がある。ましてや学問化するには分が悪い。そんなこともあって、ゲーテの残した「形態学」も「色彩論」も今日、ニュートンほどの影響力をもつには至っていない。

ただ、科学技術が資本主義と結びついて「大きなシステム」となり、それが人間を手段化し、地球環境をも食い尽くそうとする現代において、その大本となる世界観や自然観を問い直そうと思うのなら、一度そのスタート地点へと帰れるといい。そうしたときの、あり得たかもしれない「もう一つの視座」を、ゲーテは与えてくれる。

たとえばお店を、機構・機械とみるか、いのち・自然とみるか。

前者はニュートン的であり、後者はゲーテ的である。

経営学も一つの学問分野として、二十世紀を通じて科学的であろうとしてきたから、お店を一つの機構と見立て、計量化し、管理するアプローチを主として取ってきた。数値や事実に基づいて計画を立て、実行し、成果を評価し、再度計画する。そのサイクルの精度を高め、効率化し、より多くの、より高い成果を実現する。そのやり方の利点は認めつつも、その過程で多くの「大事なもの」がこぼれ落ちるのではないかというのが本書を通じての問題意識だ。

今こそ、ゲーテの目線を取り戻すときなのではないか。

謙虚さとともに、こどものような好奇心で自然を見、そこにある理を探し求めながら、その一部としての自分を生きる。

ゲーテは、いのちのありようを「原型」と「メタモルフォーゼ（変態、変身）」という言葉で表現した。

確かにぼくらも植物を思い浮かべるとき、たとえばそれが花であれば、根っこがあって、茎があって、葉があって……と、その一般的な「かたち」を思い浮かべることができる。ユリとか、バラとか、ひまわりとか、品種を超えて。こうした、形相面において直観される普遍性であり本質を、ゲーテは「原型（植物においては原植物）」と呼んだ。

自然はこの本質的な形といわばつねに戯れているようなもので、戯れながら多種多様な生命を生み出しているのです。

（ゲーテ『シュタイン夫人に宛てての手紙（一七八六年七月九日）』[7]）

この手紙の一か月前には、「自然という書物」というメタファーを用いて、その「本質的な形」に迫りつつある自身の興奮を、こうつづってもいる。

自然という書物が私にとってどれほど解読可能なものになりつつあるか、言葉では言い表わしきれません。永いこと判読に努めてきたのが役に立ちました。いま一挙に進捗しつつあり、私のひそかな喜びは筆舌に尽くしがたいものがあります。

（ゲーテ『シュタイン夫人に宛てての手紙（一七八六年六月十五日）』[7]）

いのちに、こうした、その後の形成に向けての方向性と力とを与える「設計図」があるとの見立ては、二十世紀半ば、ＤＮＡの発見に際して再度注目を集めることになる。そして、「生物は原型という『刻印された形相』をもちつつ、場の中で環境との相互作用を通して不断にメタモルフォーゼしてゆく」。[8] 設計図といっても、それは開かれたそれなのであり、いのちは、変化する環境や偶発性へとその身を開き、いきいきと自身を生成・発展させていくというのだ。

先に、カフェもいのち・自然であると書いた。とすると、ゲーテの論にしたがえばカフェにも「原型」があるのであり、それが多種多様な「メタモルフォーゼ」をなし、それぞれにいのちを謳歌していることになる。クルミドコーヒーもその一つ。

そしてクルミドコーヒーという単体で見たときにも同じことが言えるのだろう。そこにはクルミドコーヒーらしさという「原型」を備えつつも、世界との相互作用を通じて、時とともにその身を「メタモルフォーゼ」させていく。

さらには、ぼくも。あなたも。あなたの目の前にいる人も。

自然を師とした建築家――ガウディ

「自然という書物」を謙虚に、深く読み解こうとした先人は建築界にもいる。

アントニオ・ガウディ（1852–1926）だ。

偉大な本、常に開かれ、努力して読むに値する本、それは大自然の本である。そのほかの本はこの本からでたものであり、かつ、人間の解釈と誤解をもつ。神の啓示には二つある。一つは、道徳と宗教による教理上の啓示であり、もう一つは、事実を媒介にして導く大自然の本の啓示である。

(鳥居徳敏『ガウディの七つの主張』)

彼の代表的な作品が、スペイン・バルセロナ、サグラダ・ファミリア(聖家族贖罪聖堂)だ。[9] 同教会は一八八二年に建設が始まり、一時期は完成までに三百年かかるとか、永遠に完成しないなどと言われていたけれど、その後の技術革新や財務状況の改善もあって、いまや近い将来の完成が見込まれるまでに至っている。

ガウディもまた、自然をよく見、自然から学ぶ人だった。

あのよく茂ったユーカリを見なさい。枝が小枝に分かれ、それから葉で終わるユーカリの幹を御覧なさい。よく御覧なさい、幹のあの面、あの線を、すべてが幾何学形を示している。あそこに棕櫚(しゅろ)の木がある。この庭のあらゆる樹木が自力で立ち、すべての構成要素を優雅に支えている。よそからの材料も、控え柱も必要としない。これは神が何千年も前からわれわれに示された模範である。しかし人間はそれとは逆の方法で建て続けてきた。

(『同』)

晩年のガウディは「自然は私の師だ」と言い、事務室近くの木を指差しては、「あの木が私の先生だ」と告げたともいう。[10]

こうした視点は、サグラダ・ファミリアの建設にも存分にいかされている。ガウディは、サグラダ・ファミリアと並行して取り組んだコローニア・グエル教会の設計において、「逆さ吊り実験」というものを行っている。いま、目の前に鎖があってその両端を広げた両手で持っているとする。その両手を近づけていくと鎖は重力に引っ張られてたわむ。このときに鎖が描く曲線のことを「カテナリー(懸垂曲線)」と呼ぶ。その曲線の頂点にまた別の鎖をつなぎ、その鎖の反対側を別のカテナリーの頂点につなぐ。これを繰り返していくと、その形はちょうどトーナメント表をひっくり返したようになる。その「決勝戦」の先に錘(おもり)をつけて重力方向に引っ張ってやると、その引っ張り力は、トーナメント表全体に均等にかかる。その様子を写真に撮って天地をひっくり返してやると、ああなんと、サグラダ・ファミリアのような形になるのだ。

そう、サグラダ・ファミリアは、「天国に引っ張られている聖堂」[11]なのだ。

上向きと下向き、力のかかる方向こそ違えど、そのアーチをなすトーナメント表は、引っ張る力や重力を全体へと無理なく伝える。きわめて独創的で、ときに奇異にさえ感じられるあのサグラダ・ファミリアの形状は、実は「自らの重みを自らの形だけで支えるのに、もっとも無駄のない構造」[11]になっているわけだ。

さらに聖堂の柱の造形には、二重らせんの運動が採り入れられている。よく見ると、地上付近ではゆるやかな六角形である柱が、上昇するにつれ、十二角形、二十四角形と、次第に角を増やしながら円柱へと近づいていく。これは二枚の六角形を、上昇させながら左右に少しずつずらしていくことで得られる立体で、その角をつなぐと二重のらせんを描くというわけだ。

一九七八年、バルセロナに渡り、以来、この未完の大聖堂をなす石を彫り続けている石工職人・外尾悦郎はこう証言する。

ガウディはこの前代未聞の造形を、自然、特に植物から学んでいると私は思います。〔中略〕私が特に分かりやすいと思うのはシャクナゲです。シャクナゲは基本的に一本の茎から三方向に葉を出していきますが、その出す方向が最初の三枚と次の三枚では少しずつずれていて、三枚、六枚、九枚の葉が重ならないようになっています。その茎を十分に乾かしてから何ヵ所かで切ってみると、その断面に現れる水管の形が、あるところでは三角形だったものが、別の断面では六角形になっていたりする。

ガウディ自身が特にシャクナゲだけから学んだと言っているわけではありませんが、そういう構造を持つ植物を多く観察しているうちに、そのイメージが頭に残っていた（ガウディはさまざまな植物や鉱物などを観察し、多くのスケッチや模型を残した人です）。それが二重螺旋の柱を生み出す発想の礎になったということは十分に考えられるでしょう。


（外尾悦郎『ガウディの伝言』）


そうしてできた柱は、実際よりも高く感じられ、それらが林立する聖堂内を歩くと、「木々が立ったまま石化している巨大な森」[11]にいるような感覚になるという。そこに木漏れ日が射すように光が降り、それらが柱を通してなす陰翳が、刻々と空間の表情を変えていく。

サグラダ・ファミリア以外の建築物を見ても、うねうねと波打つような曲線が印象的なガウディだけれど、そうしたものも実は「双曲線面」や「放物線面」といった、直線だけで描くことのできる図形であることが多い。また奇をてらったように見えなくもない形状が、実は空気や光を取り込むのにとても合理的であるなど、そのデザインの向こうに、非常に計算された機能や構造があるというのだ。

植物や自然のモチーフを表面的に採り入れるのではなく、それらのいのちを可能たらしめている造形や秩序までをもよく観察し、時に創造的に想像し、設計にいかす。ガウディの作品は、そうした自然の理に満ちている。

サグラダ・ファミリアは、一九二六年にガウディが亡くなった後も建設が続いた。それは受難の道のりだった。その特徴的な立体造形ゆえ、平面図ではなく模型をつくり、それを「慈しむように」[11]修正しながらの建設だったというが、そのよりどころとなる肝心の模型が、一九三六年に始まるスペイン内戦によって粉々に破壊されてしまったのだ。聖堂そのものも破壊され、ガウディの事務所は焼き討ちされ、建設を進める組織まで一時は離散してしまうものの、そこから一人、また一人と、ガウディの遺志を継ぐ者が戻ってきたという。そして、粉々になった模型を復元し、残されたデッサンや資料をかき集め、それまでに建設されていた部分に込められたガウディの意思や願いを読み込むことで、大聖堂の建設をつないでいった。それはガウディが残した「答え」を引き継ぐことではなく、ガウディが向き合った「問い」に、同じ真摯さをもって向き合い続けたということだろうと思う（このことを外尾は、「ガウディを見るのではなく、ガウディの視線の先にあったものを見ようと」[11]することだと表現する）。

着工からすでに一四二年（本書執筆時点）が経過したサグラダ・ファミリアも、遂にその完成の時が近づいているという。そのことを知って、少し複雑な気持ちにもなる。

完成すること自体は望ましいことではあろう。だけれど、ガウディが、完成することを一番の大事に思っていたかどうかは分からない。大聖堂の建設という使命を与えられ、自然の意志、神の意志に触れながら、それを想像しながら、一段一段の石を積んでいく。ガウディにとっても、その遺志を継ぐ者たちにとっても、その過程そのものが意義深く、よろこびに満ちたものだったのではあるまいか。そしてその過程で一人一人は多くを学び、成長してもいっただろう。それは一つの聖堂の建設という範囲にとどまらず、働くとはどういうことか、ものをつくるとはどういうことかについて、世に大きなメッセージを発するものでもあったと思う。

そうした過程を奪い、石をコンクリートに替え、大きな機械を次々に導入し、石工職人たちに現場を去らせながら、完成を急ぐその道のりに何の意味があるのだろう。それは誰の、なんの意思なのだろう。サグラダ・ファミリアは、短縮された建設期間と引き換えに、大きなものを失っている。

終わりなき形成の何という喜びであろうか。
この聖堂の建設に一生の命以上のものを捧げている男が、
慎み深くも、その完成を見ようともせず、
後の世代の人々に建設の継続と完成を託していることを私は知っている。
この慎み深さと自己犠牲の下に、

神秘主義者の夢と詩人の研ぎすまされた楽しみとが脈動しているのだ。
なぜなら、一人の命よりも長い年月を要する作品に、
また、将来の幾世代もの人々がつぎ込まなければならない作品に、
その人の全生涯を捧げること以上に、
さらに意味深く、
より美しい目的があるとでも言うのであろうか。
こうした仕事が一人の男にどれほどの安心をもたらすことであろうか。
時と死に対する何という優越であろうか。
永遠に生きることの何という保証であろうか。

（ジョアン・マラガール『生まれつつある聖堂』）[11]

一人の人間が、自身の生涯を捧げても成し遂げられない仕事を、次の世代が引き継ぎ、
またその次の世代が引き継ぎ、時を超え、志をつないでいく。そうしたいのちの連なりも
また、大事な一つのいのちの形だろう。

ガウディは一九二六年の六月七日、サグラダ・ファミリアで過ごした最後の日の夕方、ミサに出かける前に、仕事を終えた職人たちに向かって言いました。私はその一

言に込められていた精神が、その後の建設をも支え続けてきたような気がします。

「諸君、明日はもっと良いものをつくろう」

（外尾悦郎『ガウディの伝言』）

もしガウディが生きていたとしたら、サグラダ・ファミリアが完成するその日、彼は職人たちに向かって、きっと同じ言葉をかけたのではあるまいか。建物は完成したとしても、その仕事は永遠に完成しないのだから。

進化とは、多様性へと向かうドラマである

本書のテーマである樹形（▽）を考えるとき、外せない自然科学者がいる。十九世紀イギリスの地質学者・生物学者、チャールズ・ダーウィン（1809–1882）だ。「進化論」の提唱者として名前を覚えている人も多いだろう。

彼が一八五九年に著した『種の起源』。全十四章からなる大著なのだけれど、その中に出てくる図版は一枚だけ。それが次のものだ。

「生命の（偉大な）樹　– Great tree of life –」と呼ばれる。共通祖先から枝分かれを繰り返し、

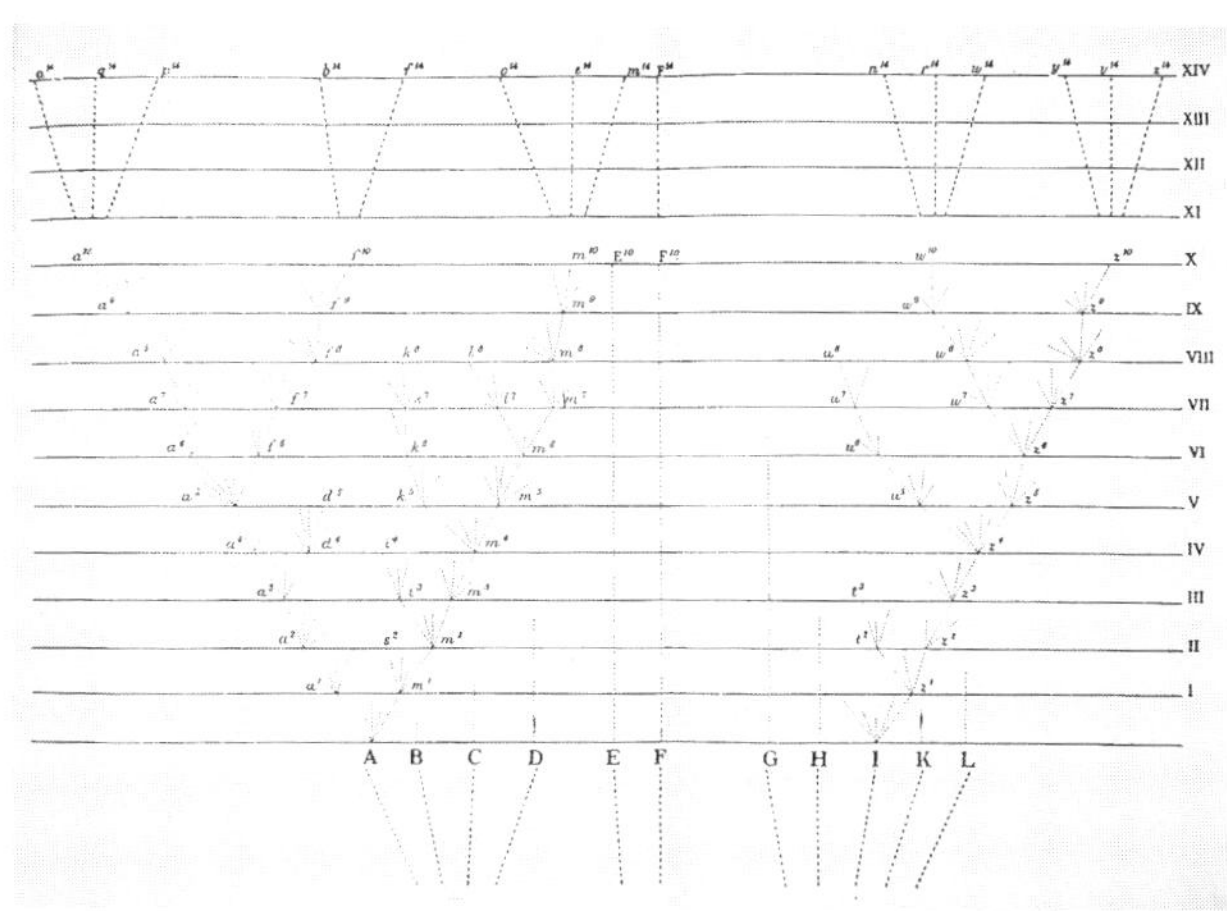

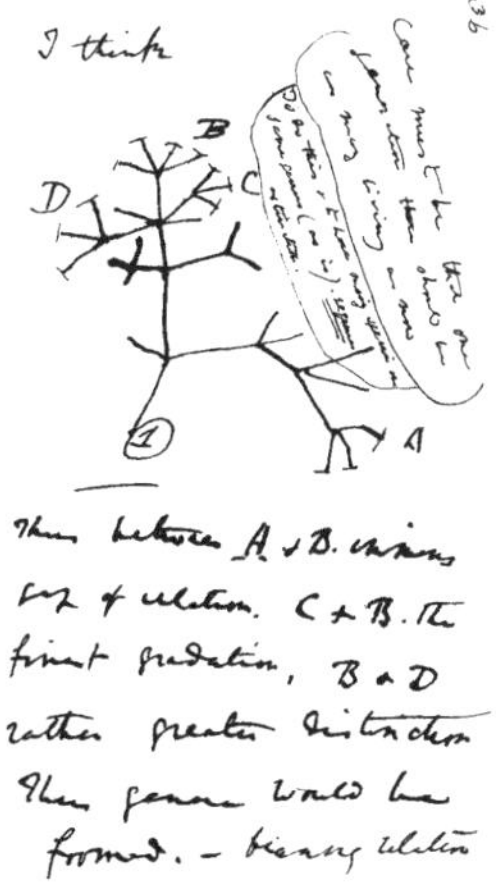

さまざまな現生種が生み出されてきた生命の進化の過程を表したものだ。

また、この図版の元となった、彼のノートも残されている。

彼の進化論は、「変異」「生存競争」「自然淘汰」の三つのキーワードで説明することができる。

まず、生き物にはさまざまな「変異」というものが生じます。その変異のなかに他の個体よりも生存や繁殖に有利なものがあった場合は、「生存競争」のなかでその個体が生き延び繁殖し、変異は子孫へと受け継がれます。

そして環境に有利な個体は、不利な個体よりも多くの子を残すという「自然淘汰」を何百万年、何千万年も繰り返すなかで変異はどんどん蓄積され、もともとの個体群とは違った生き物が誕生していく――このプロセスが進化です。

（長谷川眞理子『ダーウィン 種の起源 ― 未来へつづく進化論』）

進化とは、「多様性へと向かうドラマ」[12]なのである。

お店の寿命は五十～百年。生物の進化は何百万年、何千万年という時間の中で起こることだから、単純な比較はもちろんできない。でも、枝分かれをし、多様性を生もうとするいのちの力学は、どの一瞬を切り取ったとしても、そこにはたらいていると見ることができる。であるとすると店づくりにおいても、「変化し、試され、残るべきものが残る」という進化のメカニズムに則った道を行くことが、大局的には、自然の理（ことわり）に沿った、無理のない道ということになるのではないだろうか。

もっとも、変異と変化とは同じではない。ダーウィン進化論において変異とはより中立的なもので、「意図をもってそうなる」というより、「たまたまそうなった」もののうちのいくつかが、生存競争と自然淘汰を通じて生き残るという説明がなされる。ただ、日々を生きるぼくらにおいては、そこまでいのちの主体性を否定しなくてもいい（この点について、次の今西進化論においても検討する）。一つ一つのいのちが自身を発揮していく過程において、行く先に自然と新たな道が見えてくるのであれば、その流れには乗ればいい。

そして、先に示した図版で注目すべきは、枝分かれしたのち、そのまま絶える枝が無数にあることだ。つまり、変異したものの、その後生き残れずに絶えた無数のいのちの「枝」が、進化の過程を下支えしているのだ。

芽は成長して新しい芽を生じていく。そして生命力に恵まれていれば、四方に枝を伸ばし、弱い枝を枯らしてしまう。それと同じで、世代を重ねた「生命の大樹」も枯れ落ちた枝で地中を埋め尽くしつつも、枝分かれを続ける美しい樹形で地表を覆うことだろう。

（ダーウィン『種の起源』）

枝が落ちることも、いのちの営みの一部。ぼくらのお店においても、こうした本では紹介されることのない、続かなかった取り組み、続かなかった縁が無数にある。でも、それらを予めよけておくこともまたできないのだ。そして「枯れ落ちた枝」にも大きな意味がある。いま見ることのできないそれらは形を変えて、いま見ることのできる枝の中に生きている。そしてぼくらが日々お店という樹形をながめるときには、そこにあったかもしれない枝の残像たちとともに、そのドラマを味わい直すことになるのだ。

競争原理と共存原理

生物の進化の過程について、いっそうのあたたかい視線を注いだ自然学者がいる。今西錦司（1902–1992）である。

自然淘汰説というものは生物の環境に対する働きかけというものを全然認めないで、環境の生物に対する働きかけだけを取り上げているのではなかろうか。〔中略〕具体的にいえば、生物が食物をとるのも、敵を避けるのも、配偶を求めるのも、みな生きるための必然がしからしめるところではあろうが、食物も敵も配偶もみなこれ一種の環境である。だからこのようなものを認めるということは環境全体の中からとくにこのようなものを生物が選んだのである。すなわち認めることは選ぶことである。

（今西錦司『生物の世界』）

生物は環境によって生かされているだけではない。自ら主体性を発揮し環境に働きかけ、変化もさせていく。生物は環境に「包まれて」いるが、また環境を「包んで」もいるのだ。

結局環境に淘汰されていわゆる優勝劣敗の優者しか残りえないものとするならば、生物のやっていることは創造ではなくて投機である。

（『同』）

こうした説明をされることで、ダーウィン進化論を聞いたときに感じる、何が残り何が残らないかは、長い時間に委ねるしかないのか……という、そこはかとない絶望感のようなものに希望がさす。ぼくらが今ここで生きるためにあがくことは、自らが生きる場（今西はそれを「生命の場」と表現する）に影響を与え、それが創造的に未来をつくることにもなるといえるからだ。[13] 生物は、環境と自身とを自己同一的に揺さぶりながら、[14] 主体的に進化の歴史をつくってきたのである。

今西は、個体―種社会―生物全体社会という三重構造を想定する。そしてカゲロウの生態の研究を通じ、主に種社会を場として起こる絶妙な進化の過程を「棲み分け原理」として説明する。生物は、「競争」しているというより、生息域や採餌方法、活動時間帯などをずらしながら、滅ぼし合うことなく多様化してきたというのだ。また他の種との関係においても、個体単位で見れば、食うか食われるかというような関係はあるにしても、そこで食べ尽くすことはないのであり、種という単位で見れば、互いにバランスを取りながら共存してきたといえる。

> ダーウィンの進化理論といえば、人も知る自然淘汰説であり、適者生存説であるが、私の頭にカチンときたのは、これらの説の前提となっているダーウィンの自然観なのであり、この自然を生存競争の場と見なしていることにたいする不満なのである。
>
> 〔中略〕
>
> 棲み分け原理は競争原理でなくて、はじめから共存原理なのである。
>
> （今西錦司『自然学の提唱―進化論研究の締めくくりとして』）

「野生の王国」の本体は、弱肉強食ではなく共存共栄なのか。自然の世界には、さまざまな生き物を繁栄へと導くマネジメントがあるのか。

こうした見立ての背景には、「この世界を構成しているすべてのものが、もとは一つのものから分化発展したものである」という今西の自然観がある。

登山家であり探検家でもあった彼が、京都大学で教授職に就くのは五十七歳の頃。

> 世の中には一生実験服をまとうて、実験室外に出たことのない人もいる。動物や植物の自然のままな姿など一度も見たことのない高名な学者もいることだろう。そんな人たちのもっている自然観と、生涯をフィールド（自然）の中でくらしてきた私のよう

なものの自然観とが、いっしょにされてたまるか、という気持ちはいまでも、〝底流〟かどうかしらぬが、どこかにくすぶっている。

（『同』）

今西にとって自然とは、検証可能な客観性に閉じたものではない。

自然科学などなくたって自然は存在する。自然科学なんてえらそうな顔をしても、自然の一部しか知ることができない。自然を細分して、その分野の専門家になったところで、それは部分自然の専門家にすぎない。部分自然の他に全体自然があるということを、学校教育では教えてくれない。私に全体自然があるということをおしえてくれたのは、山と探検であった。

（『同』）

そうして今西は、「いさぎよく自然科学と訣別」し、自然学を提唱する。そこでは、全体性を把握するため、〈直観〉を通じての自然との合一がはかられる。

「種社会」にしても「棲み分け原理」にしても、検証不可能であるとして、既存科学からは批判されることも多い。ただそれらは今西にしてみれば、自然に分け入り、自然ととももにあることで直観される真理なのであり、「分かる人には分かる」「なぜ分からないかが分からない」としか思えないものであったのだろう。

経済社会も、一般的には競争原理として説明される。

ぼくらのまちにもたくさんのカフェがあり、「消費者の財布」を奪い合うという点では、カフェ以外にもたくさんの競争相手がいる。でもそれらをも、まちという自然をともにつくる仲間と見る目線があることを今西は教えてくれる。ただそれも、「もとは一つのもの」で、「生命の場」を同じくする存在であるという前提があって成り立つものなのだろう。

今西も、『生物の世界』の最後の段落で、それまで独自の「哺乳類共同体」を育んできたオーストラリアに、他の大陸から別種の「共同体」が持ち込まれるとしたらと想定し、「このような場合こそはダーウィン流の自然淘汰なり、あるいは適者生存なりが認められるほとんど唯一の場合であるだろう」と記している。

まちに大手資本のチェーン店が続々と進出してくる状況はまさにそうしたものかもしれない。競争原理と共存原理のせめぎ合い。そしてそれらは、個体（個店）の争いというより、システムとしての総合力の争いだ。機械システム（△）と自然システム（▽）。その「争い」の先には、それでもぼくらは「もとは一つのもの」であるという原点に立ち返れる未来があると信じて、あがいてみようと思う。

1 これは元々、フランスの哲学者、アンリ・ベルクソン（1859-1941）の用語です。

2 池内紀／小林エリカ／子安美知子ほか『ミヒャエル・エンデが教えてくれたこと―時間・お金・ファンタジー』（新潮社）所収。

3 自分は当初、前著の書名を『ゆっくりいそげ』にしようと考えていました。その証拠に、初版のまえがきの一行目はその表記になっています。ところが実際には編集者が読点を入れたため、『ゆっくり、いそげ』として世に出ました。いま考えますと、そうなったことでここに「ゆっくり＋いそげ」のニュアンスも、「ゆっくり×いそげ」のニュアンスも読み込むことができるようになりましたから、結果、楕円の軌道上をめぐる動的な変化を、この読点がうまく表現してくれているように思います。よくぞ入れてくれたと、編集者（当時）の高橋千春さんには感謝しています。

4 ぼくはこの本を、高橋博之さん（今は株式会社雨風太陽の代表取締役を務められています）に紹介していただきました。高橋さんからは他にも、今西錦司の『生物の世界 ほか』や、見田宗介の『現代社会はどこに向かうか ―高原の見晴らしを切り開くこと』も手渡されており、それらの本の紹介を通じて、ぼくがこの本を書くに際しての大きな道しるべとなってくださいました。

5 ゲーテ『論争篇』。高橋義人『現象か法則か―「自然の表情学」としてのゲーテ色彩論』の中での引用。

6 高橋義人『現象か法則か―「自然の表情学」としてのゲーテ色彩論』。『思想』一九九九年十二月号所収。

7 どちらの手紙も、高橋義人『生物の情報と意味 ―「自然という書物」は解読できるか―』の中で引用。同論文は、『岩波講座 宗教と科学6 生命と科学』（岩波書店）所収。

8 高橋義人『生物の情報と意味―「自然という書物」は解読できるか―』

9 正確には、ガウディは、同教会の二代目主任建築家です。もっとも初代は着工後一年ほどで辞任していますから、サグラダ・ファミリアは実質的に彼の作品と言って差し支えないと思います。

10 鳥居徳敏『ガウディの七つの主張』（鹿島出版会）

11 外尾悦郎『ガウディの伝言』（光文社新書）。ジョアン・マラガールの詩も同書からの引用。

12 長谷川眞理子『ＮＨＫ「１００分 de 名著」ブックス ダーウィン種の起源 ―未来へつづく進化論』（ＮＨＫ出版）

13 清水博も、『生命科学から見た生命』の中で次のように説明しています。「『遺伝的方法』の特徴は、問題解決を子孫にまかせるという点にある。つまり未来型解決法であるが、それは著しい数の個体死を前提とした解決法である。バクテリアのような単細胞生物から、多細胞生物への進化によっておきた著しい特徴は、リアルタイム型の解決法を獲得した点にある」。

14 今西は、同書の中で次のようにも語っています。「変異といい進化といい、いやしくも時間を考慮に入れずしては考えられないようなものに平面的ということはない。中心点が右にあるいは左に動いて行く一瞬一瞬はこれを平面上にあるものと考えてもよいが、その軌跡はおそらく螺旋状を呈する者であるだろう」。ここでも「らせん」が出てくることは印象的で、いのちのありようを捉えるときの一つのキーワードなのでしょう。

15 正確には、「適者生存」はダーウィンの言葉ではありません。長谷川は次のように説明します。「『適者生存』（survival of the fittest）という言葉も一人歩きしています。もともとはイギリスの哲学者ハーバート・スペンサーが著書『社会進化論』のなかで使った言葉ですが、ダーウィンの『自然淘汰』と混同している人が少なくないようです。ダーウィン自身はこの言葉が気に入らず、使いませんでした」。『ＮＨＫ「１００分 de 名著」ブックス ダーウィン種の起源 ―未来へつづく進化論』より。

コラム5

能の扉

影山知明

かげやま・ともあき▼クルミド大学「能の扉カレッジ」サブカレッジマスター。二〇二三年に能に初遭遇して以来、その沼にはまりつつある。好きな曲は「邯鄲」。いつか国分寺に能楽堂をつくりたい。

観阿弥・世阿弥の時代から六五〇年。世界最古の舞台芸術と言われる日本の能楽もまた、「楕円軌道」をめぐっているように感じています。

能楽には、〈神事〉の側面と、〈娯楽〉の側面があります。[1] 舞台奥には松の絵が描かれ、「鏡板」と呼ばれます。なぜ松かというと、神様の依代となる木だからです。一方、舞台前には見所（けんしょ）と呼ばれる観客席がある。つまり能は、神様に向けてと観客に向けてという二面性をもって演じられているということです。

これは相当な矛盾です。神事か娯楽かどちらかなのであれば分かりやすく、悩みも少ないでしょう。けれど能は、神事にしては面白く、娯楽にしては守らなければならないしきたりが多い。その両者間で常に揺れています。

そして、そのように悩み、揺れるから、常にとどまることなく自己超越を続けることになり、結果、時代を超える芸能になったと言うこともできるように思います。もしこれが娯楽として振り切っていたのなら、時代時代で観客が求めるものを敏感に感じ取り、よりセンセーショナルなものを目指していたかもしれません。確かにそれは一時期の隆盛をつくりはしたでしょうが、一方で消費され、長続きもしなかったのではないかと想像されます。反対に、神事に振り切っていたらいたで、そうした儀式の多くがそうであるように、人々の生活からは少し離れたところに位置することになり、時代の流れのなかで徐々にその存在感を失っていっていたかもしれません。

そもそも、娯楽（エンターテイメント）とはなんでしょうか。東浩紀の「それはひとことで言えば、こちらにふまじめにしか接してこない人間を、摑み離さない能力のこと」[2]という表現が、まさに本質をついているように思います。つまり、観客は受け身でよい。それをいかに面白がらせ、没入させ、感動させられるかが娯楽提供者側には問われるという文脈が、娯楽性という言葉にはあるということです。そして実際にそうした作品やコンテンツが世にあふれています。ただしそうした作品やコンテンツを楽しむことは、その定義からして「他律的な鑑賞体験」とでも言うべきものになります。その面白さも感動も「与えられるもの」なのであって、もちろん一時の気晴らしには大きく資するものとなるでしょうが、長続きはしません。それらの情動は外からくるものであって、最後の最後、自分の内から立ち上がってくるものではないからです。

　それと比べると、能はあまりに放ったらかしです。摑まえに来てくれません。面白がらせにきてくれません。不親切といえば不親切。そしてそのことから取っつきにくさを覚えて、日本人であっても能に敷居の高さを感じる人は多いようです。ただそこには歴史にもまれ、研ぎ澄まされた美の表現があるのであって、ひとたびこちらが自身の自律性や想像力で味わいにいけるようになると、途端に豊潤な世界を見せてくれるようになります。そして、舞台と自分とがうまくひびき合ったとき、一つの同じ流れとなったとき、そこに出現する感動は他に代えがたいものです。しかもそれは一人一人の自律性に基づいているがゆえ、百人の観客がいるとしたら百通りに固有の流れであり感動なのです。世阿弥は、そうしたひびき合う感動のことを〈花〉と表現しましたから、百通りの花が咲くと言ってもいいでしょう。[3]

　そういう意味で、能が分かりにくいと言われ、流行りづらい状況があるとすると、それはカフェをやるぼくらにとっても他人事ではありません。派手な演出、分かりやすい物語、過剰な味つけに慣らされる人が増えてしまったら、カフェが、他律的に「楽しませてもらう」場になってしまったなら、ぼくらのような薄味なお店は続けられなくなるでしょうから。でも反対に、ここには何かあると、一歩、想像力をのばしてきてくれるような人とだったら、その先の世界を一緒につくっていく関係を築けるのだと思います。ぼくが「お客さん」という言葉をあまり使いたくないのもそういう理由です。お客さんは、商売という観点でいえばとてもありがたい存在ですが、その場に「その人自身として」いてくれるわけではありませんので、重なりが生まれるようで生まれないのです。[4]

そして、リザルトパラダイムとプロセスパラダイムという点でいっても、能楽は徹底して後者を行こうとしているように感じられ、興味深いです。

クラシックのコンサートや、ミュージカル、オペラでは、目指すべき〈リザルト〉が先に定義されています。楽譜や台本があって、細かな指示・演出もあって、リハーサルを何度も繰り返して、再現性高く〈百点〉を出すことを追求していきます（もちろん時には、それを超える公演になることもあるでしょう）。

それと比べると、能は出たとこ勝負です。確かに、詞章（セリフ）や囃子の手付といったものがあるにはありますが、その指示はあいまいなものです。謡いの声の高低も決まっていませんし、拍子の取り方も一定でなく演者に委ねられます。そしてリハーサルは「申し合わせ」と呼ばれる略式のものが数日前に一回ある限り。シテ方、ワキ方、囃子方といったメンバーにはそれぞれ流派があって、「その顔ぶれ」でやるのはほぼ毎回初めてであるにもかかわらずです。

つまり能においては、品質が安定し、完成度が高まるのをむしろ意識的に排除しようとしているようにさえ思えるのです。なので実際、その舞台には当たり外れがあります。ぼくはまだ出会ったことがありませんが、ひどいときはひどいことになるとも聞きます。けれどその反面、うまくかみ合ったとき、ひびき合ったとき、とんでもなく素晴らしい一回が出現することもある。そしてその「一回」に立ち会えた人は、能の虜（とりこ）になるといいます。能は、「安定した品質」よりも、「圧倒的な一回性」に賭けているのです。

これは、安くはないお金を払って見に行く側としては困ったことで、これもまた商業公演という並びで能楽が苦戦する理由の一つでもあると思うのですが（「圧倒的な一回」だったとしても倍の値段を取れるわけではありませんし）、そうした危うさを含めて、見る側は楽しめるといいのだろうと思います。

そしてここから、人が生きることについて引きつけて考えたとき、人生には楽譜もリハーサルもないことに思い至ります。その一回性へと、日々、自身を開けるかどうかが人生の豊かさ（〈花〉が咲くかどうか）を左右するのだとすると、能から学べることは多そうです。

内に矛盾を抱え、他者をコントロールしようとせず、一回性を生きる——能は、いのちの形をしているのです。

---

1 シテ方観世流能楽師、川口晃平さんによる、「能の扉」内、二〇二三年四月二十二日の講話より。

2 東浩紀『ゆるく考える』（河出文庫）
entertainとは、ラテン語のintertenereが元になっていて、「inter（間に）」と「tenere（保持する）」という二つの部分から成り立っています。

3 世阿弥の芸能論の核に、この〈花〉の概念があります。「時分の花、まことの花」、「秘するが花」といった言葉が有名ですし、彼の残した伝書——『風姿花伝』、『花鏡』等——にもその名が残ります。彼は、生涯をかけて、「花とは何か」、「いかに花は咲くか」を探究し続けたと言っていいと思います。

4 同じことは、『ゆっくり、いそげ』の書名にも言えます。このタイトルは、受け手の自律性や想像力を求めます。でも、そうして手を伸ばしてくださる人とだから、いい縁になっているとも思うのです。もしこれが『日本一のカフェのつくり方』だったなら、その人はぼくの「お客さん」ではあったとしても、その先の世界を一緒につくる仲間にはなってくれていないだろうと思います。

ぼくらは「クルミド大学」という学びの場を開設していて、二〇二三年からは、田村民子さん（伝統芸能の道具ラボ主宰）をカレッジマスターにお迎えして、「能の扉」というカレッジ（連続講座）を開講しています。本コラムも、そこでの経験に基づいて書いたものです。そして二〇二三年七月三十一日には、「能と初めて出会った半年」を総括しての話もしています。よろしければご覧ください。

※限定公開

第三部

大きなシステムをひっくり返す

第八章

友愛の経済、友愛の金融

主語を小さくする

ここから先、未来を展望するとき、大事になるのは「主語を小さくする」ことだろうと思う。日本はとか、資本主義はとか、これからの社会は、といった主語で話をし始めると、どうしても解像度の低い、ぼんやりとした一般論になってしまいがちだ。そしてその論を実現させようと思っても対象が大きすぎて、何をどこからどうしたらいいのか途方に暮れてしまう。

それと比べて、ぼくは、なら、そこには具体性も実感もあるし、何より他者をコントロールする必要がないから、その気になればすぐ実践・行動に移せる。そこから始めて、少しずつぼくらのお店はとか、ぼくらのまちはとか、実感をもって語れる範囲が広がってゆけばいい。

前著において、お店が関係を取り結ぶお客さんの範囲として「特定多数」という言葉を使った。「不特定多数」ではなく、かといって「特定少数」でもないそのあいだ。規模にして数千〜一、二万人くらいとの関係性。ある程度顔が見えてお互いの気配を感じ取れて、想像力が届き合うような距離だから、単純な値段の安さとかコスパとかそういう分かりやすいものだけでない複雑な価値のキャッチボールができるのだと書いた。そのことは今、お店を取り巻く関係性だけでなく、まちのことを考えるときにも当てはまるのだと思うようになった。

国分寺市の人口、十三万人。この規模の時点でその広がりはもう不特定多数だ。顔が見えるわけではなく、想像力が届き合うわけでもない人が互いにとって多数を占める。そういった単位で何か話をしなんらかの話題について合意形成をしようと思っても、ベースとなる互いの理解や信頼関係が十分でないから、結果、分かりやすいメリット・デメリットや損得の話になってしまいがちだ。そういう意味で、まちの中でも特定多数を形成することができたなら、そこではより突っ込んだ、難しい判断を伴う意思決定にも道が開ける。

こうした、一定程度の相互理解や信頼に基づいた顔の見える関係性のことを、社会関係資本（ソーシャルキャピタル）と呼ぶことがある。国分寺のまち（の一部）にそうした関係性が育ちつつあるのを今ぼくは感じていて、特定多数という表現は、かつてのお店まわりから少しその範囲を広げ、ぼくらにとっての「まち」を捉えたものへと変わりつつある。

クルミドコーヒーを始めて十六年。もちろんぼくらのお店だけでなく、地域通貨ぶんじや、ぶんじ寮、その他たくさんの思いある取り組みが、このまちの関係性を育んできた。「利用し合う関係」に根差した取り組みは、関われば関わるほどお互いの関係性を消費し、消耗させていく一方で、「支援し合う関係」に根差した取り組みは、繰り返されるうちにその関係性を育んでいく。

そして今ようやくぼくらは、「ぼくらのまちでは」を主語にして、このまちの経済や政治、教育や福祉や医療について、未来について、かなりの実感をもって考えられるようになってきたように思う。

それくらいの主語であれば、思い切ったことができる。

大きな主語で語ろうとすると多くの人を巻き込むことになる分、何をするにもそのアイデアの説得的な説明が求められ、多くの場合、根拠や実績が必要とされる。またその主体によっては公平性・公正性が問われることにもなる。その結果、よく言えばバランスの取れた、悪く言えば当たり障りのない、どこかで見たことがあるような着地となりがちだ。

それと比べて、ぼくらはとか、ぼくらのまちではとかで考えていいのであれば、ちょっとくらい変なこと、常識外れなことにだって可能性が開ける。失敗やリスクに対しても大らかでいられる。事前にあらゆる検証を経なくても、「やってみてから考えよう」でいいこともたくさんある。

社会有機体三分節化論

まちとは言っても、それも一つの社会だ。

そこにはさまざまな人がいて、さまざまな営みがある。そこにぼくは、お店という切り口から、カフェという切り口から関わり始めた。そして地域通貨のような取り組みを通じて、他の店やまちの農家さんたちともつながり、まちの経済に対して関心を持つようになった。

ただ、まちや社会は、経済だけで成り立つわけではない。そこには政治もあれば、教育や福祉もある。そしてそれらは互いに影響し合っているから、お店をやる者として、やればやるほど経済以外の分野について無関心ではいられないと思うようにもなった。

さまざまな分野であり生活領域を内に抱えたまちを、統合的に考える何かいい視座がないか。そんな風に考えているときに、一つの像を示してくれる先人の知恵に出会った。ドイツの人智学者、ルドルフ・シュタイナー（1861–1925）だ。今日においては、特に教育の分野で、「シュタイナー学校」の名で、その存在を知る人も多いだろう。

彼が晩年、それまでの自身の実践と思索とを通じてたどり着いた――彼自身の言葉を用いれば「闘い取られた」[1]――社会ビジョンが、「社会有機体三分節化論」と呼ばれるものだ。少し長くなるが、一九一九年に刊行された『社会問題の核心』から引いてみる。

　三分節のひとつは経済生活である。ここではまず経済生活から考察を始めようと思う。経済生活は明らかにすべての他の社会有機体部分を支配しており、近代技術と近代資本主義とが近代社会を本質的に特徴づけている。経済生活は社会有機体の中で、人体の中の各組織が相対的に自主的であるように、相対的に自主的な部分でなければならない。この経済生活は、商品の生産、流通、消費のすべてに関わっている。

社会有機体の第二の部分にあたるのは法と政治の生活である。法治国家の意味で、「国家」と呼ばれているものもこれに属する。経済生活が人間の必要とするすべての商品の生産、流通、消費に関わるとすれば、社会有機体のこの第二の部分は、純人間的な生活条件下での人間と人間の関係に関わるすべてを扱う。〔略〕

他の二つの分野と同様に自主的であるべき第三の生活分野は、社会有機体の精神生活に関わる部分であるが、精神生活という言い方は正確であるとは言えない。しかし「精神文化」または精神に関するすべてという言い方も、正確であるとは言えない。各人の生来の素質に基づくすべて、各人の精神的、肉体的な素質に基づくすべてが、この第三の生活の本来の分野に属する。

〔中略〕

近代技術と近代資本主義は、われわれの社会生活を刻印づけ、傷つけている。そして今、それによって人間社会に加えられた傷を癒すために、個人生活並びに人間の共同体生活をこの社会有機体の三つの分野に正しく関係づけなければならない。

まず、普通に「社会」と呼べばいいところを、すべて「社会有機体」と呼んでいることが印象的だ。有機体とはドイツ語でorganismusで、生物という意味。つまりシュタイナーは、社会を生き物でありいのちであると捉えていたわけだ。たとえば人体が、「頭部系（神経や感覚）」、「循環系（呼吸や血液循環）」、「代謝系（新陳代謝や運動）」といった、それぞれに独立した系をもちつつ、それでいて全体として統合された存在であるように、社会もそのような捉え方ができると考えていた。「自然における生命体の生存条件を考察し、その条件を社会有機体に適用[1]」しようとしたのだ。

そうした思考過程を経て、彼が導き出すのが、「経済」「法や政治」「芸術や教育」という三つの生活分野なのである。ここで「生活」という用語にも注意が必要であろう。これはドイツ語でlebenで、いのちという意味でもある。つまり、「日々の生活」といった日本語でのこの言葉のニュアンスとは少し違って、「いのちのはたらき」や「営み」とでもいうニュアンスがここにはある。

同書が執筆されたのは、第一次世界大戦のさ中。さらにその約一五〇年前に端を発する産業革命を受けて、ヨーロッパを中心とした世界が近代資本主義の道をひた進み、世界大戦を経験し、人間社会に「傷」を残していた時期。この時点においてすでに、「経済生活は明らかにすべての他の社会有機体部分を支配」していると彼は実感する。その影響力は社会全般に及び、資本家と労働者という社会階層を生み、人々の日々の暮らしに、ひいては世界情勢に、暗い影を落としていた。

同時期にそれへの対抗として、社会主義経済を目指した動きも活発化するわけだけれど、シュタイナーはそれにも反発する。「生産手段の社会化だけが人間にふさわしい生き方を可能にする」[1]のだと訴えたところで、それも人間を経済的な存在と見る目線においては資本主義と変わらず、個々の人間存在が持つ自由な精神を捨象してしまうからだ。

> 人生の本当の生活基盤は、自分が自分自身の中から引き出す能力の中にある。この能力は、それぞれ経済生活に従わせたり、国家に奉仕させたりしてしまうなら、自由に力を発揮できなくなる。
> 〔『同』〕

> 近代資本主義経済秩序は基本的にはその領域の中に商品だけしか認めていない。〔略〕古代には奴隷制が存在した。人間全体が商品のように売買された。農奴制の場合は、人間存在の一部分が経済過程に組み込まれた。資本主義は人間存在の残りの部分をも、労働力という名の商品にした。〔略〕経済過程はそれ自身の在り方に従って、労働力をこの過程の中に組み込み、商品がその過程の中で消費されるのと同じように、労働力をも合目的的な仕方で消費しようとする。

（『同』）

人間は、経済的な存在、あるいは国家であり社会を構成する存在、ましてや「商品」である以前に、一つの魂として自由な存在なのだというシュタイナーの訴えは、同書全体を貫く通奏低音をなす。そして、それから百年。ますます強力かつ巧妙に、資本主義である経済の力学、あるいはお金の力に人間存在が搦め捕られているように思われる今日において、その訴えは、ますますの切実さをもってぼくらに響いてくる。

友愛、平等、自由

シュタイナーは、社会有機体を構成する三つの「生活」それぞれに、それらを成り立たせる異なった原理があると語る。

経済生活における共同作業が**友愛**に基づかざるをえないことを認識するであろう。第二の分野である法体制においては、人と人との純人間的関係が問題になるが、そこでは**平等**を実現するために働かなければならない。社会有機体の中で比較的独立している精神の領域においては、**自由**の衝動を実現することが問題になる。

〔太字、筆者〕(『同』)

「友愛、平等、自由」とは、十八世紀末、フランス革命の際のスローガンの一つであり、以来、世界(それは欧米を中心としてではあるものの)を導く原理として、しばしば世界史に登場してきた言葉だ。ただし、この三つの原理は、相互に矛盾する面もある。たとえば平等を強く求めると、一人一人の自由がおびやかされかねない。あるいは友愛の文脈においては、誰しもを同じように(平等に)扱うことよりも、一人一人の差異をふまえた、個別性をもった関わりを求められることがある。そこでシュタイナーは、先述のように社会(有機体)を「経済」「法や政治」「芸術や教育」という三領域に「分節化」した上で、それぞれを導く原理として、別個に「友愛」「平等」「自由」を考えようとしたのである。

そうすることで、三つの原理の実現を別々の社会有機体でそれぞれに追求しながら、「それらが生きいきと共存し合い、共同して働き合うことによって[1]」、社会全体としての統合と健全な発展も目指せるというのである。

中でも注目すべきは、経済(生活)を導く原理に「友愛」があてられていることだ。少し意外ではないだろうか。資本主義の実態を考えると、それを導く原理としてはむしろ、「競争」や「成長」といった言葉のほうがしっくりくる。個人も企業も、それぞれがそれぞれの利益を最大化するためにふるまい、それらが市場を通じて競争・取引されることで、に思える。

「見えざる手」のはたらきによって社会の富を増大させていく――十八世紀以来の経済原理に沿って考えるのなら、むしろ利己性こそが一つ一つの経済主体の行動原則にあるように思える。

「友愛」を辞書で引くと、「兄弟姉妹の間の親しみ。また、他に対して深い思いやりを持つさま」（精選版 日本国語大辞典）とある。こうしたニュアンスと、「金を稼ぐ」「利潤を最大化する」といった目的に引っ張られる、ビジネスの現場の空気感とには距離がある。

シュタイナーは晩年、主に教育分野に力を注いだ。そしてその成果は、現在世界中に千校以上もあると言われるシュタイナー学校（及びその思想の流れを汲む学校）として現存している。一方、経済分野において、存命中に彼が残せたことは限られている。思想だけでなく実践を是とする彼にとって、近代資本主義の流れに抗うようにして「友愛の経済」を実現するには、残された時間が短すぎたのだろう。

暮らしへの影響力という視点で考えたとき、ぼくらがどういう経済を実現していくかは重大な意味を持つ。加えて、「法や政治」「芸術や教育」といった他の社会領域までもが、資本主義でありお金の影響下に置かれつつあるように感じられる今日において、経済の再定義は、未来に向けての最重要注力点だと言ってもいいのではないか。シュタイナーのメッセージにもあるように、それがすべてではないことへの自覚は忘れずにではあるけれど、「もう一つの経済」実現の方策を具体的に検討するところから、目指す未来の社会を展望してみたい。

小さな友愛の経済を支える、小さなシステム

それを友愛の経済と呼ぶかどうかは別として、互いの思いやりや慈しみに根ざした価値や仕事の循環を実現している地域は、世界中にいくつもある。ぼくらが国分寺のまちで実現しようとしている経済もまさにそういうものだ。

前著『ゆっくり、いそげ』では、「ギブからはじめる」という言葉を使った。お店の売上や利益のために仕事をするのではなく、お店を訪ねてくれる一人一人によろこんでもらうため、元気になってもらうためにお店をやろうと。そこには利他性の心情や贈る気持ちがある。かと言ってそれは、自己犠牲に基づいた利他性ということでもなく、長い目で見れば「返ってくる」もの。よろこんでくれたお客さんの再来店や、まわりへの前向きな口コミを通じ、お店の売上にだっていつかつながっていくもの。「情けは人のためならず」ということわざがあるように、利他性は、まわりまわってちゃんと報われるという考え方だ。

一般的なビジネスは、自身の利得を最大化するため、つまりギブではなくテイクの動機に基づいて行われることが多いから、それとは対照的。経済というと、とても大きなもの、大きなシステムをイメージしてしまうかもしれないけれど、それを成り立たせている構成

要素は結局、コーヒーを飲んでお金を払うというような一つ一つの交換であり関係性だから、その一つ一つのあり方をひっくり返せれば、その掛け合わせや積み重ねの先に見える経済や社会の姿も、まったく違うものになるだろうと考えたわけだ。

そして、こうした経済を単独のお店の取り組みにとどめず、まちへと広げていくのにひと役買ってきたのが「地域通貨ぶんじ」だ。

地域通貨ぶんじは、感謝や応援の気持ちを伝えられる「お金」[2]。名刺大の券面の裏側に小さな吹き出しが並んでいて、使うときにメッセージを書き込むのが約束事となっている。「手伝ってくれてありがとう」「ケーキおいしかった！」というような、自分が受け取った誰かの仕事への感謝の気持ちが記されることが多い。

二〇一二年にはじまって、もう十二年になる。これまでに百ぶんじが一万九千枚、五百ぶんじが千五百枚発行され、まちの人の手から手へとめぐってきた。お店の立場からすれば、感謝の気持ちを伝えてもらえることはやっぱりうれしいから、支払いの一部にぶんじを使ってもらえると励みになる。もっとよろこんでもらいたいと、自分の贈る仕事を高めようと思うきっかけにもなる。「受け手が贈り手を育てる」のだ。

お金も一つの制度（システム）と言うことができる。誰かが誰かのことを思って贈る仕事をし、それを受け取った人が感謝の気持ちを伝えるという、一つ一つはたまたまというような出来事を、再現性をもって継続反復させることに地域通貨ぶんじは貢献する。その道具があることによって、お互いを思い合う交換がより定着しやすくなるわけだ。

資本主義というようなイデオロギーではなく、国家経済のような規模でもない。国分寺というまちを舞台にした、ぼくらなりの小さな思いやりの経済の循環。そしてそれを支える、地域通貨ぶんじという小さなシステム。小さいからこそ、既存の常識から外れたようなやり方に挑むこともできたし、それを自分たち流に育ててくることもできたのだ。

システムの手前にあるもの

二〇二一年の春からぼくは月に一〜二回、水曜日の朝、ぶんじ寮でたまご焼きを焼いている。小林祐子さん、横澤咲穂里さんと一緒に取り組む「愛情押し付け弁当」のためだ。素製糖と醤油だけで味付けをした、昔、母がお弁当に入れてくれたような、甘いたまご焼き。

お弁当は一回につき三十〜四十食つくって、まちの仲間へと届ける。始まりはひょんなことだった。

ぶんじ寮で暮らす小林さんと話をしていて、天丼の話になった。ぼくの好物の一つ。小林さんはスーパーのお惣菜コーナーで働いていたことがあって、天ぷらを揚げられるという。じゃあ、天丼をつくってみようとなった。たれはぼくがつくるからと。[3] せっかくつくるならぶんじ寮のみんなにも食べてもらいたいね。なんならまちの中に届けたい先もある。ぶんじ寮には、営業許可を取ったキッチンがあるから、いくつか気をつければできなくはないね。

そんなことで始まって、少し声をかけてみたら、アフターケア相談所の仲間、冒険遊び場の仲間、市の職員、クルミドコーヒーのスタッフ等々が注文してくれるようになった。途中、それぞれの事情でお休みとした時期もあったけれど、それでもぼちぼちと続けてきて、気がつけば三年半で千五百食ものお弁当をつくり、届けることができた。毎回、あふれる愛情とはこういうことかと言わんばかりに、お弁当箱に入りきらないくらいの具材をつめ込み、まさに押し付けるかのようにして、まちの仲間へと届けてきた。「愛情押し付け弁当でーす」のかけ声とともに。

これは本当に小さな例で、この取り組みで生計を立てられている人が現状いるわけではないし、まだ事業とも呼べないようなチャレンジかもしれない。でも確実に、三年間で千五百食分の経済は生み出されたわけで、千五百食分の誰かの「午後をがんばるエネルギー」の源の一つにはなれた。そしてその挑戦は、毎回ちょっとずつの改善努力とともに今も続いていて、ぼくら三人自身も、その過程でちょっとずつ成長してこられたように感じている。ぼくのたまご焼きの腕も。

友愛に基づいたまちの経済というものを考えるとき、それは結局、こうした何気ない一歩から始まるのだと思う。

つまり、勘違いしてはいけないと思うのは、どんなにいい経済や通貨だったとして、その実現を目指したいと考えたとしても、「それらをつくるため」に人が生きているわけではないということだ。

何かつくり出したいもの、形にしたいシステムを先に定義して、そのためには……と考える道筋は、△（リザルトパラダイム）の罠にはまっている。それがどんなに素晴らしい成果を目指すものだとしても。先にあるべきは、一人一人の内から自然に湧き起こってくる情動であり、それがつくり出す状況なのだ。その火であり熱がまわりに伝播して、また次の状況をつくる。

制度（システム）はそうした状況に、再現可能な形を与える。その制度の力を借りることで、次の状況はより少ないエネルギーで実現できるようになる。それはいいことのようにも思えるけれど、それはつまり一つ一つの仕事から熱量を奪うことでもある。結果、「よくできているけど、感動しない」仕事を増やすことになりかねない。それがどんなに小さなものでも、制度（システム）にはそういうリスクがある。

情動や状況が先行し、制度が後を追いかける。その逆ではない。

一つの状況は、荒れた土地に最初に生える草に似ている。それがどんなにちっぽけな草だったとしても、それが地を割って芽を出すことによって、環境に変化が生まれる。数日後、あえなく枯れて終了という展開だってありえるけれど、ことによるとそれが虫と引き合い、次の種を呼び、別の草を生えさせる状況をうむことだってありえる。そうした、状況が状況を呼び込むことの連鎖が、やがて一つの生態系をつくっていく。生態系を英訳すれば、エコシステム。つまり、制度でありシステムは、状況と状況が掛け合わさって、熱を帯びた先に現れてくるものということだ。一つの制度ができたからといって、そこで一つ一つの、あるいは一人一人の情動や火が消えていけば、後に残るのは形骸化したシステムだけ。つまり、制度やシステムは支えなのであって、大事なのは、そこに立って先へと進もうとする一人一人のエネルギーなのだ。

二〇二〇年から二〇二三年にかけて、全世界を覆った新型コロナウイルスの惨禍。それがつぶしたお店、続かなくさせた制度は至るところにあるだろう。ただ、より深刻なことがあるとすれば、それはむしろ一人一人の中の火を消してしまうことだ。形骸化したシステムを延命させるため、「なんのために?」という疑問にはフタをされ、ただ駆り立てられるようにシステムの操業だけを命じられる状況が拍車をかける。

熱量を失った、いのちを失ったシステムは、一度壊したほうがいい。

そして、よりいいシステムを設計することからではなく、一つ一つ、一人一人にもう一度、火を灯し直すことからやるといい。それがその先何につながるのか分からないような、でも確かに誰かの情動に基づいた、熱量ある状況をつくり出すことからやり直したほうがいい。

小さな主語で、小さなシステムを使いこなすことには大きな可能性がある。でも、その小さなシステムにいのちを与え、与え続けるのは、一つ一つの情動であり状況なのだということは強調してもし過ぎることはない。

水曜の朝、ぼくはたまごを割りながら、毎回そんなことを考える。

お金に頼るのを半分にする

愛情押し付け弁当のような話をしたときに、それはボランティアの世界だから成り立つのだという指摘も聞こえてきそうだ。もしそれを事業と考えて、そこから生活が成り立つだけのお給料を受け取ろうと思ったら、はたして続けられるのかと。

それは確かにその通りかもしれない。ただ一方で、そこには無意識ながらの、お金への囚われのようなものがあるようにも感じられる。

お金とは、シンプルに言えば「仕事の交換の道具」だ。自分が仕事をすることでお金を手にし、そのお金を使うことで他の人の仕事の成果を受け取る。「ちゃんと稼がなきゃ」という発想の先には、そうでないと必要なもの（他者の仕事）を手に入れられないからという前提がある。でも冷静に考えれば、必要なものを手に入れるための手段はお金だけではない。ぼくらのお弁当でいえば、調理のためのキッチンはぶんじ寮のものを使わせてもらうから、支払いは最低限の水道光熱費で済む。食材のうち野菜は、まちの仲間の農家さんから、採れすぎたり規格外だったりする野菜を分けてもらえる。お米も、寮生の実家から送られてくるお米をシェアして使わせてもらっている。働き手たる自分も、仲間とお弁当をつくることが楽しく、また大事なまちの仲間に自分のつくったお弁当を食べてもらえるよろこびを考えれば、別にお給料はもらえなくて構わない（今の範囲の負荷であればということだけれど）。

確かに売上の額は大したことないけれど、一方、出ていくお金も少ないから、経済的にも続けていくことができるわけだ

ぼくはかねてより、「お金に頼るのを半分に」[4] できるといいと考えてきた。

お金に頼るのをゼロにすればいいとは思わない。この世は分業で成り立っていて、お金を使うことで、手に入れられる他者の仕事の範囲はぐっと広がる。その豊かさをすべて放棄する必要はない。また現実的に、放棄することはできない。それにお金を使わないとなると、それはその分だけ他者との関係性やコミュニケーションを必要とすることになるのであり、それが伴う煩わしさもある。だから、半分はお金に頼る。それでももう半分をお金に頼らないでいいとなれば、それは稼がなきゃいけないお金がその分少なくて済むこと

になるわけで、ずい分と気が楽だ。お金の縛りから少し自由になれる。「どうしたって月に二十万円は稼がないと」から、「月に十万円あればなんとかなる」になるのであれば、職業選択の自由度も格段に増す。

実際、お金に頼るのを半分にしようと思ったとき、その方法は大きく三つある。

①あるものを使う
②関係性をいかす
③自分たちでつくる

順を追って見ていこう。

ぶんじ寮でお弁当をつくるなら、寮のキッチンを使えればいいというのは①だ。実際、少し話を大きくするようだが、二十世紀を通じた経済成長のおかげで、日本を中心とした先進諸国は、十分過ぎるくらいに物質的な豊かさを実現した。そういう観点で言えば、もうこれ以上何かを生産する必要があるのかというくらいに。

計算してみれば分かることだが、日本を含む先進産業諸社会においては、まずすべての人びとに、幸福のための最低限の物質的な基本条件を配分しても、なお多大な富の余裕は存在している。

（見田宗介『現代社会はどこに向かうか――高原の見晴らしを切り開くこと』）

あなたが必要としているものは、実はもうこの世界のどこかに十分にあって、それらをうまく分配するか、眠っているそれらを有効活用することで、手に入れられるということだ。もちろん分配や有効活用といっても、それがうまく機能するようにするのは簡単なことではない。ましてや国レベルでこうしたことを考えようと思うときわめて難題だけれど、まちの単位で考えるのであれば道はある。そこに「特定多数」の関係性があるのであればなおのことだ。「あるもの」の情報を得るという意味でも、それらを建設的に融通し合うという意味でもやりようはある。

続いて、お弁当の材料となる野菜やお米を安く分けてもらえるとか、この人のためにやるのなら、この人たちと一緒にやれるのならと、大きなお金を支払えなくても働き手が集まるのは②だ。

ただ注意しなければならないのは、それが一方的な関係では長続きしないということ。周囲の厚意に甘える形で、受け取り手が一方的に甘え続ける構図では、長くは続かない。むしろ実際にはこうした厚意の前段に、受け取り手の先行的な貢献があることが多いのではないだろうか。普段からその農家さんの畑仕事を手伝っているとか、まわりの人たちのために尽くしているとか、そういう背景がある人のところには自然と多くの応援が集まる。支援するから、支援してもらえる。そうしたやり取りであれば、関われば関わるほどお互いの関係が育ち、長続きすることにもなる（これらの点については、第六章の「支援してもらう力」も参照されたい）。

最近ぶんじ寮では、空きスペースを活用して野菜をつくったりもしている。採れたてを使えるから、しその天ぷらなどとても美味しく、お金もかからない（もちろん畑をつくり、野菜を育てることに手間はかかるわけだけれど）。これは③。つまり自給自足ということ。ただ実際には、自分が必要とするものを自分の力だけでつくろうと思うととても大変だ（そしてあまり楽しくない）。そこでぼくらは、「皆給皆足」[4]という言葉を使う。仲間が必要とするものを、仲間で手分けしてつくるということ。これならつくる過程も楽しめるし、関わる一人一人の異なった能力がいかされることで、より大きな仕事ができる。ここでも関係性が大きな役割を果たす。

ここまで、愛情押し付け弁当という活動を題材に、①～③を考えてきた。そして同じことは、よりミクロに個人という単位でも考えられるし、少しマクロにまちという単位でも考えることができるだろうと思うのだ。

特にまち、公／行政の単位で考えるとき、お金（財政支出）に頼らないといけない構図は今後、苦しくなっていく。高齢化社会の進展に伴って、福祉予算を筆頭に財政支出は大きくならざるを得ないからだ。それを受けていかに税収を増やすかを考えるとしても限界がある。まちに暮らす人々が、互いに助け合ってなんとかする――つまり共助が進まないことにはお財布がもたない。こうしたことは、教育にしたって、公共施設・空間の維持管理にしたって同じことだ。公の責任逃れのようになってしまってはよくないけれど、「お金に頼るのを半分にする」をスローガンとした自治体が出てきたっていい。支出を減らせた分だけ、税金を下げられれば、暮らす住人にとってもハッピーなのだから。

逆にいえば今の時代、個人も、活動・事業も、行政も、さらに言うなら教育機関や医療機関も、どこもみなお金の面でかつかつになりながらやっていて余裕がない。人員を雇い増やすこともできないから、一人一人にかかる負荷がどんどん重くなる。職場はどこもだんだんピリピリしてくる。

収支構造を改善するため、収入を増やすことよりもむしろ、「あるものを使う」「関係性をいかす」「自分たちでつくる」で、出ていくお金を減らすことを大胆に考えてみてはどうか。お金に頼り、利用し合う関係を繰り返すことで失ってきた相互理解や信頼といった関係性にもう一度目を向けることで、そうした方策も絵空事ではなくなる。そして関係性が育つほど、お金に頼る部分は減らしていける。

関係性を大事にすることで経済性が改善し、経済性が改善することで一人一人に余裕が生まれ、いっそう関係性を大事にできる。軌道に乗れば、この両者は良循環を生む。その入口として「お金に頼るのを半分にするには？」と問うてみるのはいいきっかけになるだろう。ぼくらはもう少しお金から自由になれるといい。そしてそのことが、友愛の経済社会をつくる基盤となるのだ。

友愛の金融によってできた喫茶店

経済的な事業を営もうとするとき、そこでは三つの市場と付き合うことになる。モノの売り買いのための「流通市場」、ヒトのための「労働市場」、カネのための「資本市場」だ。それらの市場は分かりやすく目に見えるものではないから、経営者でもそれらを意識することはあまりないかもしれない。でも、たとえばある会社がコーヒーをつくっていて、他にもコーヒーをつくっている会社があって、買い手となる人も複数いてという状況があれば、そこには売り手と買い手とからなる(流通)市場があることになる。そこでは自然と売り手同士は競争し合う関係となる。ヒトについてもしかり。カネに関してもそうだ。こうした市場を通じた取引によって経済が成り立つことは、資本主義という仕組みの大きな前提の一つとなっている。

時折、資本主義に対して否定的な意見を持つ人が、こうした市場を通じての取引やそれに伴う競争を否定しようとする言説に出会うことがある。確かに競争がいきすぎたり、その結果として一部の会社が利益を独占したり、他者(社)からの搾取が横行したりするのだとするとそれには注意が必要だ。また競争に勝ち、利益を最大化することが至上命題化する中で、地球環境等の外部経済が軽視され、持続可能性が危うくなるほどの負荷をかけてしまう現状に対しても、警鐘は鳴らされてしかるべき。ただ、だからと言って、市場とそれを通じての競争という考え方すべてが否定されるべきだとはぼくは思わない。

市場も一つの道具だ。それを使う側の動機や成熟によって、その道具を使う結果も大きく変わってくる。

市場を利己的な（テイクの）動機で活用しようとする人たちによってつくり出される経済は、先述のような問題をはらむ。一方、市場を利他的な（ギブの）動機で活用しようとする人たちによってつくり出される経済はまったく違ったものとなる。

モノの流通にまつわる市場においてそれを実現しようとするのが（狭義の）友愛の経済であり、本章で述べてきた内容がそれにあたる。そして、ヒトにまつわる市場においてそれを実現することは第六章で触れた内容で、それを同様の文法に沿って表現するのなら、友愛の経営となる。そうして残すところは資本市場だ。参加者がみなギブの動機で参加し、いかし／いかされる関係を互いに取り結ぶ資本市場――友愛の金融――は、はたして構想される得るのか。

前著第三章では、ミュージックセキュリティーズ株式会社の「セキュリテ被災地応援ファンド」を紹介した。これはまさに、「特定多数」の参加者間で、「ギブからはじめる」金融取引が実現した一つの事例だ。「半分出資、半分寄付」の仕組みで、損得（利回り）の観点でいえば投資家にとってのメリットはないにもかかわらず、大きな金額が動いた。ただそれは、東日本大震災という背景があったことで実現した、特殊なケースという指摘もなされるかもしれない。

実はその後、二〇一七年、胡桃堂喫茶店の開業に際しても、ぼくは同社と一緒になって一つの試みをした。開業資金の一部を、出資型のクラウドファンディングで募ったのだ。一口三万円で、九か月間ほどの募集期間を経て、最終的には三三三人もの方から一六五〇万円の支援をいただくことができた。出資型と書いたのは、これが寄付ではなく、トータル七年をかけて売上実績から一定の割合を戻していく、れっきとした金融取引であることを示している。

しかも、あまり例のないような設計に取り組んでみた。

ファンドの種類は三つ。

ファンド①　一〇〇→一〇〇

売上が計画通りに進捗すれば、一〇〇お預かりしたお金に対して一〇〇をお返しするファンド。

ファンド②　一〇〇→七〇
売上が計画通りに進捗したとしても一〇〇に対して七〇しかお返ししないファンド（三〇は寄付）。
ファンド③　一〇〇→〇
お金としては、一〇〇に対していっさいお返ししないファンド（全額が寄付）。

金融的な言い方をするなら、ファンド②は最初から期待利回りがマイナス三〇％なのであり、ファンド③にいたってはマイナス一〇〇％であるわけだ。お金以外の特典もほとんどないに等しいようなところ、ファンド②や③に対してお金を出してくれる人がはたしているのか……と臨んだところ、結果的には一〇三人の方たちが、これらのファンドを選んでくれた。これは、金銭的なメリットはほとんどないのにもかかわらず、応援の手を挙げてくださっているという点で、「ギブからはじめる」取引であり、お金に対して、お金でないもの（まちにお店ができることそのものや、そこから面白い何かが始まっていくことなど）を返す取引であるという点で、「特定多数の参加者による複線的な価値の交換」であると言える。

そして実は本書執筆中（二〇二四年五月）に、これらのファンドがちょうど償還期限を迎えた。恥をさらすようでためらわれるのだけれど、当初の売上計画に対して大きな未達となってしまった。いよいよここからと成長を思い描いていた二〇二〇年にコロナ禍となり、そこから三〜四年、売上的にも組織体制的にも大きなダメージを負ったことが大きいのだけれど、それにしてももう少しやりようがあっただろうと反省ばかりだ。

もっともこうした苦戦の状況は、毎年の経営報告会で共有してきてはいた。そして六回目の経営報告会、残り一年というタイミング、計画した売上の達成は難しそうとなったところで一つの提案をさせてもらった。

「ご出資いただいた際のご期待に応えられるとしたら、胡桃堂喫茶店がどのようなお店になったときでしょうか」という質問を投げかけ、回答をお願いしたのだ。

出資していただいたお金を戻すことについては、会計期間という決まりごとがあり、丸七年で終了してしまう。ただ、それぞれの投資家の方が開業時に寄せてくださったお店への思いや期待は、それでなくなるわけではない。実際お店としても、お店が続く限り、そうした思いに応えていきたい気持ちでいるし、そうすることがせめてもの不足分を補うお返しになればとの思いもある。

こんな回答が寄せられた。

「私は国分寺在住ではないのでたまにしか行けませんが、たまに行った時に迎えてくださるお店。特別な休日をゆっくりした気分で過ごせるお店」

「地域に、お客様に、スタッフに、めいっぱい愛されるお店になっていたら、そんなお店をつくるお力になれたこと、とてもうれしいです」

「クルミドコーヒーと同じく、温かみがあるお店になったらいいなと思っていました。スタッフの方々の元気な顔、声、美味しいご飯やおやつ、手作りのメニュー表、大事にメンテナンスされているのが感じられる机や椅子。等々。正直、自分でもクルミドコーヒーや胡桃堂喫茶店のどこが良くて通っているのか、他のお店との違いは何か明確な答えが分かっていないです。ですが、少なくとも自分にとって胡桃堂喫茶店は大切なお店になっているので、出資時の期待はすでに叶っています。あとは末永く続いてくれればと思っています」

「広く地域のコミュニティとして，人々が集い・新たな活動が起こる拠点（秘密基地）のような場所になると良いのかなと思っています」

「本日いただいた経営報告、ふと気になったのでじっくりと拝見いたしました。規模や業種は違いますが経営者として、数字や組織について詳細な記述を見るに影山様のお人柄が伺えます。コロナ禍によって社会の価値観も大きく変わりました。特に、資本主義の行き過ぎには振戻しの力が働いているように感じています。その意味で、（経営者として出資者への説明責任があるものの）お金以外の価値をどの様に作っていけるのか、が益々重要な事柄だと思っております。街の拠点を目指し実際にそうされている御社の取り組みを今後も応援しております」

〔それぞれ原文ママ〕

回答をしてくださっている時点で、お店に対して好意的な方である可能性が高く、その点は差し引いて考えないといけないとは思う。そして回答してくださらなかった方々の「声なき声」にこそ、経営者としては向き合わないといけないと責任を感じてもいる。ただそれでも、寄せてくださったメッセージを読むと、そのあたたかさに泣けてくる。そしてその気持ちに応えねば、応えたいという気持ちに自然とさせられる。

会計期間や契約関係は一旦、区切りとなるとしても、そこで交わされた思いはこれからも続く。この場を借りて、ご支援くださった方々に、心からの感謝と御礼を申し上げたい。

仮称、クルミド資本市場

そして今、こうした「友愛の金融」を、まちへと、より広げることができないかと考えている。称して、「クルミド資本市場(仮称)」。

市場の片側には、まちで新しい挑戦を始める人がいる。お店づくり、再生可能エネルギーによる発電、空き家活用、出版、まちの保健室づくり等々。それらが事業を開始し、成長させるために必要な資金を募っている。中には、経済的に収支が成り立つ見込みのものもあれば、そうでないものもある。見込みの収支がマイナスとなるようであれば、出資を募る際、その募集額の一部を寄付として呼びかける選択肢もある。

市場のもう片側には、まちの人がいる。紹介された事業を見て、自分が応援したいと思うものに出資をする。もちろん懐事情によってではあるものの、多くは寄付ではなく、事業の進捗によって返ってくる性格のお金。それなら、利子もつかない状態で銀行に眠らせているくらいなら、まちのためにいきた使われ方をして欲しいと願う気持ちが出てきてもおかしくない。またそこで提供できるものはお金だけではない。アイデア、技術、具体的なモノや場所、販路、連携できそうな事業者の紹介など、さまざまな応援、協力を申し出ることで事業推進の力となることもできる。対象が同じまちの身近な事業だからこそ、関わり方も柔軟かつ多様にできる。中には、出資先で自ら働き始める人だって現れるかもしれない。

通常の金融は、「お金のため」というものさしのはっきりした、とてもドライでシンプルな世界だ。「投資家」はお金を出し、「事業者」はそれを事業に活用したのち、約束にしたがって返す。その成否は利回りや投資対効果といった評価軸ではかられる。これはこれでとても分かりやすく、よくできたシステムだ。

ただ、この金融システムを前提とする限り、経営者は常にお金を増やすことへのプレッシャーにさらされ、このことは経営の判断に大きな影響を与える。本来、事業が生み出す価値は金銭換算できるものだけではないはずなのだけれど、投資家への説明責任を意識すればするほど、その優先順位は下げざるを得なくなる。そうして、みながお金のために働く構図へと追い込まれていく。それをそう仕向ける大きな力の源が資本市場であり、金融の仕組みにあるということ。

さらに言えば、資本市場でのやり取りは基本、「テイク／利用し合う」関係である。投資家は、お金を増やしたいという動機をもって投資するのであり、事業者はお金を調達したいという動機をもって投資を受ける。それぞれが自身のメリットのために動き、その利害関係が一致したところで投資が成立する。これはこれでいいように思えるかもしれないけれど、こうしたお互いを利用し合う関係は、関われば関わるほど関係を消費していく。事業がうまくいかないときはもちろん、うまくいっているときでさえ、それぞれの胸のうちを占めるのは疑心暗鬼だ。それぞれに利益があるうちは関係が続くにしても、それが怪しくなった途端に手の平を返されることを想像しながらの関係性となる。そこでは、心の底からの敬意や信頼や感謝は、残念ながら育たない。

こうしたあり方を変えるのが、クルミド資本市場だ。

まず、クルミド資本市場では、お金は交換される価値の一つに過ぎない。

投資家から事業者に向けては、「お金」と「お金以外の協力」と「応援の気持ち」が届けられる。片や、事業者から投資家に向けては、「お金」と「お金以外の価値」と「感謝の気持ち」が返される。複線的な価値の交換だ。

そして、ここでいう「お金以外の価値」が重要なポイントになる。

実は現行の資本市場でも、お金以外の価値を取り扱おうとする試行が進んでいる。社会責任投資やESG投資などと呼ばれるのがそれで、そこでは、事業活動に伴うCO_2の排出量や、人権・ジェンダーへの配慮、従業員の働きやすさなどが事業の成果をはかるものさしとして持ち込まれる。どんなにお金を増やすことにすぐれた事業でも、それが前述のような価値群を犠牲にしてのものであった場合、それは事業として評価されず、お金（投資）も集まらないことになる。

事業活動がお金一本やりにならないという意味で、こうした動きはとても望ましい。でも、現行のやり方だけでは限界がある。

まず、客観的に測定できる（多くの場合は数値化できる）価値でないと、取り扱うことが難しい。でも、たとえば一つの喫茶店があることの価値が、そのお店があることによって人の気持ちが救われることがあるというような価値が、客観化・数値化しにくいように、事業が生み出す価値の多くは目に見えにくい。あるいは、伝統とか、風景とか、心とか、本当は大事にしたいと思うようなものこそその価値が客観視しづらく、そうしたものほどESG投資の網目からこぼれていってしまうことにもなる。

また、何かの価値を積極的につくり出そうとするときに、その価値に優先順位をつけることの難しさもある。たとえば、まちの子育て環境を豊かにすることと、都市農業を守ることのどちらが大事かと聞かれても、それはりんごとみかんを比較するようなもので、お金の利回りを比較するようにはシンプルにいかない。ある人にとっては価値があるものでも、別の人にとっては価値がないということが普通にある。もし優先順位をつける主体が個人なのであれば、どちらかを選ぶことができるとしても、投資ファンドのようにそれが集団化したとき、その合意形成は簡単ではない。結果、事業投資を通じて支える価値は、「環境破壊がないこと」「人権侵害がないこと」などと、合意形成をしやすい「マイナスがないこと」に向かいがちで、意見の分かれがちな「プラスの価値創出」には向かいにくい。

前向きな意味で世界が他人事でなくなる投資

その点、クルミド資本市場は、投資家が「個人として」「直接」お金を投じる形になる分、価値を客観的に測定したり、比較したりする必要がない。その人の主観において大事だと思うものを応援すればいい。そしてその価値が本当に生み出されたどうかの投資評価も、主観でなされる。たとえば一つの喫茶店があることに「お金以外の価値」があるかどうかは、そのお店の近くにあって、ときにそこへと通う人にしてみれば、客観化・数値化されなくとも肌身で感じ取れるものだろう。逆に言えば、こうした資本市場をローカルにつくることの意味もそこにある。その価値創出を身体性をもって感じ取れる距離にあって、なんならその価値が生み出される現場に立ち会うことだってできる投資家との関係性だから、お金以外の価値を大事にすることができる。これが「遠く」なってしまうと、どうしても言葉での説明が必要となり、言葉にしにくい価値が生み出されていることについて「説明責任」を果たすことが難しくなる。

　そして、一人一人が個人において投資判断をすればいいから、Aという価値とBという価値のどちらを応援するのかも主観的に決めればいい。その際、自分の利害で決める人もいるだろうし、まちにとって、未来にとって何が大事かを考えて判断する人もいるだろう。それは、空間的・時間的にどこまでを自分ごととして考えられているかによるのであり、いわばその「愛情の射程距離[6]」の遠い人が多ければ多いほど、部分最適に陥らない事業投資が可能になる。

　さらに、クルミド資本市場におけるやり取りは、「ギブ／支援し合う」関係である。逆に言えば、そうした関係性を築けるよう、必要以上に金銭的な利回りや特典で投資を誘引しないことが大事だ。お金や特典目当てでない、応援の気持ちと一緒になっての投資だから、受け取る側の気持ちも変わる。前著で、「消費者的な人格」と「受贈者的な人格」について書いたけれど、これが大きなシステムの中での銀行借入だったら、その借入金利は〇・一％でも低いほうがいいとぼくらは考える。でも、応援投資に対してだったら一円でも多く返したいと思う。そうした、お互いのことを思っての金融取引であることで、関われば関わるほど敬意や信頼や感謝が育っていく。そこに日々の暮らしでの関わり合いが加わればなおのことだろう。この資本市場があることによって、そのまちの社会関係資本が育っていく。

そもそも世の中で今、資本市場に関わりのある人は少ないだろうと思う。株式投資をしているとしても、それは証券会社等の仕組みに乗っかる形でであって、自分の投じたお金がどう使われてどう循環するのかなど、その全体像まで把握できている人は少数派だろうと思う。けれど、クルミド資本市場のようなプラットフォームを通じて投資をすることは、一つの社会参画でもある。選挙において一票を投じるようなもの。自分のお金をどう投じるかによって、生まれ、育つ事業が直接的に変わっていくという意味では、投票以上に実効的な社会参画の形かもしれない。そして実際に投資をしてみると、その投資先の事業に無関心ではいられなくなる。あるいは投資をきっかけとして、その事業分野に、社会の領域に、興味が湧くということだってありえる。年に一度開催される経営報告会に参加して、その事業の進捗や現場の生の声に触れるようになればいっそうそうだろう。つまり、実は投資とは、前向きな意味で他人事でない事柄を世に増やす行為なのであり、世界に関心を持つきっかけになるものなのだ。

現在、日本国内の資本市場は、資本の調達力や市場運営の効率性を高めるため、東京証券取引所を唯一無二の存在として、集中の度を増している。でも歴史を振り返れば、資本主義の勃興期、明治時代には、日本各地に取引所が生まれ、明治三十年（一八九七年）にはその数一三七にも及んだという。それらの多くは、その投機性の高さから、直後に閉鎖へと追い込まれるものの、中には土地に根差し、その地政学的な条件や風土を反映した特色ある運営がなされた市場もあったというのだ。[7]

資本主義のこれからを考えるとき、究極にまでその効率性を突き詰める「大きなシステム」の共通インフラとしての東京証券取引所とは別に、小さなファンタジーを支えるローカルでユニークな地方市場に、もう一度スポットライトが当たっていい。まずぼくらが国分寺から、それを始めていこうと思う。

国分寺の投票率を一位にプロジェクト

社会有機体を三分節化して考えるのであれば、「〈友愛〉の経済（とそれを支える友愛の金融）」以外にも、「〈平等（で民主的）〉な法や政治」「〈自由〉な芸術や教育」を考えられるといい。

それらの領域における国分寺の取り組みはまだまだなのだけれど、それでもその萌芽はあり、本章の最後にそれらを紹介したい。

政治の分野では、二〇二一年六月より、「国分寺の投票率を一位に」を合言葉にした活動が始まった（略称：国一——こくいちープロジェクト）。鈴木弘樹さん、諏訪玲子さんらが中心メンバーだ。[8]

政治を考えるに際しては、選挙がすべてではない、ましてや投票率がすべてではないというのはもちろんのこと。本来、政治（特に地方政治）とはぼくらの日々の暮らしをつくることで、その担い手は政治家だけではなくぼくら自身。そしてぼくらの日常での対話や創意工夫にこそ、その政治の本質があるのだろうと思う。[9]だから、「日々まちづくりに関わったり、自分の納める税金の使い道にアンテナを張ったりしていて、その延長線上としての政治に関心がある人が多いから、投票率も自然と高くなる」というのが王道なのだろうとは思う。「政治への関心」が本質で、「投票率」は結果なのだと。ただ、である。たとえばテストでたまたまいい点を取ったとき、自分は頭がいいんじゃないかと勘違いして、その勘違いゆえに鼻歌まじりで勉強して、気が付いたら本当に頭がよくなっていたなんてことも実際にある話。勘違いや思い込みは意外にバカにならず、本質が結果をもたらすだけでなく、結果が本質を連れてくることだってありだろうと思うのだ。だからもし「国分寺の投票率が一位」という結果をつくり出すことができたなら、そのことがニュースになり、きっかけになって、まちに暮らす人々の政治への関心が高まることだってありえない話ではない。

そして実際、国分寺の投票率は意外に高い。

二〇二一年十月三十一日の第四十九回衆議院議員選挙に向けて集計した投票率の全国ランキングが次の表。まず対象を「有権者数十万人以上の自治体（選挙区）」として（そのこと自体の是非はあろう）、第四十六回から第四十八回まで、三回の衆議院議員選挙の投票率の平均値を算出した。対象となる自治体は全国に三六一あるのだけれど、その中で国分寺市はなんと第十三位！　全国一位をねらえる位置にいることが分かったのだ[10]。

それを受け、衆院選に向けて、当時十二名のプロジェクトメンバーでアイデアを出し合い、十七の活動をまちで計画・実行した。ラジオやインスタグラムなど発信／メディア系の取り組みもあれば、投票所近くにキッチンカーを出現させたり、まちなかで対話の場を設けたり、実際の候補者に直撃インタビューをしたり。やりきれたものもあれば、そうでなかったものもあったけれど、これまでとはまったく違う心持ちで投開票日当日を迎えることになった。

結果……。投票率は六二・三七％で前回より四・一五ポイントアップ。全国順位も第十二位という結果になった。投票率はいろんな要因によって決まるもの。ぼくらの活動ゆえにこの数字が出たと言うつもりはもちろんないのだけれど、ただそれでも改善傾向が見ら

衆議院議員選挙 全国自治体別 投票率ランキング

（有権者数10万人以上の自治体（選挙区）；小選挙区；過去3回の選挙の平均値）

順位	都道府県	自治体（選挙区）	投票率（%）	有権者数（人）
1	愛知県	豊田市11	68.01	337,337
2	愛知県	西尾市	64.69	135,370
3	山形県	鶴岡市	63.91	109,489
4	愛知県	安城市	63.81	147,426
5	東京都	文京区	63.60	177,552
6	岩手県	奥州市	62.85	101,475
7	愛知県	刈谷市	62.56	120,990
8	北海道	札幌市南区	61.90	121,135
9	神奈川県	鎌倉市	61.82	150,089
10	岩手県	一関市	61.68	102,445
11	北海道	札幌市厚別区	61.62	110,366
12	東京都	武蔵野市	61.53	122,709
13	東京都	国分寺市	61.32	102,088
14	神奈川県	川崎市麻生区	61.03	144,505
15	北海道	江別市	60.79	101,740
16	東京都	小金井市	60.76	100,501
17	愛知県	岡崎市	60.63	308,928
18	新潟県	上越市	60.38	164,368
19	東京都	大田区3	60.23	142,137
20	島根県	出雲市2	60.12	120,943
21	愛知県	豊川市	59.95	151,609
22	北海道	札幌市手稲区	59.86	120,021
23	埼玉県	さいたま市浦和区	59.80	131,078
24	静岡県	磐田市	59.73	136,928
25	静岡県	藤枝市	59.58	121,467
26	佐賀県	佐賀市	59.55	193,282
27	神奈川県	横浜市栄区	59.54	103,411
28	愛知県	瀬戸市7	59.26	104,368
29	東京都	北区	59.22	287,481
30	千葉県	千葉市美浜区	59.22	119,262

＊自治体名の後ろの数字は選挙区。全市ではなく、当該選挙区における投票率であることを示す。

＊有権者数は前回（第48回：2017年）時点での数値。

れたことにぼくらは気をよくし、次こそは！と思いを新たにしたのだった。

以来、国政選挙だけでなく、都知事選や市議会議員選挙などでも、投票率一位を目指しての活動を続けてきた（まちをつくるという意味では、市議会議員選挙や市長選挙への関心こそ大事にしたいという思いもある）。中でも、二〇二二年七月十日投開票の第二十六回参議院議員選挙では、投票率六一・九〇%で全国三位となったりもした。

いくつもの選挙を経験する過程で、プロジェクトの活動内容も進化してきた。まず「公開作戦会議」を開催して、十代から五十代まで、関わってくださる一人一人のアイデアを受け止める。そのメンバーは毎回違うから（ぼくも関われたり、関われなかったりしてきた）、選挙ごとにユニークな活動が花開く。こどもたちにも関心をもってもらおうと、まち中のお店に投票箱を設置して、「まちなか駄菓子選挙」や「まちなか野菜選挙」を実施[11]したり、投票日当日に立ち寄れる選挙イベント「選挙マルシェ」を開催したりした。二〇二三年の市議会議員選挙では、立候補者三十四名中三十名（当選議員へは全員）にインタビューを行って、その動画と、これまでの選挙公報や市議会の議事録をまとめた「立候補者データベース」をつくることで、「こういうのが欲しかった！」と、一か月で三万PVものアクセスを集めることにもなった（国分寺市の有権者数は十一万人弱だから、いかにすごい数字かわかる）。「選挙はお祭り、楽しもう！」がメンバーの合言葉で、このプロジェクトの背骨となっている。

鈴木さんはこう言う。「政治、特に国分寺市内の政治をテーマに学ぶ中で感じた課題は、ローカルな政治メディアがないことでした。まちを自分事として捉える人が増えるには、まちのビジョンや現状を知ることができ、活躍する人と出会うことができるような媒介となる存在が必要だと思います。自分がこの四年間挑戦してきたのは、人がまちの政治に一歩目として関わることのできる、場としてのメディアをつくることでした」。

実際に、こうした活動をきっかけに市政に興味をもった人が議員として立候補するような流れにもなっているという。「立候補したい」と自然に思える人の多くいるまちはきっといいまちだ。[12]

やってみて分かったことの一つは、投票率に着目することの利点だ。投票を促すのが特定の候補者、政党、政策に対してだったら、その都度、一人一人の意見や価値観の違いが表面化しやすく、少し人間関係もギクシャクしかねない。でもそれが投票率であることで、どの政党のどの候補者に投票するかは関係ないのであり、「投票行ってきたよ」と話題にしやすい。そのようにまずは「政治のことを話題にしていい」雰囲気づくりが大事なのであって、そうしたやり取りの中から、場面や状況を選んで、より踏み込んだ対話であり議論をしていけばいいのだろうと思う。

また、きちんと受け止めなければいけないと思うのは、いくら投票率が高くなったといってもせいぜい六〇%台なのであり、それでも三分の一の有権者は投票に行っていないという現実だ。地方選挙だとなおさらで、直近の市議会議員選挙（二〇二三年四月二十三日）では投票率はさらに低く、五〇%を下回ってしまっている。つまり半数以上は投票に行っていないということなのだ。

こうした現状の一つの背景には、国分寺に住民票は置きながらも、それは単に寝に帰るだけで、「このまちに暮らしている」感覚ではない住民層の存在がある。そういう人たちにしたら、市議会議員選挙といわれてもピンとこないというのが正直なところだろう。そういう意味でも、まちに根ざした友愛の経済がいっそう育ち、そうした住民層にとっての働く選択肢の一つになっていくことも大事だ。まちとの関わりが増え、なかにはまちで働くような人も出てくるようになれば、自然とまちのことが他人事でなくなる。つまり、「〈平等（で民主的）〉な法や政治」は、それ単体で成立するものではなく、「〈友愛〉の経済」や「〈自由〉な芸術や教育」と一緒になって、統合的に機能するものなのだ。

望みうるなら、投票率が一位なだけでなく、ぶっちぎりの一位を目指したい。そこまでいけたら「なんだ、国分寺で何が起こってるんだ」とニュースになるだろうと思うから。そのことにぼくら自身も驚くだろうし、そして少し誇らしくも思うかもしれない。そして、そうした有権者の関心を背景として、政治家へと立候補する人の層も、立候補するときの政策や心持ちも変わっていくだろう。そうして議会や役所での政治・行政のありようが変わり、それがまちに暮らす人々の日常と双方向でつながれるようになったとき、結果だけでなく本質をともなった新しい地方政治が出現することになるのだろうと思う。

まちが学校になる

最後に「芸術や教育」[13]。中でも小学校に注目してみる。

これは全国的な傾向だけれど、国分寺でもやはり不登校の児童数が増えている。二〇一七年二月より施行された「教育機会確保法」の流れもあり、学校以外の選択肢を積極的に選ぶこどもたちがいることもあるだろうけれど、それにしても多くのこどもたちに行きたくないと思わせてしまう学校の存在意義とはなんなのだろうと考えてしまう。

今の学校の多くはリザルトパラダイム(△)でできている。偏差値や受験での成功といった「目的地」に向かって、こどもたちを年齢で輪切りにし、教室に集め、教育指導要領や時間割に押し込んでいく。そういった「枠組み」が先にあって、こどもたちを後からそこへと当てはめていく。さらには明文化こそされないものの、「望ましいこども像」のようなものが有形無形に、こどもたちへとプレッシャーをかける。一人一人の先生が悪いわけではない。むしろ思いやりがあって熱心な先生ばかりだとさえ思うけれど、世の中の大きな仕組みが、そういう教育の現場をつくっていく。

これは一つには、学校が教える側の都合に最適化されているがゆえだ。できるだけ効率よく(コストパフォーマンスよく、タイムパフォーマンスよく)、一定の人材育成を実現しようと思ったらこういうやり方になる。でも、こどもは「育てる」ものではなく、「育つ」ものだ。どんな育ちをするかも、百人いたら百通りの育ちのペースや方向性がある。つまり、学校こそ、人の育ちこそ、プロセスパラダイム（▽）なのだ。一つ一つのいのちに固有の樹形がある。でも、そうした一つ一つのいのちに対し個別の接し方をしようと思ったら、今の枠組みを前提とする限り、あまりの「イレギュラー」の多さに、教員の手には負えなくなるだろう。つまり、レギュラーなもの（普通とされるもの）があって、そこから外れるイレギュラーなものに対応するという発想ではなく、そもそも一人一人、一つ一つがイレギュラーなものなのだという前提に立っての、根本的な設計思想の見直しが必要なのだ。

実際、そうした新しい学校の例も出てきてはいて、それらが実績を残し、評価され、支援を獲得し、世の中の大きな選択肢になっていくといいなと思う。そして国分寺でも、いつかそういう学校づくりに挑戦したい思いでいる。

ただそれを待たずともすぐにできることもあると思っている。こどもたちの育ちを地域で引き受けていくことだ。

第一章で紹介した天野秀昭が、「「私」の軸を育む奇跡の時間」と表現したように、特に小学生期のこどもにとって、「遊び」は、育ちの中核に位置づけられていいものだ。第二章で書いたエンデキャンプにしても、ともカフェにしても、あるいはくるみ収穫やお店での職業体験にしても、こどもたちにとっては、遊ぶことと、学ぶこと・働くことの間に大きな距離はない。そして、そうした遊びであり学びの機会は、学校を出た地域や、地域から始まる縁のなかに広大にある。問題は、地域の大人の側に、そうしたこどもたちの遊びを受け止める余裕のないことが多いことだけれど、そこにも発想の逆転が必要だ。

今は、一人一人が、一つ一つの家庭が、「自分たちの問題は自分たちで解決しないといけない」という呪縛に囚われている。それは、周囲との関係性（社会関係資本）が失われたことによって、そうせざるを得ないからというところもあるし、それと軌を一にするようにして、生活に必要なものの大半が商品・サービス化し、「お金で購入するもの」になってしまったからでもある。結果、一人一人が、それぞれに〈私〉の中に閉じ、お金を使って、自己責任での問題解決を迫られる世の中となってしまった。それを少しずつ〈共〉へと開いていけばいいのだ。周囲を頼り、周囲に頼られる。またその前提となる関係性を少しずつ築いていく。そうして共が育っていけば、一人一人の私が背負う荷物はその分だけ軽くなる。そうした関係性の中で生み出される私の余裕をいかして、こどもの育ちも、相応に受け止めていけるといい。そして、そういう地域での遊び・学びの場をつくっていく過程において、こどもたちもお客さんではなく、自ら当事者として汗をかき、役割を担ってもらう。それこそ、遊ぶようなことだと思うからだ。

まずはそうした状況を一つ一つ、つくっていく。そこから始めて、やがてそれらのいくつかを制度化していく。そうした積み重ねの先で、学校が担わないといけない役割や責任を小さくしていけるといいと思う。そしてまちそのものが学校となっていくのだ。

「友愛の経済」や「平等（で民主的）な法や政治」は、こうした学校や教育のあり方と相性がいい。別にこどもは、成人し社会人になってはじめて経済活動や政治に参加する存在なのではなく、こどもはこども時代においてすでに、経済や政治の大事な当事者の一人だろうと思う。こどもたちが、こども時代においてまちの経済や政治の担い手になることで、おとなでは吹かすことのできないいい風をまちに吹かせてくれると思うし、その過程でこどもたち自身も、働くことやお金について、対話することやけんかすることについて、学校では学べない多くのことを学んでいくことになるだろう。

また、学校だって経済主体の一つ。もっともお店等と違って、国や地方自治体からの予算のウエイトが大きいから、地方政治や行政の中できちんと位置づけられる必要がある。ただ地方自治体の財布にも限りはあるから、入ってくるお金を増やす点においても、出ていくお金を減らす点においても、地域内に友愛の経済循環が育っていることが、その経済的な持続可能性の基盤となる。また、「自由」に育ったこどもたちがおとなになって働く環境として、現状の大きなシステムに搦め捕られた職場たちはあまりに不自由。そうしたこどもたちが、のびのびと自身の力を発揮できる環境として、友愛の経営が地域に根づいていることも必要だろう。

これからの社会を考えるとき、教育が重要であるということに異論はない。ただ、それでも付言しておきたいのは、「教育が重要」というとき、それが大人にとっての責任逃れになってはいけないということだ。「教育を変えることでいいこどもたちが育ち、それが未来を変えてくれる」という言説には、大人たちの現状へのあきらめと、責任放棄の心情が潜んでいる。教育の現場こそ社会の現実の写し鏡だ。またこどもたちは、大人がどんなにきれいな言葉を並べたとしても、それ以上にその背中を見ている。「約束は守らなきゃダメだ」とどれだけ言葉で語ったとしても、当の大人たちがそれを実践していなければ説得力はない。だからまずは大人から。ぼくらから。望む世界を、ぼくらが逃げずにつくること。それがたとえ失敗に終わったとしても、その逃げずに挑む姿勢をこそ、こどもたちは見ているだろうと思う。

クルミドコーヒーのトリコロール

クルミドコーヒーの店内をよく見ると、随所にトリコロールの配色があることに気がつく。トリコロール（tricolore）とは、直訳すればフランス語で「三色」という意味で、中でも同国の国旗に採用されている「青、白、赤」のことを指すことが多い。そしてこの三色は、先にも触れたフランス革命の際のスローガンと重ねられて、「友愛、平等、自由」の象徴と言われることもある（どの色がどの言葉という対応関係はないものの）。

彩度の高い色ではないので、言われればというところかもしれないけれど、腰板や、壁から顔をのぞかせるガラスなどにその三色を見つけることができる。そしてこのテーマカラーは実は胡桃堂喫茶店にも引き継がれていて、少し和のアレンジを加えた、藍色、灰色、橙色が店内に散りばめられている。

このテーマカラーを提案してくれたのもカフエマメヒコの井川さんで、お店の企画書たる「演出覚書」のまさに一ページ目にその記載がある。開業時、トリコロールを指定した時点で、井川さんに「友愛、平等、自由」のイメージがあったわけではないにしても、十数年が経って、シュタイナーを通じてぼくらがこの色に出会い直していることには、なんとも不思議な思いがしている。

経済でも政治でも教育でも、どんなシステム／制度でも、それを組み立てるには、ファンタジーを起動させるための原初的な「問い」がいる。それはぼくの場合、第二章でも触れた「一つ一つのいのちが大切にされる社会をつくるには？」なのだけれど、「友愛の経済」「平等（で民主的な）法や政治」「自由な芸術や教育」は、その問いに対する、現時点でのぼくなりの答えでもある。そして、それらのいずれの向こうにも、それを実現し、担う存在としてのポジティブな人間像がある。友愛、平等、自由を体現する、一人一人への期待感がある。

ある人間観にもとづいて生み出される制度は、その制度が社会に定着するにつれ、逆に、その制度が想定する人間を増やしていく。

（田坂広志『目に見えない資本主義』）

思いある人が、思いあるシステム／制度をつくり、そのシステム／制度によって、思いある人が育っていく。その好循環を通じて、「一つ一つのいのちが大切にされる社会」が顕現してくると信じる。

そして優先順位は、友愛の経済なら友愛の経済を日本中へと広げようとすることではなく、一つのローカルさの中で、経済・政治・教育を三位一体となってつくり出すこと。それぞれを個別の社会領域として、異なる原理に基づいて組み立てると同時に、三者を統合的に実現すること。なぜなら、ここまで見てきたように、三者は相互依存的で、補完的な関係にあるからだ。まずは小さな主語で、ローカルなフィールドで、社会のトータルデザインをし直す。ぼくはそっちに向かおうと思う。

「青、白、赤」が、混じり合うのではなく、それぞれがそれぞれの色を際立たせながら、それでいて美しい一つの旗をなす。東京の西から振られるその旗が見えた人は、あなたなりの旗でもって、応えてくれたならうれしい。

1 ルドルフ・シュタイナー 高橋巖訳『シュタイナー 社会問題の核心』（春秋社）

2 「お金」と通称されながらも、実際にはお金ではありません。換金性は一切なく、まちをめぐるメッセージカードのようにして使われています。

3 天丼のたれをつくったことは、過去に一度もありませんでした。

4 「お金を頼るのを半分に」も「皆給皆足」も、元をたどれば、二〇二〇年二月に開講したクルミド大学・白しょうカレッジがそのルーツです。カレッジマスター坂本浩史朗さんを中心に、十二人のメンバーが集まり、「お金に頼らずに生きる力を国分寺で養う。チームで皆給皆足、都市での半自給を目指す」というテーマに取り組みました。

5 もし同額を銀行からの融資で調達していたら、コロナ禍で売上が思うように上がらなくとも返済額は減額されませんので、資金繰りの面でより窮地に立たされていたと思います。そういう点でも、この出資に救ってもらった部分は大きいです。ありがとうございます。

6 この表現は、長野県駒ケ根市でTEAROOM Shamrock Cottageを営まれる、福田健一さんが使われていた言葉です。

7 日本の証券取引所一覧とその歴史 https://www.bigcompany.jp/company-labo/208/

8 このプロジェクトの源流には、クルミド大学で開講された「はちマルカレッジ」の存在があります。これは、鈴木さんがカレッジマスターとなって、「投票率八〇%のまちをつくる」をテーマに開講された、一年強に及ぶ連続講座で、諏訪さんとの深いご縁もそこからでした。さらにさかのぼると、当時スタッフだった今田順さんがお店で開催してくれた「政治について気軽に話す朝」に、鈴木さんが参加したことがきっかけとなり、鈴木さんは政治に興味をもち始めたといいます。一歩一歩進んできたプロジェクトでした。

9 実際にぼくらも、政治的な対話の場を、「ぐるグル」という名称で二十回以上開催しました。

10 「国分寺クン、投票率1位への道」https://note.com/bunjisenkyo_no1/n/n4af1f7885f51

11 「まちなか駄菓子選挙」では四六〇票の投票がありました。同日投開票の参議院議員選挙にならって、「選挙区」と「比例区」それぞれに投票をしてもらい、実際の選挙と同じように前者で六品、後者で四品の「当選者」を決定しました。「まちなか野菜選挙」では、投票箱の設置場所がさらに増え、五九〇票もの投票をしてもらいました。いずれも投票用紙には、本番と同じユポ紙を用いる凝りようで、選挙の準備、運営、開票いずれにもこどもたちが大活躍してくれました。

12 同プロジェクトは、二〇二三年十一月、地域の民主主義向上に資する取り組みを表彰する「第十八回 マニフェスト大賞」において、「ローカル・マニフェスト大賞〈市民・団体の部〉」の優秀賞を受賞しました。

13 本当は、「教育」という言葉遣いには違和感があります。「教える」も「育てる」も他動詞だからです。

第九章

一つ一つのいのちの形をしたまち

国分寺に生まれつつある▽

二〇〇八年　クルミドコーヒー
二〇一七年　胡桃堂喫茶店
二〇二〇年　ぶんじ寮

ぼくは、西国分寺に生まれた。[1] 一九七三年八月。実は同じ年の四月に、ＪＲ中央線で最も新しい駅として西国分寺駅ができているから、駅とぼくとは同い年になる。

小学二年生になるとき、家族の事情で愛知県岡崎市に引っ越しをし、高校を卒業するまでは同地で過ごした。大学に入って西国分寺に戻り、二十六歳で当時の勤め先の近くに移るまで、またこのまちで暮らした。

都心へと引っ越したとき、これで西国分寺との縁も終わったものと思った。けれど三十五歳になって、ひょんなことからお店をやるようになって、以来また、いや、以来それまで以上にどっぷりと、このまちと付き合うことになった。

元々、国分寺というまちに愛着があったわけではない。住んでいて、何も期待していなかった。

何か必要なものがあれば吉祥寺や新宿に出る。なんでも手に入るし、そっちのほうが刺激的で楽しい。学生時代のアルバイト先も新宿や四谷だった。地元はそもそも視界に入っていなかったかもしれない。

でもお店をやるようになって、見え方が変わった。

日々、お店を訪ねてくださるお客さんとの出会いや、さまざまなプロジェクトでのまちとの関わりを通じて、それまでなんとなくバーチャルな存在でしかなかった「まち」が、あの人やこの人、あの場所やこの場所といった具体的な像の集積として感じられるようになってきた。辛い記憶、大変だった記憶、楽しい記憶、うれしい記憶などが積み重なっていく過程で、このまちが自分にとって特別な場所となり、気がつけば好きになっていた。

当初からそういう計画があったわけではないながら、縁に導かれるようにして、三つの拠点を経営することになった。クルミドコーヒーと胡桃堂喫茶店とぶんじ寮。それら拠点間の距離はいずれもだいたい二キロメートルで、三点を結ぶとちょうど逆三角形（▽）のような形になる。ぼくは日々、物理的にもこの三点をぐるぐるしているのだけれど、ぐるぐるするすればするほど、まちとの関わりが深くなっていく。人と人が出会い、人の縁から何かが新しく生まれる。もちろんぼくらが関わっている取り組みなんて全体のごく一部なのだけれど、それらが相互に触発し合い、またその先の展開を生み、今このまちが、ある種のエネルギーを帯びつつあるのを感じている。

「国分寺ってどんなまち？」とよく聞かれる。

もちろんひと口には言えないけれど、「一人一人が個人名で生きていて」、「だいたいのことは許してもらえる」印象がぼくにはある。そしてこの二つは根っこでつながっている。

東京のような都市部であっても、まちによってはボスのような存在がいることがある。それは特定の一人という場合だけでなく、中ボスや、小ボスのような存在を含めて、まちには何かしらのグループや組織があって、そこには明示的にか暗示的にか、ルールやヒエラレルキーの構造がある。だから自己紹介をする場面では、「〇〇の影山です」というように、自分の所属とともに名乗りをすることになる。その所属や組織を通じて、互いの位置関係を確認しようとするのだ。

それと比較すると国分寺では、自己紹介が「影山です」というように、氏名だけであるケースに多く遭遇する。もちろんそれぞれに勤め先や所属先はあるにしても、それを引きずって集まりに参加してはいないということだ。だから、よく顔を合わせよく話をしているのに、その人が普段何をしている人なのか、その人の職業がなんなのかよく分からないことが頻繁にある。もっともそれは一方では、バラバラという言い方もできる。まちを舞台に何かを動かそうとしたとき、組織的には進まないということでもある。

また、国分寺に暮らす人たちは総じて大らかだ。

たとえばぶんじ寮にはかつて、能の謡を習っている住人がいた。彼女は毎晩、なかなかの声量でうたいながら帰ってきていたから、寮にいる者は、そしておそらくは近隣に住む人たちも、その歌声で彼女の帰宅を知ることができた。また彼女は早朝の六時くらいから、寮の屋上でよく稽古をしていた。よく響くその声は、早朝のまちじゅうへと届いていたことだろう。大家としてはいつもハラハラしていた。いつクレームがきてもおかしくないと。でも結局、一度も文句を言われることはなく、むしろまわりの人たちも、彼女という存在を面白がってくれているようなところさえあった（もちろん声を挙げないだけで、迷惑に思っていた人だってきっといただろうとは思う）。

これはほんの一例で、まちで人との関わりがあれば、何かしらの文句やクレームはいつだって起こっておかしくない。それらの多くは、明確なルール違反とまではいかないような、黒なのか白なのかあいまいなケース。でも世の傾向としては、そういうものは受け容れられにくく、文句はすぐに顕在化し、SNSがそれを拡声し、まちに暮らす一人一人が周囲に気を遣って委縮する状況が起こっている印象だ。でも国分寺は少し例外的で、だいたいにおいて「まあ、いいんじゃない」と寛容に受け止めてもらえる。

こうしたことの背景として、まちの歴史も影響しているのだろうと思う。

歴史はもちろん一本の線ではないのだけれど、戦後まもなくして、いわゆるヒッピーと呼ばれるグループが自由を求めて西へと向かい、その一部は国分寺へと住み着いた経緯があるという。そして、そうした人々が暮らしの中で根城としたお店があり、それらのうちのいくつかは今もなお営業を続けている。彼（彼女）らは、社会の制度や枠組みを嫌う。自分が自分らしく、自由であることを願う。そうした姿勢や価値観が、日々の関わりを通じて、じわじわとまちへと沁み出していった可能性は大いにある。

また国分寺は昔から、公民館運動に代表されるような地道な市民活動が根強いまちでもある。それもまた一人一人の自由に重きを置くものだろう。

そして自分の自由を大事にする姿勢は、他者の自由をも尊重する姿勢や、他者への寛容性にもつながる。

もちろんまちの住民は入れ替わる。日々、新たな流入もたくさんある。今、まちの担い手となっている人が、元々このまちで生まれ育ったわけではないということもたくさんある。だとしても、そのまちで生まれる物事は、直接間接にそのまちの風土の影響を受ける。だからぼくらものびのびやらせてもらってきた。まちがまちなら、もう少しあれこれ言われたり、邪魔をされたりというようなこともあっただろうに。

このまちには、成果の達成や効率性の実現のために一人一人を手段化する、△（リザルトパラダイム）型のまちづくりは似合わない。そうではなく、一人一人の自由に根差した、縁と偶発性の掛け合わせが状況を生んでいくような、▽（プロセスパラダイム）型のまちづくりを志向する風土が、もともとあるように思う。

あるものとあるもので、まちをつくる

自動車を作るのに設計図が必要なように、会社の経営に事業計画が必要なように、まちづくりには元来、「都市計画」や「まちづくりビジョン」、「マスタープラン」が必要とされてきた。それが必要とされる理由もよく分かる。どこに道を通すか、どこに橋をかけるか、どこにコンサートホールをつくるかといった、主に土地利用／ハードウェアの整備といった面でのまちづくりが、行き当たりばったりというわけにはさすがにいかない。ある程度、俯瞰的に物事を見た上での整合性ある全体像が必要だ。その上での最適解を探していくやり方が合理的。△（リザルトパラダイム）であり、エンジニアリング的なやり方だ。

ただ、そうしたまちづくりの段階は多くの自治体において過去のものとなりつつある。ハードウェアは十分に整備され、むしろ人々の日々の暮らしを、そのにぎわいや安心感をどうつくっていくかといったソフトウェアの面が、相対的により大事になってきている。

むしろ、都市計画のように目的地を定義してしまうことのデメリットもある。物事を計画的に進めようとすればするほど、まちをつくる主体としての人や、そのアイデアや関わりを手段化してしまう。つくりあげたいまちから逆算することで、「いい市民」と「そうで

もない市民」を定義してしまうことにだってなりかねない。そして計画達成に熱心であればあるほど、現状は「計画の達成されていないマイナスの状況」となるから、そのギャップ（ないもの）ばかりに目が向く。「もっと新規創業が増えたらいいのに」、「不登校児童を減らす数値目標が達成できそうにない」、「ごみの分別が進まない」等々。こうして見始めると、世界は問題だらけにさえ思えてくる。

さらには、多種多様な当事者間で知恵を出し合いながら、うまくいったりいかなかったりしながらまちをつくっていく過程は、本来それそのものが楽しいものであるはずなのに、計画達成に向けての効率を意識すればするほど、それらの多くが面倒ごとに思えてきかねない。

まちづくりを進めるエネルギーの源は、まちに生きる一人一人の望みであり創造的な想像力（ファンタジー）――こうなったらいいなと思い描くイメージだろう。まちの中には、見方によってはうまくいっていないこと、残念な状況などもあったりするだろうけれど、それらさえ「ゼロ」と捉えて、そこから少しでも状況をよくするには？と考えられるようになったなら、まちづくりは前向きで建設的なプロセスになる。

まず、そこにあるものに目を向ける。そこで起こっている一つ一つの状況に目を向ける。一人一人が内に秘めた望みに耳を澄ます。それらを楽しみ、味わう。そしてそれらが、互いが互いをいかすように関わり合い、つながり、積み重なっていくことで、少しずつまちの景色が形づくられていく。▽（プロセスパラダイム）であり、ブリコラージュ的なまちづくりとはそういうものだ。その方法論を採ることによって、まるで木が枝を広げるように、植物が育つように、森がつくられるように、生命力あるまちが育っていく。

公と私の間にあるもの

そもそも、まちの担い手とは誰なのだろう。

日本語には「公共」という言葉がある。市のことを地方公共団体などというし、公共サービスという用語もある。ただ、よく考えると、「公」と「共」とは別のものだ。また別に「私」があるから、公・共・私と三つの層（レイヤー）で考えるといい。

「公（パブリック）」とは、全体であり、すべてにあてはまり、かたよりがないことを指す。たとえば、国分寺という単位で考えるのであれば、国分寺市という行政区域であり行政組織が、公の範囲でありその担い手だ。そこでは公平性や公正性といった原則が重視され、たとえば市が主催となって何かを実施するとなると、その機会が市内に住むすべての人に公平に開かれているかどうかが問われる。あるいは、市内に一人でも困難な状況にある人がいるとしたら、それが市民である限り、市は支援の責任を負う。お店だったら、最後の最後でお客さんを選ぶこともできるけれど、市はそういうわけにはいかない。

こういう構図は、市民間の平等や安定性には資するものであっても、市が当事者となって動く際の機動力にはマイナスに働く。公には公として独特に担うことが得意な役割があり、担わなければならない役割もある一方で、不得意なそれもあるということだ。

片や、「私（プライベート）」とは個人であり、一つ一つの主体のこと。それぞれが自由であることの対価として、生きること、生活することの一義的な責任をそれぞれが負っている。さらには近年、自己責任という言葉の下、さらには公の側の財政状況のひっ迫も影響して、生活にしても、子育てにしても、教育にしても、医療にしても、福祉にしても、個々の私が担わなければいけない責任の範囲は広がっているように見える。

そして、これらの間に「共（コモンズ）」がある。

近代において共は、自治会や町内会、商工会など、行政に近いところで編成されてきた歴史がある。公からの共、上からの共だ。ただこうしたものは、長い時間の経過の中でルールが固定化したり、枠組みの存続そのものが目的化してしまったりで、「私」にとって必ずしも使い勝手のいいものではなくなってきた。その結果か、現代においてはその加入率や組織率の点、あるいは活動内容の点で、その実体を失ってしまっているものもある。

いま可能性があるのは、私からの共、下からの共ではないだろうか。

一つ一つの私が、誰から強制されるわけでもなく自発的に集まり、経済でも、政治でも、教育でも、個人では実現できないような問題解決能力を編成していくこと。「会や組織が主で、個人（会員）が従」ではなく、「個人が主で、会や組織が従」の共。私と私が出会って、私たちになっていくような共。

ではこうした共は、どこからどのようにして立ち上がってくるのだろう。

やや手前味噌なようだけれど、カフェはその一つの受け皿となれるだろうと思う。

カフェは、一人一人が目的から解放され、自分の時間を生きられる、「日常そばにある空白地」であることについて、第一章でも触れた。加えて、カフェが担えるもう一つの役割は縁をつなぐことだ。試しに、どこでもいい。まちに根差したカフェに通い続けてみるといい。通う中で、最初に意識されることは、「自分を取り戻す」ことだろう。しがらみや社会的な役割から離れ、一人になり、自分自身と向き合うことで、自分の内なる時間がもう一度時を刻み始める。通常、「サードプレイス」として語られるカフェの効用はこの点を強調することが多い。ただそこでとどまらず、もう少し通い続けてみる。そうすると、やがて店主やスタッフと顔なじみになり、さらに店が主催するイベントにまで参加するようになると、その縁は広がっていく。しかもそこでの縁は、社会的な肩書きとか役割といった、自分にとって二次的な属性とは別の、固有名詞としての自分に根差した縁だから、自分を大きく見せる必要もなく、自分自身であればいいという安心感がある。

そして、アメリカの社会学者マーク・グラノヴェッターが「弱いつながりの強さ」（Strength of Weak Ties）と呼んだように、カフェでの縁のような弱いつながりは、想像以上に自分にとって必要な情報をもたらしてくれ、またやり取りの中から、思わぬアイデアや発想を引き出してくれるものだ。そして、自分の人生の大きな転機となるようなことが、カフェをきっかけとして起こる。

逆に言えば、自分が自分でいられる安心感のあるまち。人と人との関わりの中から、いつも面白い何かが動き出しているまち。そういう共の豊かなまちには、一人一人を受け止め、縁をつなぐカフェのような場がきっとある。

避難場所と根城

ただ、である。

自分自身、カフェを通じて縁がつながっていく様子にうれしさや心強さを感じながらも、限界を感じることもあった。たとえば、店を一時の避難場所として活用し、いい表情を取り戻してくれたとしても、多くの人はすぐに元いた場所へと、大きなシステムの下へと帰っていく。そして、自分が手段化される△の力学にさらされて、また疲弊する。これでは、穴の空いたバケツで水をすくっているようなものだ。

こうした嘆きや問題意識に、一つの別の可能性を示してくれたのが、これまでも本書で何度か触れてきたぶんじ寮だった。

カフェの場合、営業時間があるから、客同士で話し込むにしても時間的な制限がある。また、いくら「日常そばにある」とはいっても公共の場ではあり、そこに来るのには、やはり多少なりとも「外」の意識がある。そして外には外なりのマナーや行動規範があるから、コミュニケーションにもよそゆきのトーンが交じる（そのことのよさも、それはそれである）。

それと比較すると、ぶんじ寮は住まいだ。

食堂などの共用部に時間制限はないから、夜が更けても、日付が変わっても、興が乗ってつい話し込んでしまうという状況がしばしば起こる。しかもそこは共用部というくらいだから、いろんな人が出入りする。挨拶ついでに、気が付けばその話の輪に加わる人が増えているなんてことも起こる。そしてみんな普段着。なんなら寝間着だ。格好だけでなく意識としても、そとゆきでない素のその人として、気の置けない隣人と話をするというトーンのやり取りになる。結果、たわいもない話に終始することだってある。別に議題があるわけではない。答えを出さなければいけない問いがあるわけでもない。けれど、そういう徹頭徹尾気楽な時間、気楽な場だからこそできる会話や対話がある。やり取りの中、気が付けば、その人のコアな部分に迫る、深い応酬となっているようなこともある。やり取りの相手も二十人くらいいて、同じ人と繰り返し話すよさもあれば、普段あまり話さない人と話すことで開ける世界もある。そしてそういう機会が二十四時間・三六五日ある。

まず、コミュニケーションの量が圧倒的なのだ。そしてその量が、質に転化することがある。

もちろんすべての寮生がそうしたコミュニケーションに自身を投じるわけではないけれど、投じる者の多くは、他の寮生を壁打ちの相手として、ときに鏡として、自分自身に、自分のいのちの形に気付いていくことになる。ときには刺激を受けて、自分自身が変容していく。さらには、そこでの気付きや内なる衝動を行動へと移す者も現れる。別の寮生がその仲間になってくれることもある。

出会い、対話し、変容し、行動するという機会が、常にすぐそばにあるということだ。

結果的にか、分かりやすい例でいえば、寮生が大学や専門学校を卒業するとき、普通に就職活動をして大企業へという進路を選ぶパターンが少ない。一〜三年にわたり人と人との関わりの中で揉まれ、自分や自分の進む道についての問答を繰り返した二十才前後の若者が、そのまま世間の一般常識に従うようにして進路を選ぶことをよしとせず、前例のない自分なりの道を進もうとするケースに何度も出会ってきた。寮に暮らす彼（彼女）らの少し上の世代が、やはりそれぞれに「枠」にはまらない、ユニークな生き方をしていることに触発される面もあったかもしれない。

避難場所としてのカフェと、根城としての寮。

大きなシステム（△）に疲れたならカフェに来るといい。そしてそこから自らのファンタジーの芽を育み、新たな▽の担い手として一歩を踏み出したいと思うのなら、寮のような場に身を置くといい。

人は、人によって傷つけられるけれど、人を癒すのもまた人。そして、人は人によって磨かれる。人の中で生きることで、人は安らぎ、成長していく。

最初から、才能ある人間が多数生まれるまちなんてものがあるわけではない。それがカフェにせよ、寮にせよ、共のフィールドに人と人とが徹底的に関わる場を多数備えたまちから、力強くわが道を行く人は育つのだろう。そしてそうした一人一人が、まちの担い手ともなってゆく。

外食でも中食でも内食でもない

「共」に大きな可能性を感じる一つの領域は「食」だ。

国分寺では、二〇一八年以来仲間たちが、「ぶんじ食堂」という取り組みを続けてきた。

本書執筆時点では、コロナ禍もありながら、六年間で一七〇〇回以上の食堂を開催し、三千三百人を超える人がごはんを食べてくれた。当初は、まちなかの飲食店の定休日や空き時間を活用して開催してきた。二〇二〇年にぶんじ寮ができてからは、そのキッチンと食堂がメインの開催地となってきた。

ぶんじ食堂とは、「一人一人の持ち寄りでつくり、地域通貨だけでも食べられる、みんなで育てる食堂」と説明している。

つくるのも、配膳するのも、片付けるのもまちの人。食材の多くは、仲間の農家さんから規格外のものなどを中心に格安で、ときには無償で分けていただいている。近年は自然農法を実施する農家さんの畑の一画で、野菜を育てるようにもなった。仲間から、手づくり味噌といった食材の持ち寄りをいただくことも少なくない。こうした積み重ねの結果、世間一般にいわれる飲食店の原価率よりも低い経費での開催を実現している。一食五百円(大人)、または五百ぶんじ。ボランティア活動など、まちのために汗をかいて受け取った地域通貨でごはんを食べるような循環ができつつある。規模としてはまだまだ小さいながら、今では老若男女、日々の暮らしに困難を抱える人まで、いろんな人が当たり前のように集い、食卓を分かち合っている。

食の選択肢ということでいうと、レストラン等で食べる「外食」、お惣菜などを買って自宅で食べる「中食」、自宅で調理して食べる「内食」というような分類がなされることがある。そういう中で、ぶんじ食堂はいわば「共食」だ。みなでつくって、みなで食べる食のスタイル。やり始めた当初、それほど意識していたわけではなかったけれど、もしこの「共食」がもっと世のスタンダードになったなら、食にまつわる問題のいくつかは解決し、いいことがいっぱいあると感じている。

- **社会的孤立の解消**：誰でもごはんは食べる。ぶんじ食堂でごはんを食べるとき、誰かと会話しないといけないわけではないけれど、何度か通っていれば自然と顔見知りが増えていく。大人もこどもも、関係性を家の中に閉じることなく、孤立することなく、まちへと開く効果が共食にはある。
- **食費が安くなる**：外食と比べたら安くなるのはもちろんだけれど、一般に一人分の食事をつくるより、大人数の食事を一気につくってみなで食べたほうが一食あたりの費用は安く済む。中には、「実家から送られてきたので」と、大量のお米を持ち込んでくれるようなケースもある。今は五百円相当だけれど、やり方によっては、もっと安くできるだろうとも思っている。地域通貨で食べることもできる。また、第二章で紹介した「お手紙コーヒー」のごはん版がぶんじ食堂にはあり（「お手紙ごはん」という名称だ）、次に来る人に向けて、ごはんを贈る（ごちそうできる）仕組みもあるので、それを受け取ることで無償で食べることもできる。
- **料理の負担が軽くなる**：中には、一日三食・三六五日、自分のため、家族のためにごはんをつくり続けているという人もいるだろう。負担感なく、それを続けられていればいいけれど、でもたとえば三十人で、三人チームを十つくれば、三十人分のごはんを一回つくることで、残りの九回は、人のつくったごはんを食べることができるようになる。

- **食品ロスを少なくできる**：ぶんじ食堂は事前申込制だから、必要な分だけ、必要な食材を調達すればいい。もしそれでも余るようなことがあれば、お惣菜として安く持ち帰ってもらうようにもしている。そもそも食材の多くは規格外のものをいただいている。そして、その野菜を余すところなく活かせるよう調理法を工夫している。
- **地産地消を実現できる**：まちに「農」があることの効用は大きい。いざというとき、顔の見える関係の中で、食べるものが生産されているということの安心感。暮らしに農の要素、農のリズムを取り入れることによる潤い。まちの大事な景観でもある。ぶんじ食堂のような場で地域の農家さんの存在を知ることで、その後も応援の気持ちとともに、その農家さんの野菜を積極的に購入するようなことにもつながっていく。身土不二という言葉もあり、地のものを食べることの効用は目に見えるものばかりではないかもしれない。
- **食品添加物の心配が少ない**：食べてくれる人の顔が具体的に思い浮かぶから、使うものや調理の方法には自然と気を遣うようになる。ぶんじ食堂には家庭料理のような安心感がある。
- **食文化、生活文化が継承される**：一緒につくっていれば、そのやり方やレシピを、互いに自然と学ぶようになる。一年の暦や、野菜の旬なども意識するようになる。そうした方面が得意なまちの仲間の活躍の機会にもなる。そういう繰り返しから、中でも「これは！」というメニューが、まちの新しい食文化として定着していくようなことも起こる。

そして何より、みなで囲む食卓は楽しく、おいしい。

実際のぶんじ食堂の日々は、別に「社会問題の解決」のためにやっているわけではなく、そこには人が人を想う、やさしくあたたかな時間が流れている。その光景を見て、ときに奇跡のようだなと思うこともある。

自分自身、外食産業の一端に身を置きながらではあるので少しの躊躇があるけれど、都市部を中心に、そもそもこれだけ外食や中食が幅を利かせているのは、それがビジネスになるからという面がある。その強力なマーケティング力で、一人一人の食生活をそちらへと引き込み、そうした供給（選択肢）が増えることで、人は料理をしなくなり、世の孤食化も進むという皮肉がある。そうしてどんどん人はお金に頼らないと生きていけなくなる。

もちろん外食や中食には、それらだからこその魅力や役割もあり、ぼくもその役割を引き続き全うしていきたいと思ってはいる。けれどそこにもう少し、「共食」の登場機会をつくれたなら、人々の食をめぐる事情は大きく変わるだろう。

だからぼくらの目標は、ぶんじ食堂・エブリデイ。

毎日、神出鬼没に、まちのどこかでぶんじ食堂が開かれているような状況をつくれたら、「お金に頼るのを半分に」に近付くこともでき、まちの社会関係資本も育ち、いいことだらけだ。そしてそれは、外食産業、中食産業といったビジネスとは別種の、友愛の経済の機会ともなっていくだろう。

土地は誰のものか

食以外にも、「共」の可能性を考えたいもう一つの領域が、土地所有／土地利用にまつわるものだ。近代以降、基本的には土地の「私」有制が認められていて、他方、その他は「公」有地として、国や地方公共団体のものとなっている。この間に、「共」有地の可能性がないかと思うのだ。

土地を含めた財産の私有を認めることは資本主義の大きな前提の一つとなっていて、ぼくもそのことに基本的には賛成の立場だ。けれど、話が土地のこととなると、完全に「私」のものと言ってしまっていいのか疑問がある。

私のものであるということは、それをどう処分しても、どう活用してもいいということになる（もちろん法規上のしばりはある）。その結果、まちが整合性のない、景観や周辺環境への配慮が十分なされないミニ開発であふれるという事態になっても、誰も文句を言えない。さらに土地活用に際して、個人所有の場合でもそうだし、ディベロッパー（民間の開発会社）所有であればなおさら、その活用は「できるだけ多くのお金をもうける」ために行われることが多いから、緑地や農地は保全されにくく、伝統的な景観は守られにくく、どこも似たような宅地や商業施設になっていく。さらに相続が絡む状況ともなると、土地は切り売りされ、そうなると一体的な活用はどんどん難しくなる。

土地の私有制は、実は持ち主にとっても負担であることがある。個人の所有者である場合、そうした土地や建物（不動産）の扱いに慣れていないことも多いから、いくら財産とはいえそれをどうしたらいいのか、親族を巻き込みながらの経済的・精神的な重荷となるケースがある。そしてそのことが多くの空き家を生む一因ともなっている。

そもそも、土地とはつまり地球のことだから、それは特定の誰かのものと言っていいのかという疑問もある。

試しに、そうした土地を共有する「器」があると想像してみる。[2]

まちや環境のためにいかしてくれるのなら、任せてもいいという持ち主の不動産がそこに集まってくる。しかもそれは「売る」ということではなく、活用を「任せる」ということなのであり、それらの土地を活用することで生まれるキャッシュフローは、元の持ち主へと還元される。そうして、あるところでは面となるように、あるところはバラバラに土地が集まってくる。

それを受けて考えるのは、その土地のいかし方だ。経済性が軽視されるわけではない。きちんとお金がめぐることは大事な観点だ。ただしそれだけに終始してしまわないことも重要で、まちにどういう環境をつくるか、どういう利用があると暮らしが豊かになるか、どんな景観を守りたいかといったものさしも同様に尊重される。そういう中で、稼ぐ土地活用と、それほど稼がないでいい土地活用と、メリハリをつけて考えられるといいだろう。それが商業施設であれば、賃料の支払い余力には大きな差があるから、大手資本のお店と地元の昔ながらのお店とで、賃料に差をつけてもいい。公による活用の場合、公平性・公正性の原則からできないことでも、私が集まっての共による活用であれば、合意形成を通じて、意図的な「えこひいき」だってありなのだ。また、まちのにぎわいを考えるのであれば、健康的な土地活用ばかりでなく、中にはもっと猥雑で不健康なそれがあってもいい。

ただ、そんな合意形成が可能なのかという疑問もあるだろう。利害関係も錯綜しそうだ。土地の活用に際しては、建築・法・金融等の専門性も求められる。そういう意味で、その「器」を経営するためのチームが必要になる。その経営チームをどう編成し、運営していくかは一つの大きな論点になる。でも実はそれ以上に、成否を分けるポイントになるだろうと思うのは、土地所有者の参加の動機だ。テイクの動機（たとえば自分の運用利回りを最大化することなど）ではなく、まちのため、次世代のために貢献したいというようなギブの動機による参加を想定する（その線引きのために、参加の時点で、たとえばその価額の一割は最初から寄付と想定してもらうような制度設計も考えられる）。一人一人の前向きな利他心があることで、エゴのぶつかり合いを避けやすくなるだろうと思うからだ。

でも、そうした土地の利活用の結果、人が自然と集まるような魅力的なまちが実現すれば、土地の価格が上昇するなどして経済的にも報われることは大いにあるのであり、利他心といっても、それは自己犠牲をせよということでもない。まさに、「ゆっくりいくことで、いそげる」「いかそうとすることでいかされる」哲学を共有できるかどうか。逆に言えば、そういう考え方を共有できる範囲でのみ、参加を募っていけばいい。

そうした「器」の、さらにその先のステップとしては、農地や、緑地・公園の所有といった展開もあるといい。短期的なキャッシュフローを生みにくい土地利用であっても、それらが地域に存在することの意義を「共」として共有できれば、多少の運用利回りを犠牲にしてでも、そうした活用方法を組み込むという選択肢は出てくる。さらにそうした趣旨に共感する幅広い層からの寄付を募るという道もある[3]。

友愛の経済の実現を考えるとき、思いの実現を受け止められる空間を地域の中にどう確保するかは大きな課題となる。またそれが確保できたとしても、その賃料負担があまりに重いようでは、経営のかじ取りをどうしたって稼ぐことに寄せざるを得ない。そういう点で、こうした「共」による土地の所有と利活用の仕組みがあれば、まちを舞台としたさまざまな挑戦や仕事を支える大事な基盤となる。

もっとも、このようなアイデアは、どこでも実現できるようなことだとは思わない。むしろ歴史的には、そうしたやり方の難しさから、より私による所有へと向かってきた経緯があると言ってもいい（共有地の悲劇）。でも国分寺なら、このまちに育ちつつある社会関係資本の支えがあるなら、不可能とも思わない。まずはぼく自身が所有する土地・建物を提供するところから、この挑戦を始めたいと思っている。

話の通じない相手がいたらどうするか

ここまで、「共」の可能性について述べてきた。

ただ一方で、人と関わることにうんざりしているという人もたくさんいるだろう。関わる、話し合うわずらわしさを考えたら、お金を払ってでも自分一人で解決したほうがよっぽど楽だと。

典型的には、「話の通じない相手」は誰にでもいる。話せども話せども分かり合えない。世の中では、対話の重要性なんてことが言われたりはするけれど、もう疲れた。うんざり。そういう人は多いだろう。

人との関わりを避けられるのならそうするのは一つの手だ。特にネットの世界ならば技術的にもそれが可能だ。でも、まちでの関わりとなるとそうもいかない。職場にそういう人がいたら、同じ寮に住んでいたら、ＰＴＡにそういうメンバーがいたら……。地縁においては隣人を選べないことがある。いいイメージが持たれない理由の一つだろう。でも実は逆という面もある。地縁のようなリアルな関わりだからこそ、そうした話の通じない相手とでも、なんとか折り合いつけてやっていく道が見出せるものなのだと自分は考えている。順を追って説明してみよう。

他者との関わりを二つの層に分けて考えてみる。一つは、「意見とかアイデアの層」。「言葉の層」といってもいい。もう一つは「存在の層」。

たとえば初対面の人と関わるとき、特にそれがフォーマルな場であればあるほど、前者においてのみの関わりとなる。その人の人となりとか、どんな顔をして笑うのかとかは分からず、言葉を通しての意見や主義主張のやり取りとなる。そうなると違いが気になる。意見や主義主張が違ったときに、その人とつながれる他のチャンネルがないとも言える。

でももしその人と、存在の層で関われていたらどうだろう。一緒にバーベキューをやった。一緒におみこしをかついだ。畑仕事を一緒になってやった。チームとなって、同じ目標に向かって一緒に汗をかくような経験を共にできたのならなおいい。その人とは意見が合わないかもしれない。価値観が違うかもしれない。でも、一緒に汗をかいた仲間だ。その意見を認める気にはならないけれど、その存在は認めている。気の合うところもなくはない。そういう前提があるから、意見は合わないながらも、折り合いつけられるところも時間をかけて見つけていけるかもしれない。[4]

今の他者との関わりは、言葉の層のみにとどまりがちなのだ。

確かに、存在の層での関わりは、他者との関わりで必ずしも必要なものではない。人間関係においてもコスパやタイパを気にする今日においては避けられがちなものでもある。でもその過程を端折ってしまうから、「あいつとは意見が合わない」のひと言で、人間関係がどんどん断ち切られていってしまうのだ。

SNS上での議論がうまくいかない理由もここにある。

SNS上でのつながり――匿名でのやり取りの場合は特に――は言葉の層に閉じているから、意見の違いを超えてつながれるチャンネルがない。ましてや話し言葉と比べて、SNSへの投稿のような書き言葉では文字数も限られるしニュアンスも乗りづらいから、正確な意図が伝わらないまま誤解が誤解を生み、必要以上にぶつかってこじれてしまうようなことにもなる。

そういう過程を経て、ブロックをしたりミュートをしたり。自分は、自分と意見の合う、気の合う仲間とだけ付き合っていければいいんだと関わりを選ぼうとするけれど、これも早晩行き詰まる。ある部分で意見や気が合ったとしても、別のことになった途端、意見や気が合わないなんてことはたくさんあるわけで、「結局、誰にも分かってもらえない」と、最後は一人になっていく。

存在の層で他者とつながること。それが、意見の違う他者とも折り合いつけてなんとかやっていく道なのであり、そこでは身体性をもった関わりが重要だ。しかもそういう機会が日常的に頻度高くあると、その関係性はより安定する。そういう点で、まちのような環境こそ、他者とつながるのにうってつけなのだ。逆に言えば、まちを舞台にするような形でないときに、社会関係資本をどこまで築けるのか、「共」をどこまで形成できるのか、自分には疑問だ。

別にみなと仲良くする必要はない。むしろそれは無理な注文。でも、存在の層でつながっていくコツをつかめたなら、他者が怖くなくなる。他者と関わることが怖くなくなる。そうなれたとき、私の世界はぐっと広がり、「私たち」に、意見の合わない、気の合わないあの人をも受け止められるようになり、共の世界はいっそうの多様性を帯びるようになる。

対話力という地域資本——クルミドの朝モヤ

ぼくらは二〇一二年以来、「クルミドの朝モヤ」という会を開催し続けてきている。二〇一七年には胡桃堂喫茶店でも開催するようになり（名称は「胡桃堂の朝モヤ」）、コロナ禍にあってはオンラインでも開催するようになった（名称は「朝モヤ・オンライン」）から、その開催回数は、本書執筆時点で四五〇回を超えるまでになった。

土曜や日曜の朝、カフェにふらっと集まり、それぞれがそのときモヤモヤしていること、他の人の意見を聴いてみたいと思うようなことを問いの形で出し合い、選ばれたものについて深めていく。

最近、実際に話し合われた問いを挙げてみると

「働かなくても生きていける世の中はいい世の中か？」

「『優しいウソ』ならついてもいいのか？」

「バカは本当に死ななきゃ治らないのか？」

「怒りをどう表現していますか？」

「暮らすことと働くことのどちらを中心におくべきか？」

「私個人の存在価値ってどこでわかるんだろう？」など。


それぞれに実感や切実さがある問いについてトータル二時間。毎回、二十人ほどの参加者で話し合う。

こうした場は「哲学カフェ」と呼ばれることもあるけれど、ぼくらはできるだけそう呼ばないようにしている。カントとかハイデガーとか、そういう学問としての哲学の素養が必要なわけではないし、参加の入口で不必要にハードルを感じて欲しくないからだ。

ぼくらが「朝モヤ」をやるとき、その最初に必ず自己紹介の時間をもつようにしている。限られた開催時間。参加者が多いときには、省略しても？という思いもよぎるけれど、それでも必ず実施してきた。というのも、こうした場はともすると議論することに力点が置かれ、前述の表現でいうと「言葉の層」でのやり取りに終始してしまいかねないからだ。朝モヤの場合、選ばれる問いによっては、普段あまり開示されることがないであろう、それぞれの傷や痛みにつながるエピソードが共有されることもあり、人それぞれにそうした背景があることを知ることも、この会の大事な意味の一つになっている。ときには涙ながらの進行になることもある。逆に言うと、そうした内容を話してもいいと一人一人が思えるくらいの安心感を、場としてどう醸せるかが問われるところでもある。そういう意味で、冒頭の自己紹介は、その内容に意味があるというよりも、最初に一人一人が声を発し、その「体温」を互いに感じ合うという意味で、「存在の層」でつながるための機会になっているのだ。実際、正解のはっきりしないような問いに向き合い、ときには自身の中で傷の疼きを感じながら対話を進めることには、楽しさだけではない感情が伴う。「共苦（compassion）」という言葉があるけれど、朝モヤにはそうした側面がきっとある。山登りのような感覚がある。だから、短い時間とはいえ最初に自己紹介をし、互いの存在を感じ合うことで、「山」へと向かうその前提をみなで整えていくのだ。

　つまり、こうした経験から学べることは、会議のような場で、初対面の人が多数参加するようなとき、短時間でも、存在の層でつながる工夫はできるということだ。

　加えていうと、前著でも書いたように、朝モヤにおいては「話すことよりも聞くことを意識すること」、「違いを楽しむことの」の二つを、その場の約束事として、毎回最初に伝えている。これらもまた、対話が、言葉尻をとらえた表面的な議論になってしまわないよう、互いを受け止め合おうという呼びかけでもあり、多様な意見を歓迎しつつも、意見の違いが分断につながってしまわないようにする工夫でもある。


たとえば先の、土地を共有する「器」の話題においても、それを経営するチームが必要だと述べた。「共」の活動や制度を考えようとするとき、そうした利害調整、合意形成の場が必ず必要になってくる。逆に言うと、そうした利害調整、合意形成の場こそが、この章で語る共をなす本体だとも言える。そしてそうしたやり取りが難しいことで、多くの場合、共はうまく続かず、成り立たず、私や公へとその役割を委ねざるを得なくなるのだ。

　ここまでに触れてきた三つの観点——①ギブの動機に基づく参加、②存在の層でつながること、③「話すより聞く」「違いを楽しむ」といった対話のコツ——を大事にすることで、多様な参加者へと開きながらも、折り合いをつけ、落としどころを見つけるという利害調整、合意形成に道は開ける。そしてそれはゼロかイチかということではなく、一人一人においても、関わり合いにおいても、経験を重ねることで高めていくことのできるものだ。

これまで、朝モヤに参加してくれたメンバーは、のべ九千人くらい。固有名詞で数えると、三千人くらいになるだろうか。[6] そのうちの何割かは国分寺のまちで暮らしている。朝モヤのような対話の時間を体験したことのある人がまちに相当数いるということは、大きな地域資本の一つだ。一人一人に身体化した、異なる他者と関わるノウハウや感覚は、これからの共を形成するに際しての大きな財産になっていくだろうと思う。

クルミド資本市場を通じてまちのビジョンをつくる

何か物事を動かそうとするとき、避けることのできない意見の相違や利害関係の衝突。毎度そうした障壁で身動きが取れなくなるようだと、そもそも何かしようという気持ち自体が折れていく。でもそうしたときでも、「話し合えばなんとかなる」と思えるのであれば、ずい分と心は軽い。後ろ向きな調整から、前向きな創造へと共のエネルギーも向かい始める。

第二章で、創造的な想像力のことをファンタジーと呼び、私とあなたのそれらの重なりのことを間ファンタジー性と呼んだ。まちにおいても、そうしたファンタジーが未来をつくる力の源になる。これも共をなす地域資本の一つだ。

それらをまとめて言語化したものをビジョンと呼ぶこともある。

ただ、まちを舞台に考える場合、そのビジョンを誰が、どういう場で決めるのかというのがなかなか難しい。たとえば、「ビジョン会議」のようなものを設定し、市が事務局となって、市民、市議会議員、有識者等を巻き込みながら言葉を練る。さらには、案をホームページに掲載し、それに対してのパブリックコメントを広く募る。仮にこういうやり方をしたとするとどうだろう。するときっと、どうしたって当たり障りのない、最小公倍数的な言葉遣いに着地せざるを得ない。

こういう流れで例に出してしまって恐縮だけれど、二〇二四年に設定された「国分寺市ビジョン（二〇三二年度を目標達成年度として定める「未来のまちの姿」）」は、このような表現になっている。

歴史をつなぎ　未来をひらく　個性がひかり輝くまち

どうしたってこういう具合になる。

まちの行く末を定めるというのは、本当はギリギリのところでの価値調整や価値判断を伴うものだ。たとえば駅前を再開発するとなると、旧来の商店街やまちなかの個店の継続を難しくしかねないけれど、そのことをどう考えるのか。福祉や教育のために支出が必要だとして、そのことと市の財政健全化とをどう両立させるのか。道路を通すのか、自然を残すのか。人がつながる際のあつれきをどう考えるのか。交通設計に際し、自動車を優先するのか、歩行者を優先するのか……。

こうした、それぞれに意見も利害も異なるような事柄に対して、それでもまちとしての「答え」をどのように出していくのか。そうした共通言語づくりを考えたとき、実は前章に述べた「クルミド資本市場」が、意外な角度から貢献してくれるかもしれないと考えている。

つまりこういうことだ。資本市場で紹介される事業者は、何かしらの形でまちの課題に対しての提案を備えたものになっている。たとえば、それが「ぶんじ食堂」であれば、まちの孤食状況を改善し、人のつながり・対話の場となり、地元野菜の利用促進の機会ともなる。ただ一方、これをやったからといって市の税収が大きく増えるわけではなさそうだ。それが「ぶんじ寮」のような、まちの寮の開設だとすれば、「お金に頼るのを半分にする」を実現しながら[7]、居住支援につながったり、新たな創造拠点になったりすることは期待できるかもしれないけれど、土地利用の経済性でいえば、マンション開発や企業誘致にはかなわない。それぞれに期待できる効用と、期待できない効用とがある。こうした事業プランのリストの中で、あるものにはお金や応援が集まり、また別のものにはお金も応援も集まらない。それは第八章でも書いたように、いってみれば個別政策への投票のようなもの。しかも、選挙と比べれば、個別具体的で分かりやすい投票だ。

事業者からの提案に対し、もちろん最初は反対意見も出たり、意見と意見のぶつかり合いもあったりするだろう。こっちよりこっちが大事だとか、そんなことをしたらまちにとって実はマイナスだとか、いろんな反応があっておかしくない。まずはそれを聴き合うだろうから、それについてはちゃんと学ぶ。意見のぶつかる理由が、単に知識や事実確認の不足ということもある(話し合う、というより)。そうこうしていくうちに、投資判断を下すためには何らかの基準があるといいという話にもなるだろうから、その言語化も試みる。まちとして、どんなことを大事と考えるのか。どういうものさしで事業価値を判断するのか。まもちろん最終的には一人一人の主観だとしても、それが極端な思い込みとなってしまわないよう、すり合わせる過程には意味がある。

そういう根気のいる対話、調整、学習を積み重ねていくことではじめて、自分たちの価値観、美意識、ファンタジーの重なりのようなものが見えてくる。それらのうちのあるものは、多くの共感や賛同を集めるようにもなる。トップダウンではなく、一人一人に根差した、集合知としての想像力である。それが事業を通じて、まちの現実をつくっていく。

逆に言えば、現在は政治の中でこうしたプロセスがちゃんと機能していないということでもある。選挙は、立候補者Aと立候補者B、どちらに投票するかという選択になるから、本当は、立候補者Aはこの政策がよくて、立候補者Bはこの政策がいいというような、個別政策レベルでの民意の反映は難しい。また、政策Aか政策Bかという議論だけでなく、それらを創造的にすり合わせていった先にある政策Cが本当は望ましいということがあったとしても、その過程は市議会やパブリックコメントに限られ、その議論に参加する者は少数だ。本当はその過程にこそ、一人一人の違いを受け止めつつも重なりを育んでいくまちづくりの本質があるのだろうし、学びだってあるだろうと思うのだけれど。また個々の政策が話題になるのは選挙のときばかりで、その後実際にどうなったかが検証されることはあまりない。そもそも、こうした政治的なプロセスに、興味を抱きにくいという現実もある。

その点、クルミド資本市場のように、個別具体的な事業プランを目の前に、どう?と問われると、人の感じ方も変わってくるものだ。

少し余談になるけれど、人が美術館を訪ねたとき、一番時間を使うのは名画の前でではなく、それをグッズ化した一枚一五〇円のポストカードの前でなのだという話がある。つまり一五〇円とはいえ、身銭を切るという状況になってようやく、この絵にしようか、いやあの絵のほうがいいだろうかと、本気になって悩むのである。クルミド資本市場にはその面白さがある。抽象的な議論や政策に対して賛同するかどうかだけではなく、具体的な一万円を身をもって投じるかどうか。そういう局面だから出てくる真剣さや本音がある。

そして投資をしたのちも、自分が利害関係者になる分だけ、その事業の先行きが気になり、毎年の経営報告会を通じてその後の検証もなされていく。もしその事業が当初想定したようにはうまくいかなかったとしても、その「失敗」自体が大事な学習機会であり、まちの知的財産となって、次なる挑戦の道しるべとなる。検証は、誰かを責めるために行うものというより、その先へとつなげるという意味で重要なのだ。

こうした課題認識―投資―検証、さらにはその過程での対話、調整、学習、またそれらを受け止める継続的な場。これらが一体となって、「私たち」の共通言語をつくっていく。こうしてできるものこそ、実体性をもったまちのビジョンと言えるだろう。そしてそのビジョンが、さらなる活動や事業プランをも呼び込み、まちの現実を揺さぶり、その先の未来をまたつくっていく。ローカルな資本市場は、リアルな私と私のぶつかり合いを受け止めながら、そこに共を育んでいく、政治とはまた別の未来創造機能を備えているのだ。

伸び縮みする境界線

ぼくが生まれ育った西国分寺。その後、クルミドコーヒーを通じて出会い直したこのまち。この西国分寺という絶妙な土地感覚がぼくは好きだ。

実は、西国分寺という住所や行政区域があるわけではない。ＪＲ中央線／武蔵野線の駅名にその名前があるだけ。だから、「西国分寺とはどこまでなのか」ははっきりしない。ぼく自身もそうだけれど、それぞれが銘々勝手に「自分にとっての西国分寺」の範囲を思い描くだけなのだ。そしてその境界線は、時とともに伸び縮みする。「自分とその仲間」くらいにぐっとその範囲が縮まることがある一方で、もう少し広域にそのエリア感覚が広がることもある（ぼくの場合、ときには日本各地、仲間がいるところにまで自分にとっての「西国分寺」が広がる感覚になることもある）。クルミド出版による不定期刊『そういえば さぁ、』の創刊号はまさにそうした特集（「〝西国分寺〟ってどこにあるんだっけ？」、二〇一五年十月発刊）で、在住者の主観に基づくマップづくりや、マンションや店舗の名前において西国分寺がどこまで登場するかを追う企画など、おぼろげながらまちの輪郭を描いていて面白かった。

そして、まちづくりのこと、中でも共づくりのことを考えると、この「境界線がはっきりしない」、「境界線が伸び縮みする」ことは、実はとても前向きな条件なのではないかと思うようになった。

一つには、「自己決定に基づいた参加者だけで始められる」ことがある。つまり、境界線のはっきりした市とか自治会／町内会といった単位で物事を考えようとすると、その線の中には参加する意思や意識をまだ備えられていない人まで含んでしまうことがある。何かしらの場をもつときに、「誰かに言われたから来た」、「嫌々そこにいる」、といった「望まない」参加者がそこに交じると、そういった後ろ向きな人たちへの対応で時間とエネルギーの大半が消費されるということにもなる。一方、「自分の意思に基づいて、そこに在ることを選んだ」人たち〝だけ〟からなるグループ／組織は、きわめて前向きなエネルギーを帯びる。その分、スタートが少人数になったとしても、そこから少しずつ時間をかけて広がっていけばいい。そしてそうした前向きな場だからこそ、長い目で見れば、結果的により多くの人が参加してくれるということにもなりうる。

もう一つには、「参加と退出に対して開かれている」ことがある。それが公の集まりだと、そこにたとえば小平市や府中市（いずれも隣接する自治体）からの参加を受け入れていいか、活動の範囲をそこまで認めていいかどうかなどということが話題になることがある。民間の取り組みでも、自治体からの補助金などを受けている場合はそうだ。でもそれが「西国分寺の集まり」であれば、そうしたことは問題にならない。そもそも範囲があいまいなのだから。また、状況によって「関わらない（退出する）」選択肢が常にあると思えることは、メンバーにとって参加することのハードルを下げることにもなるだろう。

まちづくり／共づくりにはバイオリズムのようなものがあって、前のめりに活動を広げていける時期もあれば、参加メンバーのライフステージや状況の変化に合わせて、停滞したり、少し後ろ向きな状況になったりすることだってある。それは自然な変化だ。そういったとき、無理なくグループや組織の境界線を縮められる柔軟性があると、むしろ活動は持続的になる。

実際、多くのケースで生活圏と行政区とは必ずしも一致しないものだ。生活圏を無視して行政区で線を引いてしまうことは、活動の生命力を失わせてしまうことにもなりかねない。

ぼくらの場合、クルミドコーヒーでの日々を通じて、西国分寺を出発点として、「ぼくらの国分寺」のエリア感覚は少しずつ広がってきた。二〇一七年、胡桃堂喫茶店を始めたことで、それはぐっと東に伸び、二〇二〇年にぶんじ寮ができたことで、ぐっと南に広がった。地域通貨ぶんじが捉えるエリアはもう少し広い。コロナ禍においては、そうした境界線がぐっと縮まる感覚もあった。そして同じように、まちの仲間一人一人にはそれぞれの生活圏や行動範囲があって、それらの重なりとしてぼくらの共のエリアは定まっていく。

頭でバーチャルに思い描く境界線ではなく、具体的な活動や生活を通じて身体的に捉えられる範囲で、ぼくらの共は形成されている。

国分寺を、日本の「外れ値」に

大きなシステム（△）への対案を、小さな主語としてつくる。

「一つ一つのいのちが大切にされる社会」を、リアルにつくる。

ただ、経済も、政治も、教育も、それにおいて自立的に成り立つような一定の規模をもってつくる。

そう考えたとき、国分寺という大きさはちょうどいい。

日々を生きる先に、いつか達成できたらと思い描く夢がある。それは、国分寺を日本の「外れ値」にすることだ。外れ値とは、統計において他の値から大きく外れた不連続な値のこと。特異点のこと。たとえば……

- 国分寺だけ、選挙の投票率が八〇%を下回ったことがない
- 国分寺だけ、出生率が三・〇
- 国分寺だけ、域内GDPの成長率が年率五%
- 国分寺の人は、きわだって可処分所得が高い
- 国分寺の二人に一人は、本を書いたことがある
- 国分寺だけ、冬の日、辻々に立っている雪だるまのクオリティがやたら高い
- 国分寺ではなぜか、缶コーヒーが売れない

なぜかいつも、国分寺だけ独特の傾向を示すよね、と。
まだまだある。

- 国分寺の人は、スマホをいじっている時間が短い
- 国分寺では、呼び捨てにできるこどもがたくさんいる

- 国分寺の人は、みんないろんな世代の流行曲を知っている
- 国分寺は、よく焚き火をやっている
- 国分寺は、食料自給率が高い
- 国分寺は、ゴミが少ない
- 国分寺は、大企業に就職する人が少ない

以前、クルミドの朝モヤで、「明日が地球最後の日だとしたらどうしますか？」というテーマで話をしたことがある。ぼくは、いろいろ考えはしたけれど、「多分、最後の瞬間が来るまで普通にお店をやってると思う」と答えた。その日の参加者には、やはり国分寺にある別のお店で働いている人もいたのだけれど、彼女も同じことを答えていた。

ぼくにとってカフェをやることは、職業というより生き方で、自分の時間を生きること。だから地球最後のときが来るとしても、そのときまで自分のいのちを生ききろうとすることとは自然なことに思えた。彼女も、そんなに違わない感覚だったんではないかと思う。

- 国分寺には、明日が地球最後の日だとしても、今の仕事をそのまま続けるという人がたくさんいる

国分寺市の財政規模は約五七〇億円。高齢化の進展などもあって、その規模は年々大きくなっていっている。それは行政サービスの拡充を意味してもいて、一見いいことのようにも思える。でも、その財源は結局のところ税金だ。

こうした行政サービスに頼らないといけない現状は、共の不在と相関している。

もし国分寺というまちに社会関係資本が育ち、共が豊かになっていったら。財政から出ていくお金を減らし、徴収するお金も減らしていける未来があるかもしれない。

・国分寺は、自治体の財政規模がどんどん縮小していっている

なんでいつも国分寺だけ?となって、その実情をさぐってみたら、その秘密は「共」にあったと。それも、みんな仲がいいということでもなく、みんなバラバラだし、議論すれば侃々諤々なのだけど、でもなんだかんだつながっていて、必要があれば自然と助け合っていて、だからこそ一人一人に余裕があって、みんな笑顔なのだと。

そうした共であり、まちであり、一つの社会システムを、東京都というまさに大きなシステム(△)ののど元で実現できることに意味がある。

都心から三十分という立地は、働くという意味でも、消費するという意味でも、大きなシステムの力学に直接的にさらされている。放っておけば、自然とそちらに意識と時間と

お金を奪われる。でもこのことには相互性がある。ぼくらのまち（▽）に、都心（△）が影響を及ぼせるのであれば、逆もまたしかりなのだ。ぼくらの日々であり活動が、一つ一つのいのちを大切にするそれとして実体をなし、一定の閾値を超えたとき、それが都心から逆に、意識と時間とお金を引きつける展開があったっておかしくない。

のど元に、くさびのように打ち込む小さな▽を足がかりとして、大きな△のすそ野を切り崩し、頂点を引っ張り、揺さぶっていく。外からだけでなく、△の内部でも連動する動きがあれば、より効果的だ。

ぼくらが無理やりそうするというより、ぼくらのつくり出すものが魅力的なものになることで、少しずつ少しずつ、自然とそうなっていくといいなと思っている。

1 正確には立川病院で生まれたのですが、当時の住まいは西国分寺にありました。母方の実家です。昭和三十四年、祖父母が住み始めた当初は不便な土地だったようですが、後になって駅ができ、結果的に「駅前立地」になれたのでした。

2 具体的には、不動産投資信託のようなスキームを想定しています。土地や建物の所有者がそれらを信託し、代わりに信託受益権を受け取ります。その上で、信託対象不動産を活用し、生み出されたキャッシュフローを按分して所有者に戻します。

3 こうした場面では、ナショナルトラストのようなやり方が参考になると思います。

4 「存在の層」でつながることの力強さを教えてくれる事例として、こちらの動画をおすすめします。「価値観の違う他人と仲良くなれるか？ ビール大手ハイネケンが実験しました」https://www.youtube.com/watch?v=tdsFCgiVOdo (YouYube)

5 本書執筆時点では進行役は五人で、交代でその役を務めています。深田英孝さん、鈴木亜希子さん、青山貴子さん、田中渉悟さん、そして自分。ぼく以外の四人は、いずれも元は参加者でした。四人のご協力がなければ、「朝モヤ」は続けられていません。この場を借りて深く感謝申し上げます。

6 斎藤幸平『人新世の「資本論」』（集英社新書）の「おわりに」に、「三・五％」という数字が出てきます。「『三・五％』の人々が非暴力的な方法で、本気で立ち上がると、社会が大きく変わるというのである」。ハーバード大学の政治学者エリカ・チェノウェスらによる研究結果とのこと。国分寺市の人口は約十三万人。その三・五％というと四五五〇人ですから、「朝モヤ」経験者の数が、そうした影響力をもちうる規模に達しつつあることが分かります。

7 ぶんじ寮プロジェクトでも、「お金に頼るのを半分に」を合言葉にしています。築五十年以上の建物を活用し、住むことにまつわる掃除や修繕、草取りなどを、寮生みなのもちよりで実施し、子育てや食事にかかわる負担もみなでシェアすることで、必要支出を抑えています。現在は家賃三万円ですが、寮をさらにうまく活用し、力を合わせて稼ぐことなども考えることで、いつか家賃一万円という水準を実現できたらいいなと考えています。

コラム6

国分寺赤米（あかごめ）プロジェクト

影山知明
かげやま・ともあき▼畑仕事にはあまり参加できなかったものの、晴れ男として時折貢献。また本プロジェクトを通じて、四十年ぶりに幼稚園の同級生と再会できたのもうれしかった。

二〇一八年度から二〇二二年度の五年間、ぼくらは「国分寺赤米プロジェクト」としてお米づくりに取り組みました。

言い出しっぺは、当時社員だった坂本浩史朗。二〇一七年秋の面談のときのこと。突然、米づくりをやりたいと言い出したのです。そういう経験やアテがあったからではありませんでした。でもそれまでの付き合いの中で、やると言ったら本当にやってしまう行動力と、人の話をよく聞き、誰からも好かれる素直さとを彼が備えているのを感じていましたから、ぼくも判断に迷うことはありませんでした。「是非やろう」と。

当時は、胡桃堂喫茶店がオープンしたばかりでした。自分たちの足下にある「いいもの」をぼくらなりに再表現したいというのが同店のテーマで、その一つが〈暦〉でした。ハロウィンやクリスマスでなく、ぼくらの風土や歴史に根ざした季節の巡りを、ぼくらなりに店頭でも表現できたらいいねと考えていたのです。ですがお店で日々の営業に取り組んでいる限りでは、そうした季節や自然の気配を実感することは難しく、だったらということでの坂本の発案でした。

チームとしても、「誰か一人でも、それを本気でやりたいと思う者がいるのであれば、やる理由としては十分」というのがぼくらの考え方でしたから、何にしろ翌春からやってみようということになりました。こうして、誰かの衝動で、思いがけない方向に枝が伸びはじめることのあるのが、お店づくりの醍醐味です。

準備するうちに、国分寺には「武蔵国分寺種赤米」という、全国的にも貴重な原生種の種籾[1]が伝わっていることを知りました。これこそ、足下にある「いいもの」！　それを育てることにし、田んぼ・畑さがし、師匠さがしを進めていきます。

一から米づくりに取り組むというのは大変な道のりでした。しかもぼくらは自然農でやることにしましたので、いっそうハードモードでした。夏などは、畑を端から草刈りしていってひと通り終わる頃になると、最初の区画がもう草刈りが必要になっているというようなありさまです。またさすが原生種というべきか、赤米は脱粒性が高く、実りの時季となると少し触れただけで種籾がポロポロとこぼれ落ちます（それは種の繁殖という意味では有利な性質です）。ですので通常の米づくりのように稲の根元を刈って収穫するわけにはいかず、「穂刈り」といって、一つ一つ穂を鎌やハサミで切って収穫するようなスタイルになります。これらを筆頭に、何から何まで人手のかかるやり方でしたが、最盛期は五十人ものメンバーが参加してくれてもいましたので、人海戦術でもって収穫にこぎつけていました。実際、みなで集まって、広い空の下、一緒になって土をいじりながら汗をかくというのは、この上なくよろこびあふれる時間でもあったのです。

三年目からは青梅市にも少し広めの畑を持つようになり、四年目には三四〇キロの収穫を実現することができました。[2]この間、赤米を使った焼き菓子を開発したり、「赤米定食」をつくったり仲間の力を借りることで赤米を使ったクラフトビールが実現したりと、[3]手ごたえを感じる瞬間も多々あったのですが、全体的には経済性を成り立たせることが難しく、当社としては、五年間の活動期間をもって一つの区切りとすることにしました（その後もプロジェクトそのものは市民活動として継続し、ぼくらも関わり続けています）。

続けられなくなったことは残念ですし、反省すべき点もたくさんありますが、五年間での学びも大きなものでした。三つ挙げてみます。

一に、自然と共にあることのよろこびです。

晴れの日も雨の日も土をいじり、種が芽を出し、育ち、花を咲かせ、実りをなす過程に立ち会えることは、大きなよろこびです。屋内やパソコンの前では眠っている動物としての本能が立ち上がってくるような感覚もありました。自然農では、「何も持ち込まず、何も持ち出さない」のが基本姿勢で、土壌にあるすべての生き物との共存をはかります。もちろん途中、草刈りなどの助勢はしますが、その草も畑に戻しますし、生態系の大きな循環のなかで種のもつ生きる力に実りを委ねるのです。晴れが続けば気をやみ、雨が続いても気をやみます。梅雨は稲の育ちの時季であり、夏の稲妻は文字通り「稲の妻」。米づくりに取り組むことは、四季の移り変わりや、日々の気候に敏感になることです。瑞穂の国と呼ばれるこの国に、長らく引き継がれてきた〈暦〉を追体験することでもあります。そうして、秋に豊かな実りを得られたときのよろこびはかけがえのないものですし、一粒の種籾の向こうに、本書でも触れてきたような自然の備える絶妙な相互作用を感じ、敬虔な気持ちにもさせられます。

二に、存在の層でつながる仲間との縁です。

畑仕事は、黙々と行われます。その様子を「行動的瞑想時間」と称した仲間もいました。[4]毎回、五〜十人ほどのメンバーが参加し、手足を動かすあいだは基本無口ですが、それでも「一緒に」の感覚が強くあります。これはまさに本章で触れた、〈存在の層〉でつながる時間です。それぞれが普段、何の仕事をしているかなどは分からないままだったりするのですが、それでも互いの存在を信頼する気持ちが自然と育まれていきます。そうしてまちに、「赤米の仲間」がたくさんできました。逆に言うと、かつてはこうした協働作業が随所にあったからこそ（祭りなどもそうですね）、共同体が共同体としてあれたのだろうということを実感します。

三に、氏神様とのつながりです。

生来、信仰心の薄い自分としてはこれは意外な感覚でした。ぼくらは毎年、十一月二十三日前後に、ぼくらなりの新嘗祭――「赤米祭」として、地元の神社に、その年に取れた赤米を奉納するようになりました。一年一緒に汗をかいてきた仲間で社殿にあがらせてもらい、赤米をお供えし、祝詞（のりと）をあげ、玉串を奉る。その時間がなんともいえずいいのです。節目として、一年の労が報われる感覚になりますし、一人一人の背中が頼もしくまた感謝したい気持ちにもなります。それを氏神様が見守ってくださっている。それは単なる儀式以上のものなのだということを実感します。長年、国分寺に暮らしてきて、社殿にあがること自体が初めてでしたし、神様の存在をこんなに身近に感じることもありませんでした。〈共〉には、目に見える人間社会だけでなく、取り巻く自然や神様の存在もあって、そのことで人は謙虚であれるし、心が慰められたり、励まされたりもする。自然の営みに身体性をもって参加するということは、自身のセンス・オブ・ワンダーを開き、目に見えないものへと世界を広げることなのだと教えられたのです。

この五年を、無類の人間の大きさでつくってくれた坂本に、心からの感謝と敬意を捧げます。

武蔵国分寺種赤米を、自然と共にあろうとする姿勢を、これからも守っていこうと思います。

1 普段、「古代米」といった名称で目にすることがある赤米（他に黒米、緑米等も）は、そのほとんどが改良品種で、原生種として今に伝わるのは、総社種（岡山）、対馬種（長崎）、種子島種（鹿児島）、武蔵国分寺種（東京）の四つだけと言われます。国分寺で長らく自給自足的な生活を続けられていた家に、この種籾が引き継がれていました。

2 これは米づくりを生業とされている方からしたら微々たる数字なのだと思いますが、赤米×自然農を一から始めて、苦労と工夫を重ねてたどり着いた収量という意味で、ぼくらは誇りに思っています。

3 KUNITACHI BREWERY 斯波さんのご協力で実現することができました。商品名は「あけに恋して」でした。
https://kunitachibrewery.com/

4 町田正英さんが使われていた表現です。

第十章

もう一つの道

グローバル資本主義の未来

江戸時代後期の農政家、二宮尊徳（1787–1856）。薪を背負い、本を読みながら歩く像とともに二宮金次郎の名で覚えている人も多いだろう。彼の徳を偲び、教えを慕う後世の人々によって、生誕地・小田原に創建された「報徳二宮神社」には、こんな言葉が刻まれた像がある。

経済なき道徳は戯言であり
道徳なき経済は犯罪である[1]

厳しい時代背景の中、土にまみれ、農政、藩政の建て直しに奔走した二宮ならではの実感のこもった言葉。前段にも痛いところを突かれる思いがするけれど、後段も強烈だ。省みて、今日のお金がお金を生んでいくような、ひたすら数字での結果と成長を求められるようなグローバル資本主義において、そこに道徳は見出せるのだろうか。

「今後、経済は二極化していく」——そんな風に言われることがある。

一つの極については、その方向性にあまり異論がない印象だ。それは、効率や生産性を究極にまで追求していく経済の方向性。去年よりも今年、今年よりも来年、より多くの利潤を生み出さないといけないというシステムの圧力が、この効率化を後押しする。これはまさに現在進行形で起こっていることで、問題はそれが「どれくらいの速さで」「どこまでいくのか」というところ。その点、ここにきてのＡＩ、ロボティクス、デジタル／コンピューティング技術等の進展を見ていると、その速さはますます加速していきそうな気配だ。

もっともこれは悪いことばかりではない。生きるために必要な財・サービスの値段が、究極にまで下がっていく可能性があるからだ。[2] 食べるものも着るものも住むところも、移動も医療も教育も、生活の基本的なニーズを安く満たせるのならありがたい。ただ問題なのは、その場合、それらの財・サービスの向こうに人の存在はほぼ想定されないことだ。ビジネスの効率を究極にまで高めようと思ったとき、最大の阻害要因は人だ。それは、人件費としてお金がかかるという意味においてだけでなく、人がやる限り品質が安定せず、エラーをゼロにできないという事情もあるからだ。また人は、それが集団ともなれば管理が必要となり、文句を言うしもめごとも起こす、手がかかってしょうがない存在でもある。これを機械やロボットに置き換えることができたなら多くの問題は解決する。マネジメントは楽になる。初期投資は必要だけれど、投資回収を終えた先は費用ゼロともなる（一定のメンテナンスや定期的な更新は必要だとしても）。もちろん、そうした経営判断をするのは当面人だろうし、運用・メンテナンス・更新にも人はいる。また人でないとできない仕事の領域はそれでも残るだろうけれど、その範囲が極小化していくだろうことは間違いない。

こうした経済の未来において、多くの人は失業する。

ただ、そういう状況への対策がないわけではない。その一つがベーシックインカムと呼ばれる制度だ。企業活動は、利潤を追求する。そのやり方が効率的になればなるほど、それは利潤が大きくなることを意味する（もっとも、効率化が行きつくところまで行くと、もはや企業活動が成り立たなくなる事態も想像されるのだけれど、ここではその論点には立ち入らない）。企業はその利潤の一部を、税金として納める。利潤が大きくなれば、納める税金も大きくなる。国は、そうして集めた税金を国民に分配する。たとえば、「すべての国民に無条件に、月額二十万円を給付する」ことができるとしたらどうだろうか。このように、国民全体に一定の基本所得を保証する制度が「ベーシックインカム」と呼ばれるもの。この場合、生活保護制度や年金制度などはこのベーシックインカムに置き換えられることになる。

つまり人は、働かなくても食べていけることになる。どうだろう。夢のような制度に感じるだろうか。

ぼくは、ベーシックインカムの導入そのものには賛成だ。複雑になり過ぎ、公平・公正であるかどうかも微妙な現行の社会保障制度がシンプルになるし、生きる上での、最低限の安心が得られることはとても大きなこと。けれど、諸刃の剣であることも否定できない。

人間は弱い生き物だ。働かなくても食べていけるとなったときにどうなるか。今ぼくらが、学校にせよ職場にせよ、眠たくとも疲れていても勤め励み、自らを高めようと努力するのには、「そうしないと生きていけないから」という危機感の下支えがある。その危機感が必要ないとなったとき、人はどうなるだろう。毎日が休日となって自分の時間を持て余すようになったとき、怠惰に流れ、享楽にふけるケースが多発することも想像に難くない。そうして人が生産し創造することを忘れ、人生が消費一色となったとき、それははたして生きていることになるのだろうか。それは、柵にこそ閉ざされていないとはいえ、家畜のような生のあり方ということにはならないのだろうか。

そして、肝心のベーシックインカムだって永遠不滅の制度だということはあり得ない。あるとき、その制度が続かないとなったとき、人はもう一度、生産と創造へと自らを奮い立たせることができるのだろうか。

友愛の経済のカギを握るもの

好奇心を原動力として、自らを高め、何かを生み出そうとする活動は、それがお金のためであるかどうかにかかわらず、生きることの充実や幸福に直結するものだ。だから、効率化と成長とをひたすらに追求する経済とは別のところで、ベーシックインカムの導入うんぬんとは別の次元で、そのことは大切にできるといい。

二極化のもう一つの極は、そうした方向性の先にあるものとぼくは考えている。それを第八章では、「友愛の経済」として表現した。ただ、はたしてそれはグローバル資本主義が究極にまで進展していく中でも生き残れるものなのだろうか。

それは大きく、受け手に依存する。

つまり、つくる側、贈る側が、そのことがよろこびであるからといって何かを生産し創造するとしても、そのことに価値を感じ、対価を払ってもよいと考える受け手が存在しない限り、それは経済として成立しない。たとえばコーヒーを題材に考えてみる。前著でも、「ぼくらのお店のコーヒー一杯の値段(当時六五〇円)は、大手チェーンの三倍」と書いた。ちょうど同じ頃、コンビニの店頭では、百円で挽きたて、淹れたてのコーヒーが飲めるようになって、今やそれもすっかり定着したから、それとの比較でいえば三倍どころか六倍もの値段の開きとなっている。物事をミクロに見れば、産地の天候不良や物流の乱れ、エネルギーコストの高騰などの事情があって、大手資本の提供するコーヒーの値段も上下する。ただそれを少し引いたところから長い目で見るなら、いずれ驚くような技術革新でもって、いっそうの安さで今以上においしいコーヒーが提供されるようになってもおかしくない。そうなったとき、ますます開くことになる値段の差を、正当なものとして受け入れてもらえるかどうか。

そこを埋めてくれる可能性があるのは、「身体性を伴う直接で密度の濃いコミュニケーション」と、「受け手の想像力」だと前著では書いた。ただこれらの点についても逆風が吹いている。

飲食店ではスマートフォンを使った注文が、ホテルでは店頭端末での自動チェックイン／チェックアウトが普通になっている。有人のサービス業であっても、人と言葉を交わさないケースはますます増えている（前著でもこうした観点は、「自動販売機化する社会」として表現した）。そうなると、自分が受け取っているのが「人の仕事」であることは感じにくくなる。

また受け手に想像力がはたらくのは、受け手の側にそれに近い実体験があればこそで、「心をこめ、かけるべき時間や手間ひまをちゃんとかけて、いいものをつくる」経験がまったくない人の場合、受け取る仕事の向こうに存在する、つくり手のそうした仕事の苦労や実体を実感とともに想像することは難しくなるだろう。たとえばピアノでも、自分で少しでも弾くようになると、プロと呼ばれる人たちのやっていることの壮絶さが、彼我の距離がよりリアルに実感できるようになるものだ。それと同じで、世の中から「人の手でいいものをつくる」仕事が失われていけばいくほど、同じ分だけ、「いい仕事」を想像し、感じ取り、評価してくれる受け手も失われることになる。

だからこそ、友愛の経済が育ち生き残るためには、単体ではなく面で考える必要がある。ローカルという単位、「共」という関係性の中で考える必要がある。互いにすぐそばにあって、事細かにではなかったとしても、それぞれの仕事がつくり出される背景や、その過程での苦労を日常的に感じ取っていて、最終成果物の向こうにあるそういう目に見えにくい価値を想像し、受け取れる間柄であること。そして、自身がそういう仕事の仕方をするからこそ、他者の仕事の向こうにある同様の労苦をも、実感として感じ取れること。自らの手で生産し、創造するよろこびを知っているからこそ、他者のそれをも自然とリスペクトし、応援できること。友愛の経済を成り立たせるのは、そうしたいい受け手たち。未来のカギを握っているのは、実は受け手の側なのだ。

グローバル資本主義に対抗しうる「もう一つの経済」のネーミングとして、贈与経済というような言われ方をすることがある（自分も前著において「ギブからはじめる」と書いた）。ただ、贈ろう（ギブしよう）という呼びかけは実は関わり合いの片側しか見ていない。一方、その受け手に着目する意味で感謝経済という用語が使われることもある。けれど、これはこれで受け手の関わりがあまりに受動的な印象だ。ぼくがイメージするのは、贈り手と受け手とが互いに越境しながら、互いにいかし／いかされ、一つの経済をつくっていく姿。それを他者への思いやりと、健やかな向上心や競争心が駆動していく。友愛の経済がそういうものとして成立したとき、「食べていける」ことを超えたところにある、生の充実と幸福感をもたらすものとしてのもう一つの経済が姿を現すだろう。

経済学はいかに始まったか

そもそも、今日の資本主義の源流はどこにたどることができるのだろう。一つの原点は、一七七六年に発刊されたアダム・スミス（1723–1790）の『国富論（諸国民の富の性質と原因に関する研究）』だと言っていい。

どの個人も、できるだけ自分の資本を国内の労働を支えることに用いるように努め、その生産物が最大の価値をもつように労働を方向づけることにも努めるのであるから、必然的に社会の年間の収入を大きくしようと努めることになる。たしかに個人は、一般の公共の利益を推進しようと意図してもいないし、どれほど推進しているかを知っているわけでもない。〔中略〕個人はこの場合にも、他の多くの場合と同様に、見えざる手に導かれて、自分の意図の中にはまったくなかった目的を推進するのである。それが個人の意図にまったくなかったということは、必ずしも社会にとって悪いことではない。自分自身の利益を追求することによって、個人はしばしば、社会の利益を、実際にそれを促進しようと意図する場合よりも効果的に推進するのである。

（アダム・スミス『国富論』）[3]

「見えざる手」という表現はあまりにも有名だけれど（でも実はその言葉は、この大著にあってこの一か所にしか出てこないのだから、言葉の影響力とは面白い）、富の創出に寄与する市場メカニズムについて語ったこの言葉、少し説明してみよう。

とあるまちの、とある市場を思い浮かべてみる。毎月開かれるその市場には、実は毎度、多くのパン好きが集まってくる。ただ最初の月、関係者たちはそのことを知らず、たまたま出店していたパン屋が驚くことになる。普通なら二百円でしか売れないパンが、三百円でも飛ぶように売れたのだ。翌月、その噂を聞きつけて多くのパン屋が出店するようになる。そうすると、選べるようになった客は、同じパンなら三百円より二五〇円、二五〇円より二百円と、より安いパンを買うようになり、三百円のパンは多数売れ残ることになってしまった。そのまた翌月になると、パン屋は自分たちのパンのつくり方を見直し、効率化し、もっと安くつくれるようにして出店する。すると、値段は二百円だとしても、同じだけ売れれば、もっと多くのお金が手元に残るようになる。そしてまた考える。翌月、値段を一八〇円まで下げれば、もっと売れるかもしれない……。

パン屋がパンを売るのは、慈悲心からではなく、自分たちの「利益」に関心があるからであり、お客さんがパンを買うのは、自分がパンを食べたいからである。そしてそれぞれ、五十円でも百円でも、自分たちの「得」を増やしたいと思う。つまり一人一人は、「自分自身の利益を追求」しているだけなのだ。でもそのことが、「市場」という場を通じてやり取りされることで、より多くの買い手（需要）と売り手（供給）を呼び込み、その生産効率をも高めていく（その分、値段は安くなる）。また、続けていくうちに、パンよりも肉まんがもっと売れるとなれば、そちらに仕事をシフトさせる出店者も現れるかもしれない。そうして社会の富（生産の量と質）は増え、資源の最適配分もなされていく。その働きをスミスは「見えざる手」と呼んだのだ。

同書の発刊から二五〇年。今日の経済の仕組みも、この市場が複雑になっただけで、その基本的なメカニズムは変わらない。スミスは、そういう経済の仕組みを、誰よりも早く分かりやすく、体系化してみせたのだ。

そしてこうした経緯を踏まえて、スミスこそ、自由と市場と競争を重んじる、今日の「新自由主義」のルーツだと語られることもある。でも、当時の時代背景を踏まえ、彼のその他の言説に触れていくと、そこからはまったく違ったスミス像も見えてくる。

そもそも、アダム・スミスは経済学者ではない。経済学は、当時まだ学問として確立していなかったのだから当然と言えば当然なのだけれど、彼が生涯を捧げたのは「道徳哲学」だった。道徳哲学とは、「社会を秩序づけ繁栄させる人間の本性は何か、また社会は文明の発展とともにどのように変化していくものなのか」[4]について研究する学問分野。中でも、スミスのルーツには「自然法」思想がある。自然法とは、そういう成文化された法典があるという意味ではなく、人間本性の洞察に基づき、社会を成り立たせる普遍的な原理や倫理があるとして、その言語化を試みる領域だ。人間って元来そういうものだよね、社会ってそういうものだよね、それって時代や地域を超えて意外に普遍的だよねと、人や社会の自然なありよう、自然の摂理を明らかにしようとする学問だ。

だからスミスが『国富論』を著す動機は、「強い国をつくるには」とか「より儲けるには」といった実利的で実際的な要請ではなく、母国イギリスに限らない、古今東西の人間社会が秩序と繁栄とを実現していくための、自然な道筋を明らかにしようとする学究的なものだった（もっとも、発刊直後にアメリカでは独立宣言が採択されるという激動の時期に同書は執筆されていて、そうした現実の国際情勢にどう対応するかについての言及も同書には盛り込まれることになる）。

そしてスミスのこうした経済論の背骨には、本章の冒頭に紹介した二宮尊徳の言葉にも登場する道徳への思いがある。

徳への道

スミスが生前に著した本は二冊だけだ。『国富論』と、もう一冊は、その名も『道徳感情論』。『国富論』が世に出る十七年前のこと。それはこんな書き出しで始まる。

人間がどんなに利己的なものと想定されうるとしても、明らかに人間の本性の中には、何か別の原理があり、それによって、人間は他人の運不運に関心をもち、他人の幸福を――それを見る喜びの他には何も引き出さないにもかかわらず――自分にとって必要なものだと感じるのである。この種類に属するのは、哀れみまたは同情であり、それは、われわれが他の人びとの悲惨な様子を見たり、生々しく心に描いたりしたときに感じる情動である。われわれが、他の人びとの悲しみを想像することによって自分も悲しくなることがしばしばあることは明白であり、証明するのに何も例を挙げる必要はないであろう。

（アダム・スミス『道徳感情論』）[3]

スミス以降の経済学史においては、その前提として「経済人（ホモ・エコノミクス）」という人間像が置かれる。人はもっぱら、自分の利益や満足に向かって個人主義的に行動するという仮定。言いかえれば、人間とは利己的でエゴイスティックな存在だという見立てだ。

スミスも、先の引用文の中で、「自分自身の利益を追求することによって」「社会の利益を」「推進する」と言っているのであり、そうした本性が人間にあることを、そしてそれが結果的に社会の富の創出に寄与することを説明している。ただ一方、『道徳感情論』の書き出しを見てみると、そうした利己性は人間本性の一側面でしかないという人間観が、スミスの出発点にあることが分かる。

人間は、ひとり生きているだけでなく、他人に関心を持つ。そして他人の行為や結果に触れる中で、感情を動かす。自分がその人と同じ境遇にあったなら、どのような感情をもつだろうかと考える。そうした感情の重ね合わせを、彼は「同感（sympathy）」と呼ぶ。同様に、自分の行為や結果が他人からどう見られるかを気にする。できれば称賛をされたく、非難されたくない。このように互いの立場を交換しながら互いを想像し合う心情が人間の行動原理にはあり、それが一人一人の行動を導き、やがて社会を成り立たせる秩序をつくるのだと彼は考えた。同感や称賛への期待はときに報われ、ときに報われない。そこには利害関係や愛憎関係も絡むから、常にフェアであるとは限らない。そうした経験を重ねるうちに、人は、「公平な観察者（impartial spectator）」であったらどう考えるかという基準を、胸中に形成するようになるとスミスは言う。

他人の一方的な判断から自分自身を守るために、われわれはまもなく、自分と自分が一緒に生活する人びととの間の裁判官を心の中に設け、彼の前で行為していると思うようになる。彼は、非常に公平で公正な人物であり、自分に対しても、自分の行動によって利害を受ける他の人びとに対しても、特別な関係を何ももたない人物である。彼は、彼らにとっても自分にとっても、父でも兄弟でも友人でもなく、単に人間一般、中立的な観察者であり、われわれの行動を、われわれが他の人びとの行動を見る場合と同じように、利害関係なしに考察する存在である。

（『同』）

こうして人は、外的な法規がないとしても、自然のうちに、内心の良心や倫理観を形成していく。

ただスミスは、人が「賢人（wise man）」であるだけでなく、「弱い人（weak man）」でもあることをよく分かっていた。常に良心的で倫理的であれるわけではなく、常に賢明な判断ができるわけでもない。中でも、他人の目を気にし、他人からの称賛を得たいがために富や社会的な地位を求める心情を、スミスは「虚栄（vanity）」と表現した。そして、「健康で、負債がなく、良心にやましいところのない人に対して何をつけ加えることができようか。この境遇にある人に対しては、財産のそれ以上の増加はすべて余計なものだというべきだろう」[3]として、一定以上の富の獲得は、必ずしも幸福にはつながらないことを喝破しつつも、それでも富を求める人間の虚栄心や野心が、経済を発展させ、社会を文明化する原動力になるとの洞察は、後の『国富論』へとつながっていく。

ただ、『道徳感情論』では、人であり社会の発展の別の可能性が示される。

人類の尊敬と感嘆に値し、それを獲得し享受することは、野心と競争心の大きな目標である。それほど熱心に求められているこの目標に等しく到達する二つの違った道が、われわれに提示されている。ひとつは英知の探求と徳の実行によるものであり、もうひとつは富と地位の獲得によるものである。

（『同』）

「財産への道（road to fortune）」とは別に、「徳への道（road to virtue）」があるというのだ。スミスは徳を、「卓越し称賛に値する人格、尊厳と名誉と明確な是認の自然的対象となる人格を形成する、気質と行動の傾向」[3]と定義する。そして「完全な慎慮、厳格な正義、適切な仁愛の諸規則にしたがって行為する人は、完全に有徳であるといわれていい」[3]と考える。

ただ、である。世間にとって前者（財産）は見えやすいものである一方、後者（徳）は見えにくく評価されにくい。それゆえ、周囲からの称賛を求める心情は、人をして、後者の重要性を認めつつも、前者の道を歩かせることになる。

実際に彼の生きた時代、個人においても社会や国の単位においても、「徳への道」から外れた事象がいくらでも観察された。

スミスの時代のヨーロッパ諸国の経済は、特権商人や大製造業者をはじめとした市場参加者の独占と不正のために、富の機能を十分に生かすものにはなっていなかった。〔中略〕〔そして、彼ら〕市場参加者だけではなく、彼らに言いくるめられ、彼らと癒着した政治家や官僚によっても腐敗させられた経済システムであった。政治家や官僚は、癒着から得られる私的な利益のためだけでなく、他国に対する自国の経済的・軍事的優位を確立するという政治的野心から、さまざまな規制を産業と貿易に設けた。その結果、国内の市場は歪められ、経済成長は妨げられ、貿易は国際紛争の原因になった。

（堂目卓生『アダム・スミス ―「道徳感情論」と「国富論」の世界』）

十八世紀後半のことである。

一人一人の利己心や虚栄、高慢が先走り、組織化し、慎慮、正義、仁愛が置き去りとなる経済・政治の状況は、二五〇年が経った現在も変わらない。経済学の祖、アダム・スミスはそれを見て、何を思うだろう。

この二五〇年にはこの二五〇年なりに、時代ごと社会ごと、そうせざるを得なかった人々の必然性があっただろうことを認めつつ、今こそ、資本主義であり経済システムの来た道を総括し、行く道を再定義するタイミングがきている。そしてその行く道のヒントは、他ならぬ、言い出しっぺたるアダム・スミスの思想の中に大きく見出せるように思うのだ。

経済学の前提を書き換える

五つの観点から、経済学の前提を書き換えてみてはどうかと思う。

もっとも経済「学」とは言いながら、ぼくは現実の経済をどうつくるかに関心があるのであって、その指針としてということではある。ただ、こうした見方の転換を持ち込んだときに、学問としてのそれがどう変容するのか／しないのかには関心があって、その端緒となれば思い、ここに記す。

①利己性から利他性へ

利己的な存在としての「経済人」という前提は、人間存在の実態から引き出されたアイデアというより、「そう考えると説明がしやすいから」という学問上の仮構として、元々は置かれたものだったろうと思う。ただ時を経て、功利主義等の学説の後押しも受け、気が付けばその力関係は逆転し、一つの仮構だったものが今や「人間存在とはそういうものだ」と、その実態を肯定し、規定する力さえ備えるようになった。

もっと多くを、もっと満足をという人間のエゴと貪欲は、二五〇年をかけて、世界の経済成長であり物質的な豊かさを実現してきた。それでもいまだ世界から貧困はなくならず、その点について分配の問題は厳然として残ってはいるものの、もうこれ以上何かをつくり出したり、便利にしたりする必要は大きな意味ではない。むしろ、それを追求するがゆえに避けられない、人間の手段化や、時間・ゆとりの喪失、格差、分断、人権侵害、環境負荷の増大といった、決算書にはのらない負のインパクトが、人々を幸せから遠ざけるようになってしまっている。そして、利害得失の感情が正義と結びつき、それがやがて武力を用いた戦争という形にまで至ったとき、それは人類の破滅という結果さえ招きかねない。

もっとも利己性に関して、消費者としての個人においては、行動経済学等の検討を通じて、「人間は必ずしも常に経済合理的・個人主義的にふるまうわけではない」との認識はむしろ前提化してきているとも思う。問題は企業という主体である。上場企業を中心に、株主等のステークホルダーからの圧力を受けることで、自社の利潤最大化を経営の目的とすることはあまりに当たり前なことになっている。ここが変わり得たら、楕円の二つの中心点をなすように、利己性と同じくらいの利他性を企業が備えるようになったなら、その活動が生み出すものは大きく変わるだろう。ただそのためには、経営者や従業員がそれを望むだけでは十分でなく、そこに大きな影響を与える資本市場や金融のあり方から見直す必要がある（第八章「クルミド資本市場」への言及を参照されたい）。

エゴを超え、局面によって、自己より他者を優先しさえする徳を備えることは、人類史的な挑戦である。そのためには、物質的な前提条件の整備と少しの余裕、そして人間的な成熟が必要だろう。ただそれも、たとえば家族間であればそうした姿勢や行動様式が必ずしも珍しくはないように、「身近な大切な人」との関係においては、自然と実現しうること。問題は、「身近で大切」なのはどこまでなのかであり、その点では、最初からそうである人とそうでない人がいるというより、関わり、交わる過程でそうなっていくものなのだと考えるとよい。「支援し合う関係」の積み重ねが、周囲に身近で大切な人を増やし、人の自然な利他性を引き出していく道なのだ。そうして、上段に構えたような学問の前提も、結局は人が日々どう生きるのかという足下へと帰着するのである。

②リザルトパラダイムからプロセスパラダイムへ[5]

ぼくらは、あまりに目的にしばられている。

それは利己的な目的に限らない。いわく社会課題の解決等、利他的なものである場合もそうだ。その目的達成のために日々の仕事があるのだとすると、人や時間やいのちといったものすべては手段化する。

目標はあっていい。計数管理もなされるべきだ。また、「一つ一つのいのちが大切にされる社会をつくるには」というような問いを持つことは、進むべき方角を示してくれる光ともなる。ただそれが、あなたの存在理由になってしまってはならない。どんな目的や理念も、あなたが今ここに存在する理由のすべてを説明してはくれない。あなたはまず、あなたのいのちを全うするためにここにいる。その全うのために、何かしらの目的や理念との間に、重なりを見出すことは大いにあるだろうけれど。

組織もまちも、そうした一つ一つの存在のかけ合わせとして成立することになる。だから、目的も理念もビジョンもパーパスも常に変化し続ける。かと言ってバラバラに動くしかないわけでもない。互いに関わり、重なりをつくり、それを更新し続けていく中から、「私たち」としての方向性は自然と見出される。それは組織となる。どんなに大きな組織も、それはまちであっても社会であっても、そうしたブリコラージュ的な過程を端折ることはできない。

結果は、なるようになる。結果を放棄するという意味ではない。なるようになることが大事だということだ。それはまた、がんばらないという意味でもない。全力でがんばる。なんなら一二〇％がんばる。自分たちを出し尽くす。その結果どうなるかは身を預けるということだ。「こういう結果を出さないと」に引っ張られすぎると、いのちやいのちの関係性が歪み、健全でなくなる。

目的を語らねばならず、結果を実現しないといけなくなるのは、多くの場合、説明責任を負うからだ。別に、経営者と株主の間だけで使われる用語ではない。こどもと親の関係においてだって、仲間同士でだって、そうした責任にしばられることがある。やる前から、「なぜやるのか」「どんな結果を目指すのか」を問われる。それには本当は、「やってみたら分かる」「なるようになる」と応えられるといい。実際のところそうなのだから。説明を求めること、問うこと自体が悪いわけではない。そう問われ、応えようと考えることで気付けることはたくさんある。ただそう問う側には、問いながらも答えを求めない器量の大きさが必要だというだけだ。

たとえばぼくらは、国のGDPを成長させるために生きているわけではない。会社の売上のために生きているわけではない。そのことは誰しも奥底では分かっているから、GDPや売上のためには最後の最後でがんばれない。その結果、仕事はそこそこのものにしかなり得ず、望むGDPや売上も達成できないという皮肉な結果を生む。

むしろ、目の前にいる、自分の愛する人によろこんでもらうためとなれば、人はがんばれる。自分が誇りをもって取り組む仕事にだったら、全身全霊でがんばれる。そういう風に一つ一つの仕事や関係性を大事にし、そこに手を抜かず、全自分を投入し全うすれば、結果はついてくる。一見、自分の望んだ結果でないように見えることがあっても、その結果でよかったのだと、その結果である必要があったのだと、後になって分かる。そういう段階を経て、最初から最短距離で行こうとしたときよりも結果的に早く、目的地にたどり着けるようなことがよくある。

そして、目的や結果から解放され、自分自身をも解放できたとき、人はもっとも自由で創造的になる。遊ぼう。究極のプロセスパラダイムは遊ぶことだ。こどもも大人ももっと全力で遊ぶようになれば、それは一人一人の幸福につながるだけでなく、社会の生み出すものすべてをもっと魅力的にするだろう。

③客観から主観へ

金銭換算されないものは価値がないとされる世の中だ。

客観的に計測されないものは存在しないとされる世の中だ。

たとえば一つのお店の価値は、その売上やCO_2排出量（もし計測できるとして）だけではかれない。そのお店があることの価値は、あったことの価値は、たとえばそのお店がなくなるとなったときによく分かる。でもそれは計量化できないし、決算書にも載らない。でも本質的な価値はそっちにある。

科学は、測定・計量化できないもの、客観的に説明できないものを扱うことが苦手だ。経済学も例外ではない。でも測定・計量化できないからといって、それがないことにはならない。ぼくらはざっと世界の半分を、ないことにしている。

測定・軽量化できないものでも感じることはできる。スマホやパソコンやテレビや電気をもたなかった頃の人類は、もっと多くを感じることができていたのではないかと思う。

経済行為を取り巻く三つの市場、流通市場、労働市場、資本市場、それらのいずれもで、もっと感じることや人の主観をうまく扱えるようになるといい。モノやサービスの価値は人によって違う。同じ人でも時によって違う。そうした価値の尺度としてぼくらはお金に頼りすぎている。そもそも「売って」いるものはモノやサービスでないということもある。ぼくらカフェのような仕事は、典型的にそうでないところがある。なのであれば、必ずしもお金で都度精算する形でなくてもいいのかもしれない。一か月の終わりに、「今月はだいたいこれくらい」「今月は、たくさん利用させてもらったし、懐にも少し余裕があるから、多めに払っとくよ」みたいなことでもいいのかもしれない。

人の採用（労働市場）にしても、一時間の面談で（それが一週間のインターンシップだったとしても）、分かることは限られる。そしてそこでの判断基準は機能性に寄っている。サボテンが水辺には生えないように、うまい順に十一人を集めても強いサッカーチームにはならないように、組織づくりには互いの相性や、見えにくい相互作用が影響する。組織とは、機能性の組み合わせだけでは思うように機能せず、存在の組み合わせという土壌があってはじめて成立するものだ。そういう意味で、「必要なときにそこにいる（ある）」というような、説明のつかない縁のようなものにも、十分な合理性がある。

資本市場においても、お金の出し手と受け手が、測定・計量化しにくい仕事の価値まで感じ取れる距離の近さにあるといい。技術を用いることで、ある程度は物理的な距離を超えることは可能にしても、身体性をともなって感じ合えるものにはやはりかなわない。先に、仕事における受け手と贈り手の「越境」について触れ、スミスも「立場の交換」とし

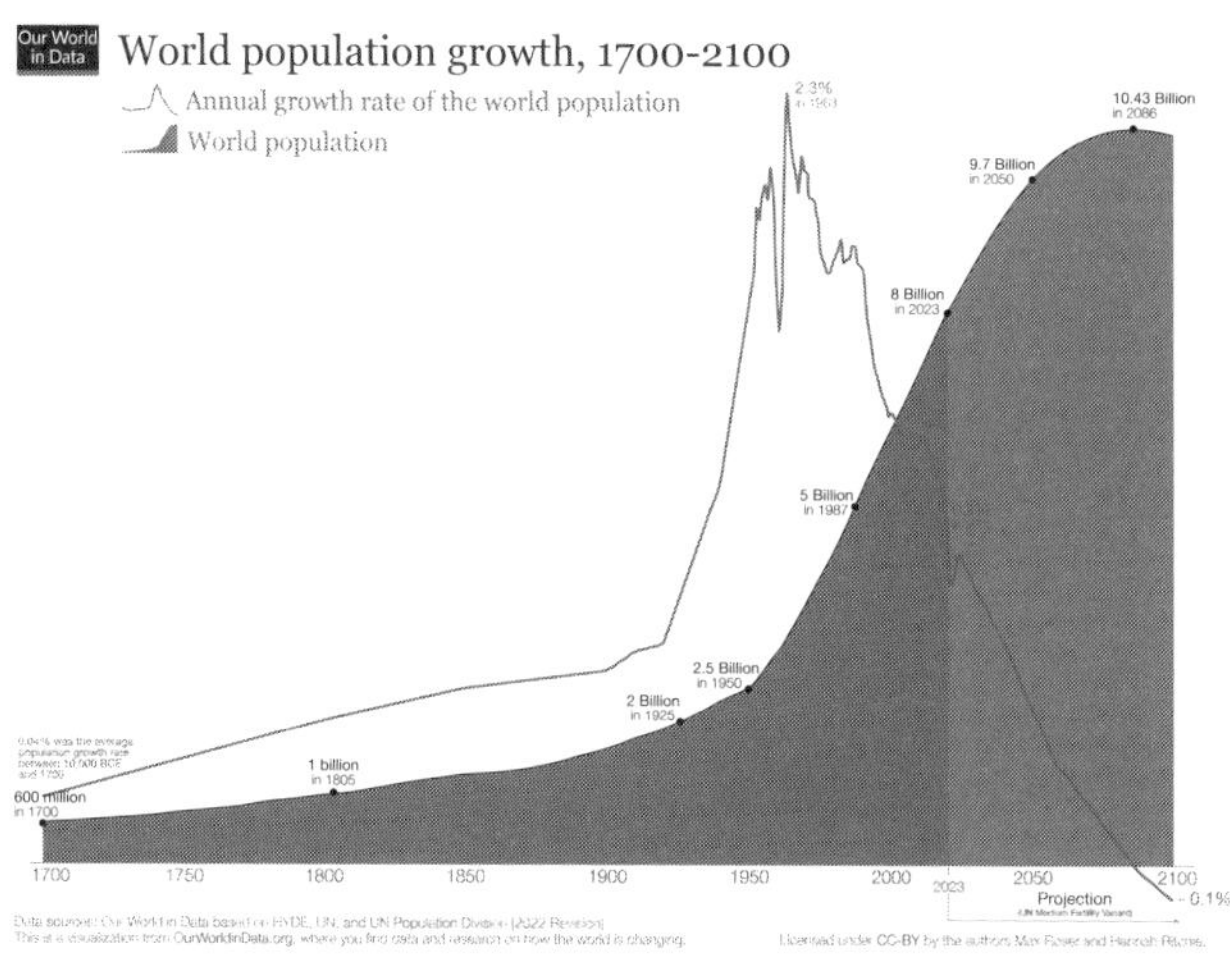

て言及しているけれど、資本市場におけるお金の出し手と受け手も、互いの立場を超えていけるといい。そうした関係性の中でようやく、真の説明責任は果たしうる。

現実が、測定・計量化できるもの、客観的に説明できるもので埋め尽くされてしまうと、そこには未来につながるファンタジー（創造的な想像力）も入り込めない。反対に言えば、普段から、目に見えないものや言葉では説明できないものの居場所を自分の中に用意できていたなら、そこには自然とファンタジーが流れ込む。そしてそのある部分は、未来において目に見える現実をつくり出すことになる。

④無限から有限へ

一九六三年が、人類史に残る分岐点だということを知っている人はどれだけいるだろう。

この年、世界人口の増加率は二・一三％となり、過去最高を記録。ただしそれが人類史を通じての増加率のピーク。以降はその数値を上回ることなく、一九七三年には二％を割り込み(一・九九%)、二〇二一年にはついに一%を下回ることになった(〇・八七%)。つまり、世界人口そのものはいまだ増えてはいるものの、その増えるペースは落ち着いてきていて、やがて増えなくなる(場合によっては減っていく)未来が見えてきているということだ。

生物学の世界にロジスティック曲線という考えがある。ある単一種の生物が一定環境内で増殖するとき、その生物の個体数はゆるやかなS字カーブを描く。

たとえば孤立した森の空間に、この森の環境要件によく適合した動物種を新しく入れて放つと、初めは少しずつ増殖し、ある時期急速な、時に「爆発的な」増殖期を迎え、この森の環境容量の限界に接近すると、再び増殖を減速し、やがて停止して、安定平衡期に入る。

(見田宗介『現代社会はどこに向かうか—高原の見晴らしを切り開くこと』)

つまり、一九六〇年代を「増殖期」のピークとして、人類という種も、この世に誕生して以来初めて、いよいよ環境容量の限界に達しつつあるということ。これまで「無限」と感じられてきた世界が、実際には「有限」であるという現実に、ぼくらは直面しているということだ。

かつて交易と都市と貨幣のシステムという、「近代」に至る文明の始動期に、この新しい社会システムは、人びとの生と思考を、共同体という閉域から解き放ち、世界の「無限性」という真実の前に立たせた。カール・ヤスパースが「軸の時代」と名付けたこの文明の始動期の巨大な思想たち、古代ギリシャの哲学とヘブライズムと仏教と中国の諸子百家とは、世界の「無限」という真実への新鮮な畏怖と苦悩と驚きに貫かれながら、新しい時代の思想とシステムを構築してきた。この交易と都市と貨幣のシステムの普遍化である「近代」はその高度成長の極限の形態である〈情報による消費の無限創出〉と世界の一体化自体を通して、球表の新しい閉域性を、人間の生きる世界の有限性を再び露呈してしまう。

かつて「文明」の始動の時に世界の「無限」という真実に戦慄した人間は今、この歴史の高度成長の成就の時に、もういちど世界の「有限」という真実の前に戦慄する。

（『同』）

経済の理論であり実践の、前提条件は大きく変わった。量的な意味での成長は、環境容量がもはやそれを許さないということだ。

人類が現在の社会生活を維持するために、どれだけの環境容量を必要とするかを分析する手法に「エコロジカル・フットプリント」というものがある。その二〇一九年の集計によれば、その時点ですでに一・七個分の地球が必要という試算[6]が出ている。地球環境にかける負荷は、すでに大きく持続可能な水準を超えてしまっている。その数値の厳密さはともかくとしても、常態化する異常気象、生物多様性の危機、鉱山や油田の枯渇、マイクロプラスチック被害など、地球環境に異変が起きていることはそれぞれにも実感されるところなのではないだろうか。

環境負荷とは、大きくは「環境から何を取り出すか」と「環境に何を捨てるか」で構成される。そしてその両面において、経済活動に上限（キャップ）を設定するとともに、それらを低減させる努力が必要になる。このことは、「そうできるといいね」というような努力義務ではなく、もはや前提条件だ。「環境負荷を抑えた上で、その中でできることを考える」と優先順位を変えないことには、地球がもたない。企業活動を評価するものさしも、課税のシステムも、そうした文脈で再設計されることになるだろう。したがって成長の捉え方も変わる。環境負荷を低減させることなく成し遂げられる成長は評価されないどころか、むしろ「不経済（費用が便益を上回った状態）」なのであって、今後成長とは、もっぱら質的な意味において追求されるものとなるだろう。[7]

一人一人の生活スタイルにおいても、「もっとたくさん買って、もっとたくさん捨てる」ことは続けられなくなる。

ただこうした変化を、必ずしも「残念なこと」と思う必要もない。

必要のないものをたくさんつくるのではなく、いいものを必要な分だけ丁寧につくる。それを大事に受け取り味わって、できるだけ長く使う。人間関係を手段化するのではなく、一人一人と思いや言葉を交し、感謝や親愛の情を育む。そうした経済がもたらしてくれる、別種の満足と幸福があるはず。有限を楽しめばいい。

たとえば都市部に暮らしていると、日々、新たな高層ビルが建てられる光景に出くわす。そして思う。このビルを建てたいと思っているのは誰なのだろうかと。建設会社やディベロッパーの担当者は、このビルが建つことで、人に、環境に、何かいいことがあると思っているのだろうか。社長は？　あのビルを建てさせる力はどこからくるのだろう。ぼくにはそれが人の思いではなく、「お金のため」であるとしか思えない。成長へと駆り立てられる資本主義のシステムゆえとしか思えない。であるならば、こうしたものをやめればいいのだ。人の意志によって。

資本や人口が定常状態にあっても、それが人間の進歩向上をも、停止状態におくことを意味しないのは言うまでもない。あらゆる種類の精神的教養や道徳的社会的進歩の余地は従来と変わらず大いにあり、「生活の技術（the Art of Living）」を改善する余地も大きい。したがって、人類の心が経済的成功の術策に熱中することがなくなれば、いっそう向上するだろう。

（ジョン・スチュアート・ミル『経済学原理4』）[8]

成長経済から定常経済へ。確かに、こうした経済の移行に際して失業者は出るだろう。既存の量的な成長を前提とした経済システムで抱えられなくなる人は出てくるだろう。でもそれも考えようだ。晴れて自由の身になったと考えられないか。もしお金で苦労しそうなのであれば、第八章で触れた「お金に頼るのを半分に」している地域に参加すればいい。もし肌が合えば、「友愛の経済」の担い手になってもいい。大規模な機械設備やエネルギーに頼らず、人の手による仕事を大事にする友愛の経済は、環境とも相性がいい。

もっとも、こうしたことを書いていながら、ぼくら自身の環境への取り組みはまだまだだ。この手の話題となると、どうしても国とか大企業とか国際社会とか主語が大きくなりがち。確かにそのもたらすインパクトの大きさから、そうしたアクターの動きが重要であることは間違いないのだけれど、一方、ぼくらのような小さな当事者が我関せずでいいわけではない。ぼくら自身、「再生可能エネルギー一〇〇％」「プラスチックをできるだけ使わない」「ゴミの量を半減」などの実現を目指しつつ、そうした過程を公開することで、身近な人々の興味喚起にも貢献できたらいいと思う。クルミド資本市場も同様で、事業活動を評価するものさしに環境負荷の観点を取り入れる。まずは網羅的でなくてもよくて、できていないことを責めるニュアンスではなく、改善を讃え、応援するトーンで運用できるといい。使う資源にしても捨てる資源にしても、一事業者で解決できることは限られているから、地域内の循環の中で受け止めていけるようになるといい。

そうして、有限を楽しむ環境負荷の小さな友愛の経済を育てることで、来るべき移行の受け皿の一つになれたらと思う。

⑤大きなものから小さなものへ

「規模の経済」や「範囲の経済」といった理屈もあり、経済であり企業活動は、放っておけばどんどん大きくなろうとする。そうすることで効率を高められるからだ。そして今やグローバル大企業は、それぞれ国家財政の規模をも上回るような存在になった。そういう大きな主体が連携して成り立つ大きなシステムによって、ぼくらの生活は支えられている。

ただ、大きなシステムでは人間は手段化する。その圧倒的な力関係ゆえ、システムが主、個人が従という関係を抜け出すことは難しい。反対に、一人一人がのびのびと自分のいのちを生きられて、一つ一つのいのちの歪さに、むしろシステムが合わせていくことを考えるなら、システムはできるだけ小さいほうがいい。それは一つの事業体においてそうというだけでなく、経済循環という観点でも、国より都道府県、都道府県より市町村のような単位で考えられたほうが、柔軟な設計・運用が可能になる。

また、互いの顔が見えるような関係性に根差した経済だから、互いの仕事の背景や思いまで感じ合い、目に見えにくい「お金以外の価値」を大事にすることもできる。そしてそうした距離感だから、アダム・スミスのいう同感——互いの立場を交換しながら互いを想像し合う心情——も成り立つ。逆に言うと、そうであることで、人をしてエゴの道へと走らせず、「徳への道」も見えてくる。現行の経済において道徳が失われがちなのは、他者の存在や体温を感じにくい大きな単位での循環となってしまっているからなのだ。

ただ小さな経済循環の場合、自立・自活しにくいという問題がある。すべてを自分たちでまかなうことができないから、大きなシステムに依存せざるを得ない。

ぼくら自身もそうだ。一つの試算をしてみる。二〇二三年度のクルミドコーヒーの決算。売上から、メンバーに支払った給与と家賃を除いた金額（つまり、自分たちの外に向けて支払ったお金）について、その行き先を四つに分類してみる。

A　地元[10]（地方税を含む）
B　地元ではないが、困りごとがあれば相談できる関係先
C　ABD以外
D　上場企業相当、国税、社会保険料

つまりぼくらは、お客さんに支払ってもらったお金を自分たちの売上としたのち、今度はそれを外へと支払っていて、そこでは誰か他者の「売上」に貢献している。ぼくらはいったい誰の売上に貢献しているのか、分類してみるのだ。その結果はこう。

Ａ　一四・〇％（二八・八％）
Ｂ　一六・三％（二七・一％）
Ｃ　一四・二％（二三・六％）
Ｄ　五五・五％（三〇・五％）

ぼくらは、意識的にも、かなり地元に根差した商売をしているつもりでいる。そんな自分たちでも、外に支払うお金の半分以上が、実は大きなシステムへと向かってしまっているのだ[11]。純然たる「地元」に循環させているお金は一四％に過ぎない。（もっともこうした数値の母数には税金と社会保険料が含まれるから、必ずしも「選択的」な支払いではない。そこでその両者を除外して集計したものが（　）内である。そしてその場合でも、大きな傾向は変わらない）ただ、地元ではどうしても調達できないものもあるし、日本各地に、積極的に応援したい仲間もいる（くるみの里・東御市や、第一章で紹介した桃農家・ゆうき農園金子さんなど）。「Ａ」を狭義のコミュニティ調達だとすれば、「Ａ＋Ｂ」は広義のそれとして位置づけられる。まずはここに着目し、自分たちで選べる支払いにおけるその割合――「四五・九％」を高めていくことが目下の経営課題だ。[12]

コミュニティ調達率を高め、自活できる小さなシステムの中に生きることは、自由になることでもある。大きなシステムとの力関係は対等ではないから、何かの拍子に一方的に条件を変えられたり、関係を断ち切られたりしても文句は言えない。何か大きな変化が起こったときでも、「自分たちでなんとかできる」と思えることは大きな安心感につながるとともに、経営の持続可能性の基盤となる。[13]

見渡せば現在、都市では過密が進み、地方では過疎が進んでいる。これは、グローバルに最適化を目指そうとする大きなシステムの合理的な帰結だ。バラバラに、分散的に社会が存在するよりも、集約的にあったほうが効率がいい。その大きな力学に目を向けずに、移住促進などの施策を講じたとしても、それは表面的で一時しのぎの手当てでしかない。本質的な打開策は、本節で触れてきたような、小さく自立的な経済循環をそれぞれにつくり直すことだ。

地方経済についても、先述のような「お金の行き先」についての分析をしてみるといい。具体的な名前を出して恐縮だけれど、ユニクロ、スターバックス、イオン、セブンイレブン、トヨタ、docomo、アマゾン、積水ハウス、○○電力、JR……、全部「D」だ。そこへと支払うお金の大部分は地元に残らない。だから地方で何か創業したとしても、それへとお金を払ってくれる顧客が存在しない。となると都市部へと出るしかない。それではいつまでたっても地方に働き口は増えない。その地方出身者も、仕事がないのでは戻りたくても戻れない。そうして、じわじわと地方経済が衰退した頃合いで、頼りとしていた大きなシステムは去っていく。地方にはもう、立ち直るための人もお金も残っていない……。

本来は地方のほうが、「小さく自立的な経済循環」はつくりやすい。農業や漁業など食を支える基盤があるし、森林資源があればそれがエネルギー源にもなる。土地も安く、都市部ほどお金に頼らなくていい前提条件がそもそもはある。ただそこに大きなシステムによって楔（くさび）が打ち込まれ、そこからすーすー空気がもれるようにして地域資源が奪われてきた。

それは自然なことのようにも思えるかもしれない。経済とはそういうものなのだと。人やお金の流れを、無理やり地域に閉じ込めようとすることのほうが不自然に思えるかもしれない。そこを分けるカギは、豊かさと社会関係資本と起業家精神だ。

ぼくらは貧しくされてきた。上がらない賃金、低い労働分配率、税金、社会保険料、物価高。可処分所得は減る一方。そうなると何を買うにしてもコスパを意識せざるを得ない。同じものを買うなら十円でも安く。そうなると資本力のある大手の商品・サービスを、ということになる。また、それぞれが貨幣経済に組み込まれ、情報ツールも普及し、技術も発展し、お金さえあれば一人で生きていける状況となり、保育も介護も「サービス」を購入する形となって、社会関係資本は失われた。そして、教育のせいか、身近な大人がほとんどそういう存在になってしまったからか、人の生き方が、そのほとんどにおいて雇われることや消費することに終始し、自ら何かをつくり出すこと、そしてそれに伴う責任を引き受けることは選ばれなくなった。

これでは、小さく自立的な経済循環は育ちようがない。

でも、これだけ大きなシステムの「手の内」が分かっていれば、本当はそれへの対処も可能なはずだ。改めて、お金に頼る部分を少なくし、目の前の人といかし／いかされる関係を結び直し、一人一人が少しずつつくり出すこと、挑戦することを引き受け直す。そうした土壌が豊かになれば、小さく自立的な経済循環は、少しずつ時間をかけて育っていく。そしてそこに、小さくても強い人の意志と経営技術や経験が持ち込まれれば、それはいっそう促進される。

そして、こうした小さなシステム同士は助け合うことができる。日本各地に成立するそれらが、互いに支援し合う関係（いかし／いかされる関係）を築く。そうした連なりによってできる経済は、グローバルに最適化された大きなシステムとしての経済とはまた別のしなやかさ、持続可能性、発展可能性を備えることになる。そうして実現する小さな経済システムの自律分散型モデルの先でようやく、都市の過密も地方の過疎も解決するだろうと思う。

自然の「法」にしたがう

以上、五つの視点の転換について語ってきたけれど、これらを総括すると、「自然の『法』にしたがう」ということになるのではないかと思っている。客観的・言語的に説明できる範囲での合理性ということではなく、自然の摂理に沿っているという意味での合理性だ。

〔二宮〕尊徳の、その後の改革に対する考えはすべて、「自然」は、その法にしたがう者には豊かに報いる、という簡単なことわりに基づいていたのです。

〔中略〕

「自然」と歩みを共にする人は急ぎません。一時しのぎのために、計画をたて仕事をするようなこともありません。いわば「自然」の流れのなかに自分を置き、その流れを助けたり強めたりするのです。それにより、みずからも助けられ、前方に進められるのです。

（内村鑑三『代表的日本人』）

「利己性から利他性へ」も、「リザルトパラダイムからプロセスパラダイムへ」も、「客観から主観へ」も、「無限から有限へ」も、「大きなものから小さなものへ」も、つまりはそういうことではないか。そして本章では、あえてポジションを取って書いてきたけれど、本当は「どちらも」なのだ。

迷ったら、自然がどうしているかを見ればいい。本当は人間だって自然の一部なのだから、そうした野生や本能を取り戻して、心や体（頭でなく）が自然と向かおうとする先へと向かえばいい。そこには、目には見えない「理（ことわり）」がはたらいていて、なるようになり、収まるところに収まっていく。

今回は、経済であり経済学を一つの題材として書いてきたけれど、本当はこうした視点の転換は、近現代のありようそのものに及ぶものだ。この二五〇〇年を否定しようというのではない。先述のようにそれぞれの時代に、それぞれの時代なりの必然性があった。ただ、「もう一つの世界」を創造的に想像しようとするとき、そのスタート地点に立ち返ることには意味がある。あのとき、ぼくら人類はどういう岐路に立って、どういう道を選んだのか。ゲーテにしてもアダム・スミスにしても、そのとき「選ばれなかった」道を夢想した先人たちの知恵をたどることで、現状とは別の大いなる選択肢が見えてくるだろう。そしてそうした人々が多く、自然の理（ことわり）に目を凝らそうとしたことはおそらく偶然ではない。

一つの文明が崩壊し次の文明へとその座を譲るには、百年というスパンでの時間が必要だという。そして皮肉なことに、その文明を成功へと導いた要因が、それゆえにその後もその文明の中核にあり続け、末期においてはついにそれを滅ぼす主因へと転じるのだという。

ローマ帝国は一世紀近くの時間をかけて死んだのである。〔中略〕ローマ帝国は権力、富、快楽に対するあくなき追求をよしとすることの上に建てられた帝国だった。それが成長期にはローマの活力源となり、対外発展の原動力となっていた。しかし、衰退期にはその同じものが、社会を解体させ、帝国を崩壊に導いたのである。〔中略〕一つの文明が成立するときにもった初期条件の中に、その成功から失敗にいたる未来プログラムがすでにビルト・インされているのだ。〔中略〕一つの文明の成功の条件が、同時にその文明の失敗の条件となる〔後略〕

〔立花隆『文明の逆説—危機の時代の人間研究』〕

では、この近現代を成立させた「成功の条件」とはなんだったのだろうか。立花はこう続ける。

我々の文明を他の文明と区別する最大の特徴は、それが科学的文明であるという点にある。科学の上に信を置き、科学こそが真理を与えうるのだという信念のもとに、科学的方法論をもとに知識の体系を積み上げ、その成果を頼りに我々の文明を築いてきたのである。

〔中略〕科学そのものへの疑問が噴出しているところである。そして、我々の常識を構成している、十七、八世紀の古典科学が与えた自然観、物質観、人間観は、その多くが基本的見直し、訂正の必要に迫られている〔後略〕

（『同』）

経済学も「科学的」であろうとしてきた一つの分野だろう。

同書が発刊されたのは一九七六年。そのときから文明の転換の予兆はあった。それから五十年。その後の人類の歩みをみるとき、この文明を前へと進め、そして崩壊へと導く「条件」は、科学的であることに加え、それを説明のツールとして構築された「お金を求める人間のエゴ」なのではないかとぼくは思う。[14] それによってぼくらは「成功」（少なくとも物質的には）し、いま「失敗」しようとしている。

実際のところ、この先にどういう運命がぼくらを待っているのかは分からない。ただ、築いた文明を守る方向にだけでなく、その先にあるうる別の可能性を創造的に想像し、それへと身を投じる道もある。ぼくはそっちを行こうと思う。

森の成り立ち、遷移の過程においても、パイオニアツリーと呼ばれる樹種がある。

他の樹木がまだ生えていない裸地（らち※土がむき出しになっている場所）などに真っ先に侵入してくる樹木のことを「パイオニアツリー（先駆性樹種）」と呼びます。パイオニアは〝開拓者〟〝先駆者〟を意味し、文字どおり新たな森づくりの先頭に立って開拓して行くのです。

このパイオニアツリーになれる樹木の条件には、最初は何も無い場所で生育しなければならないので、強い日射しや乾燥、寒さや強風などの厳しい自然環境にも耐えられ、なおかつ少ない栄養分（貧栄養）でも育ち成長が早いことが必要です。やがて成長したパイオニアツリーたちが葉を広げ日陰を作り、落とした葉や枝が朽ちて土壌の養分となり、他の植物が育ちやすい環境を作ってくれるのです。

でもその反面、後から入ってきた他の樹木が大きく育ち光を遮られると勢いを失い、役目を終えるように枯れるものも多いため、これらの樹木の寿命はおおむね短いのです。このような樹木が踏み台になってくれるおかげで、長い年月をかけ何百種類のもの植物で構成し、春夏秋冬違う姿を見せ私達の心を和ませてくれる豊かな「森」に育ってくれるのですね。

（『森林インストラクター』かっちゃんの山歩き）[15]

「役目を終える」そのときまで、ぼくらもパイオニアツリーたらんと思う。

奪われた時間とお金を取り戻す

ぼくのやろうとしていることは、一つの〈くに〉づくりのようなことなのかもしれないと思う。

名付けて、クルミド共和国。

ただし明確な「国境」があるわけではなく、状況によって何かしらの役割を担ってもいいと考える人たちによる自発的な参加で成り立つ〈くに〉だ。出たり入ったりは自由で、その「国境線」は伸び縮みする。「市民」と「為政者」のような区分もあいまいで、みなのもちよりによって〈くに〉がつくられていく。みなが同じ意見、同じ価値観ではなく、それぞれにバラバラで自由で歪(いびつ)だけれど、話し合いを通じて折り合いをつける術を身に着けている。存在の層でつながることで得られる、相互理解や信頼がそれを支えている。

スローガンは、「奪われた時間とお金を取り戻す」。

ここまでに述べてきたアイデアを結集し、現物給付型のベーシックインカムを構築する。クルミド不動産投資信託に託してもらった空き家をうまく融通することで、家賃は最低限で済む。毎日、〈くに〉のどこかでぶんじ食堂が開催されていて、美味しくあたたかい食事が安く食べられる。地域通貨ぶんじでも食べられる。ときには自分もつくる側にまわる。

地域通貨は、〈くに〉中の「物々交換」も支えていて、それぞれの家で余っているものや、それぞれが提供できる技術やアイデアが、それを媒介として交換されるから、新しいものを高いお金を出して買う必要はあまりない。また、人と人との「いかし／いかされる」関わり合いがいたるところにあって、そこで慰め合い励まし合えるから、病があったとしても、みなが健やかだ。病院にかかる必要はあまりない。そうした関係性は、子育てや介護も支えている。「サービス」を購入する必要はあまりない。でも、いざというときに頼れる専門家はいる。カフェは保健室の役割を果たしている。

だから、暮らすことにお金（円）があまりかからない。高い給料を求めて都心へ働きに出る必要もないから、多くの人が〈くに〉にいる。中には、自分をいかした新しい事業に挑戦しようとする人もいて、クルミド資本市場を通じて、仲間がそれをお金やお金以外の形で応援している。また多くの事業が、稼ぐのに際しても支払うに際しても、〈くに〉の中でお金を循環させているから、域外へとお金が出ていかず、それが域内の需要と供給を支えている。経済はオーガニックなペースで成長している。それでいて人手を大切にした事業が多いから環境負荷は少なく、ゴミも〈くに〉の中で循環し活用されるから、燃やしたり埋めたりする必要のあるものは多くない。そして経済といえども、一つ一つの関わり合いが「いかし／いかされる」ものだから、関われば関わるほど互いへの信頼や愛情も育っていく。贈ることや感謝することといった人の縁が、「いのちの着もの」を織り込んでいく。

それがやがて場の力ともなり、次の経済を育む土壌となる。

最近いよいよ、小規模分散型の発電事業を始めようとする者が現れた。減価償却の期間を経て、みなのエネルギーコストを大きく下げることに貢献するだろう。災害等の非常時にも安心だ。ただそれでも、食べるものの自給には限界がある。でもその点は、互いに助け合う協定を結んだ他のまちがあって、そこを頼れるから不安はあまりない。そのまちとの連携は利害関係に基づいたものというより、存在の層でつながった、信頼や愛情に基づいたもの。日常的な交流もある。こうして、ぼくらはほぼ大きなシステムに依存することなく、自立した経済循環を形づくれるようになった。

モモのラストシーン

気がつくと、お金（円）があまりいらないことに加えて、時間にもゆとりが生まれるようになった。現物給付型のベーシックインカムがあるから無理してはたらく必要はない。一人一人の人生に、がんばる時期とのんびりする時期というバイオリズムが生まれる。いずれの時期でも、一人一人は誰か他人の時間を生きるのではなく、自分の時間を生きられるようになる。誰かや何かのために無理やり差し出さなくてもよくなった一人一人の時間は、その一瞬一瞬が、「鳴りひびく光」[16]として、いのちの輝きを帯びる。そうした人々がなす光景は、『モモ』のラストシーンのようだ。

〈この〈くに〉では、長いこと見られなかった光景がくりひろげられていました。子どもたちは道路のまんなかで遊び、自動車でゆく人は車をとめて、それをニコニコとながめ、ときには車をおりていっしょに遊びました。あっちでもこっちでも人びとは足をとめてしたしげにことばをかわし、たがいのくらしをくわしくたずねあいました。仕事に出かける人も、いまでは窓辺のうつくしい花に目をとめたり、小鳥にパンくずを投げてやったりするゆとりがあります。お医者さんも、患者ひとりひとりにゆっくり時間をさいています。労働者も、できるだけ短時間にできるだけたくさん仕事をする必要などもうなくなったので、ゆったりと愛情をこめて働きます。みんなはなにをするにも、必要なだけ、そして好きなだけの時間をつかえます。いまではふたたび時間はたっぷりとあるようになったからです。

（ミヒャエル・エンデ『モモ』）

ゆとりはあるけれど、みなが享楽にふけるということでもない。

小さな頃から、〈くに〉中が一つの学校のようにして、こどもたちの育ちを助け、見守っていて、こどもたちは、自分自身を解放して遊んでいる。そういう環境で育つこどもは、その過程で自分にしかつくれない自分だけの「軸」を育み、好奇心にあふれる。そうして育った大人の中にも、常にそうした「こども」が生きているから、年を重ねても世界との関わりに飽きることがない。常に新鮮な気持ちで、生きるという冒険をやめることがない。だから、がんばることも自然なことだ。チャンスがあって、よろこんでくれる人がいるのであれば挑戦しようとする。なんなら昼夜を忘れて没頭し、打ち込むこともある。事業計画もノルマも強制もなくて、みなが、遊ぶようにはたらいている。自分のいのちを全うしてなす仕事は、代えがたい充実感をもたらしてくれる。そうして生み出される仕事は、結果、人の心にちゃんと届くいい仕事になる。そういう仕事は文化も生んでいく。その文化は、その〈くに〉にある人にとっての誇りとなり、また新たな人を引きつける力ともなる。ときには失敗もある。というか、いっぱいある。でもそれも大事な自然の一部。枯葉や枯れ枝はやがて土壌の一部となって、次の創造を育む苗床となる。

クルミド共和国は日本にある。

何かと敵対し、破壊しようとすることはない。

インド独立の父、マハトマ・ガンジー（1869–1948）が「平和への道はない、平和こそが道なのだ」と語ったように、目的のために手段を正当化するようなことはない。武力行使という意味だけではない。ことばによる暴力も行わない。ぼくらは、ことばも時間と同じ、いのちであり流れであることを知っていて、だからそれを武器のようにしては使わない。楽器のように使う。協和音だけでなく不協和音も楽しみながら、ひびきをつくる。この〈くに〉にはその名手がたくさんいる。その名手を名手たらしめる、モモのような名聴き手もたくさんいる。そうして生み出されるひびきのいくつかは、小さくとも遠くまで届くことがある。

クルミド共和国は、東京の西に自生する森だ。
そこには野生のいのちが生きていて、カラフルなそれらが無秩序の秩序を形成している。その森は広がったり、狭まったりする。ときには遠くへと種を飛ばし、飛び地をつくる。そこではまずパイオニアツリーが荒れ地を耕し、時間をかけてそこの風土にあった森をなしていく。それらの森はやがて、大きなシステムをも包んでいく。

それが、ぼくのファンタジーです。

1 もっともこの出典は明確でなく、二宮の意を受けた内村鑑三が伝えたものとも言われています。

2 「限界費用ゼロ社会」の到来を予言する人もいます。ジェレミー・リフキン 柴田裕之訳『限界費用ゼロ社会 ―〈モノのインターネット〉と共有型経済の台頭』（NHK出版）参照。

3 アダム・スミスの『国富論』と『道徳感情論』については、『アダム・スミス ―「道徳感情論」と「国富論」の世界』（中公新書）の中で引用される、堂目卓生による訳文を採用しています。

4 堂目卓生『アダム・スミス ―「道徳感情論」と「国富論」の世界』（中公新書）

5 舘岡康雄『利他性の経済学 ―支援が必然となる時代へ』（新曜社）

6 エコロジカル・フットプリント・ジャパン「エコロジカル・フットプリント指標について」（環境省ホームページ内）
https://www.env.go.jp/content/000178848.pdf

7 環境負荷を抑えるための方向性として、「技術革新が進むことによって、同じ生産をするにしても、投入資源量や廃棄物量を減らすことができる」との別案が示されることもあります。ですが実際には、たとえば低燃費の車が開発されると、その分走行距離は伸びてしまいがちで、こうした皮肉な状況を指して「ジェボンズのパラドックス」と言われたりします。地球の有限性に向き合うに際して、技術革新が解決策となる領域は限られています。

8 ハーマン・デイリー 枝廣淳子（聞き手）『「定常経済」は可能だ！』（岩波ブックレット）の中での引用。

9 そういう点で、前章末のコラムで触れた「国分寺赤米プロジェクト」の環境負荷が極めて小さいことは特記されていいことだと思います。通常、農業においては、土地生産性や労働生産性によってその経済性がはかられますが、今後はそれらに加えて、資源生産性という観点が重要になってくるでしょう。

10 市外局番が〇四二である範囲を想定しています。ほぼ、多摩地区です。

11 大きい順に挙げますと、社会保険料（一九・九％）、消費税（一三・九％）、タカナシ乳業（六・三％）、アスクル（三・〇％）、労働保険料（二・〇％）となります。外への支払いのうち税金・社会保険料の占める割合が三九・七％もあるのですから、これで商売を成り立たせろというのはなかなかに無茶な注文です。

12 比較可能な数値が取れる二〇一〇年度の「A＋B」（広義のコミュニティ調達率）は二〇・八％でしたから、そこと比べれば大きく改善しています。中でも、電気を株式会社つるエネルギーさん（山梨県都留市）にお願いできるようになったのが大きいです。

13 そういう意味でぼくらが次に向き合いたいテーマは、食糧（料）生産と小規模分散型発電です。地政学的な限界もありますし、「餅は餅屋」として仲間と助け合う方向は志向しながらも、いざというときに、自分たちだけでも持ちこたえられる地力をもっておきたい気持ちもあります。

14 そう考えると、ローマ帝国の崩壊の過程と同じ歩みをしていると見ることもできます。どれだけ時間が経っても、人間とは同じ過ちを犯す生き物なのかもしれません。

15 https://blog.goo.ne.jp/katchan0624/e/c0ba1071c263b390f467f305a53fd09f

16 ミヒャエル・エンデ『モモ』の第十二章「モモ、時間の国につく」に、「この鳴りひびく光こそが、どれとして同じもののないあの類なくうつくしい花のひとつひとつを、くらい水底から呼び出して形を与えているのではないでしょうか」と出てきます。ぼくの大好きな表現の一つです。

コラム7

創造と物語の泉

影山知明

かげやま・ともあき▼思い込みかもしれませんが、この本を書きながら、その「泉」に近付けたかもしれないと感じる瞬間が何度かありました。どこかに、そんなひびきを感じ取ってくださる方がいらっしゃったなら、この上ないよろこびです。

それが文章であれ絵画であれ音楽であれ、表現者と呼ばれる人はまず、発信者である前に受信者なのではないかと思っています。この世界に流れている、ことばになる前のことば、絵になる前の絵、音になる前の音を、人一倍のセンサーで感じ取って、自身のなかで増幅、結晶化して、人の目に見えるように、耳に聞こえるように示してくれる。表現とはそういうものなのではないかと思うのです。

スイスの精神科医・心理学者 カール・グスタフ・ユング（1875-1961）は、一人一人の無意識を超えたところに、集団・民族・人類に共通した深層心理があるとして、それを集合的無意識と呼びました。力ある表現者たちはそこへと迫り、そこにあるものをぼくらに見せてくれる。

ある種の作品に触れたときに、それはまったく新しいものであるはずなのに、どこか懐かしい感じを抱くことがある。あるいは、自分がモヤモヤと感じていたものを、「まさに！」と言い当ててもらえる文章に出会うことがある。そういった経験をすることがあるのは、その表現者が他の人より少し深いところまで潜って、それをすくい取って、見せてくれるからなのだと考えることはできないでしょうか。

そして、本書にも何度も登場してくれたミヒャエル・エンデのモモは、話し手をやさしくその集合的無意識へと導いてくれる存在なのではないかと思うのです。[1]ジジもこどもたちも、そうして創造と物語の泉へと誘われ、気が付けば自分では思いつかないようなお話を語り、超スペクタクルな冒険ごっこをしている（『モモ』の第三章や第五章にあふれる創造性の輝きは、同書の中でもとっても好きな部分の一つです）。モモのおかげで、受信する力も発信する力も高まって、表現されたそれは力強い物語となってひびく。ぼくらにもモモがいてくれたらなと思う瞬間です。

　そして実はまちにも、そういう目に見えない流れやひびきのようなものがあるのではないかと、ぼくは思っています。意味を持つ前のことばの流れが、一人一人にも、人間だけでない歴史や自然や風景を含んだものとしてのまちにも流れていて、それが強くなったり弱くなったりする。一人一人が頭で考えすぎるのではなく、心や体で感じて、遊び、野生のいのちとしてふるまえるとき、それは周囲の自然と調和して、世界に流れるその流れを強くする。ぼくらはそうした流れに包まれていると同時に、ぼくらがそうした流れを包んでもいるのです。

　とするとまちづくりとは、そういう流れやひびきを感じ、すくい取って、一つの表現へと昇華していく営みなのだとも言えそうです。だから、モモのような存在のあるまちは、自然と創造と物語にあふれていく。そしてその表現は、その流れを心と体で共有している人たちに対してこそより深く届く。そうして生まれる感動は、その泉をまたいっそう豊かにもする。ぼくが、土地に根ざしたまちという単位に可能性を感じるのは、こうした構造ゆえでもあります。[2] インターネット経由では、こうした目に見えない流れやひびきを共有することはできません。「あの人とはことばが通じない」と言うとき、それは意味の層においてということだけでなく、その前段となる流れの層（文脈といってもいいかもしれません）においてつながれないからなのだと思います。実際ぼくも、話している内容うんぬんではなく、その前段の流れが違いすぎて、分かり合える気がしないということがよくあります。あるいはそもそも、頭からだけ発せられていて、「泉」に根差さないことばに出会ったとき、頭では分かっても心や体には届かないということもよくあります。そういう人たちとは心の底から手を握ることはできません。

　ことばは文化です。風と土（あわせて風土といいますね）を共有する者たち（それは人間だけではありません）によって、ユニークに形成される流れです。風土が変われば、そこで交換されることばもまた変わります。たとえば標準語を使うことで一見分かり合えるように思えて、そこに込められた流れやひびきまでは分かり合えていないのです。

この本も、ぼくが生まれ育ち、日々を過ごすそうした流れの上に書かれています。ですので本書に興味を持ってくださった方は、是非ぼくらのまちを訪ねてみていただけるといいなと思います。そして一週間くらい滞在して、流れやひびきを感じて、その上でこの本をまた読んでくださったなら、その味わいもまた変わるのではないかと思いますから。そしてぼくも、そういう流れの豊かな別のまちを訪ね、創造と物語の交流を体感したいと、いつも思っています。

本章で最後に述べた「森が広がる」とは、何か表面的なやり方をまねるということではなく、そうした目に見えないことばが通じ合うようになるということではないかと思っています。一つ一つの「森」に固有のことばがある。それぞれがそれぞれに流れることばを育みながら、ときに交じり合う。それらのうちのいくつかは、豊かに共鳴し、共振し、また別の流れやひびきとなって流れていく。「もう一つの道」の実体をなすのは、そういうものなのではないかと思うのです。

1 ことばだけでなく時間も、そうした流れの一つと捉えられるのではないでしょうか。モモは、一人一人のことばに耳をかたむけられたように、時間の流れにも耳をすますことができました。しかもそれはその効用や有用性を捉えるようなものではなく、それらを「一瞬一瞬の輝き」として感じ取るようなもの。そうしてモモはいつも流れのなかにあって、それらを自分のなかにとどめることがないから、時間どろぼうもモモの時間だけは盗むことができなかった。——これは『エンデを旅する』(岩波書店)に収められた「『モモ』の時間の花」での田村都志夫さんによる考察で、まさにそういうことなのだと深くうなずきました。

2 ことばや音、時間と同じように、お金の正体もいのちなのではないかと思っています。ですので、まちをめぐるそれらと一緒になってお金も流れ、ひびくことができるはずです。そしてそうやって立ち上がってくるまちの経済は、ぼくらがいま思い浮かべるそれとは、まったく違うものになるだろうと思います。

あとがき

「天国と地獄は同じ景色をしている」、という。

どちらも、中央では大きな鍋が煮えていて、みなが車座になってそれを囲んでいる。それぞれが手元に持っているのは、長さ一メートルにもなろうかという長い箸。ここまでは一緒。

地獄では、みなが我先にと食べようとするけれど、箸が長くてうまく食べられない。結果、とっちらかって、誰もがイライラしてケンカになる。でも天国では、その箸を使って、自分ではなく、まわりの人に食べさせてあげようとするから、誰もがうまく食べられて、満たされて幸せ。

ぼくは、この「お箸」にあたるものが、資本主義やお金などの制度なのではないかと思っている。資本主義やお金が人を不幸にすることがあるとしても、悪いのはそうした制度ではない。それを使う人。一人一人が自分の利益ばかりを考えるから、奪い合いになり、傷つけ合いになる。得る者と失う者、分断を生む。もし一人一人がもっと、与え合うこと、いかし合うことを考えられたなら、その瞬間から、そこはまったく違う世界になる。

今この瞬間も、あなたの目の前にその「お箸」は置かれている。あとはあなたが、それをどう使うかだけなのだ。

本書で語ってきた、「友愛の経済」や「〈共〉の可能性」、「自然の理に沿って生きる」など、実はもうシナリオは十分にあるようにも思う。その証拠に、その辺にある本を取って開いてみると、みんな実は同じようなことを言っている（問題意識の方向性を同じくする本においては、だけれど）。あとはやるだけ。どこかで誰かが、ではない。あなたが、やればいいだけなのだ。

前著『ゆっくり、いそげ』を出したのが二〇一五年。今読み返してみても、全体をそこはかとない楽観が包んでいるのを感じる。本書の元になった『続・ゆっくり、いそげ』を出したのが二〇一八年。こちらは逆に、全体を通じて悲観が影を落としている。人が楽観的になるのも悲観的になるのも、結果を想像するからだ。〈リザルト〉に囚われるから。うまくいきそうだと思えばワクワクし、うまくいかなさそうだと思えばくよくよする。それらの頃と比べて自分が一番変わったのは、結果をあまり気にしなくなったところだと思う。うまくいこうといくまいと、「なるようになる」と思えるようになったこと。この間、コロナ禍で、お店がつぶれる一歩手前まで何度かいったことや、身近な人の死に立ち会うことが幾度もあったことが影響しているのだと思う。お店にも人にも、いつか終わりは必ず訪れる。そこで問われるのは、何を成し遂げたかではなく、いかにその〈いのち〉を全うしたかだ。それも、その人なりの形で。人は、死ぬときには死ぬし、お店もつぶれるときにはつぶれる。そのことをくよくよしてもしょうがない。楽観も悲観も包み込んで、光も闇も内に抱えて、自分にできることを全うするだけ。そういう自然体な覚悟みたいなものが、本書の底流に流れていたらいいなと思う。

成功とか競争とか、ウソとか忖度とか、まわりの目とか保身とか、そういうの、もうやめてみてはどうだろうか。そういう外からの力に惑わされずに、一人一人が精いっぱい、自分のいのちを生きたらいい。そういう一つ一つの生き様が放つ一瞬の光や熱が、人の生きる意味だ。食うに困ったって大丈夫。そういう人にだったら、長い箸を使って鍋を食べさせてくれる人がきっといる。そしてその鍋は、きっとおいしくて楽しくて幸せだと思う。

＊　＊　＊

一つ、提案があります。

ぼくはこの本を十章まで書きました。その続きを、第十一章を、それぞれに書いてみてもらえないでしょうか。この本の主語は、ぼくです。ぼくはこんな風にやってきたし、こんな風にやっていこうと思いますという、ぼくなりの所信表明がこの本です。それを受けて、今度はあなたが、主語を「私は」にして、その先を書いてみてもらえないかと思うのです。自分は行動派だから文章なんて書かないという人もいるでしょう。でもそういう人の中にも必ず、流れることばがあります。あるとき、そのことばをつかまえて、すくい取って、形にして残しておけると、それは他の誰でもない、あなたにとっての指針になります。悩んだとき、迷ったときに、帰ることのできる原点になります。そしていつか、その所信表明を、あなた自身が超えていける日がくるでしょう。

その第十一章を読むのは、次の読み手です。もちろんぼくに送っていただければ、ぼくもぼくで読みますが、それではキャッチボール、往復運動になってしまいます。それより、前に進めるといい。木が枝をのばすように、広がっていくといい。だからあなたは、あなたにとっての読んでもらいたい人、あなたが一番、よろこんでもらいたいと思う人に向けて、その文章を書いてもらうといいと思うのです。そうして紡がれる物語は、いつか大きな樹形となって、たくさんのいのちを慰め、励ますことになるでしょうから。

そしていつか、その第十一章を、文章ではなく、自分の人生で表現するという方が現れてくださったなら、それもまた、とんでもなく光栄でうれしいことです。そこから未来はつくられていくことになるでしょう。

そう。たった一人のために、でいいのです。

ぼくも、十六年間、クルミドコーヒーをたった一人のためにやってきたような気がしています。それは、ぼくの弟、俊也です。こんなお店になったら、俊也はよろこんでくれるんじゃないか。「いいお店だね」って言ってもらえるんじゃないか。そのことをいつも想像して、判断に迷ったときは彼に聞きました。だから、貫けたのだと思います。物事がシンプルになったのだと思います。そして、あなたにも俊也と重なるところがあるように思います（ぼくに言わせれば、ですが）。その重なりでもって、あなたも、お店を楽しんでくださってきたのではないかと思うのです。そしてその重なりには多くの場合、悲しみという名前が付けられます。お店だけじゃなく、この本も、そんな思いで書きました。

＊　＊　＊

この本のデザインは、アトリエ・ヤマグチ（山口桂子さん、吉郎さん）にお願いしました。表紙、面白くないですか？　山口さんご夫婦は四年前に国分寺に引っ越してこられて、日常をご一緒し、読書会や勉強会やエンデキャンプや、多くの浮き沈みを共有してきてくださいました。そんな二人とだから、何かをあきらめることなく、この本にいのちを宿すことができたと思います。

また校正、校閲には、小島理絵さん、大畑純一君の力を借りました。二人ともこうした方面での異才の持ち主で、どうしたらそんなに間違いに気付けるのか、いつか話を聞いてみたいと思っています。

原稿をすべて読んでフィードバックを返してくれたのは、佐々木耕一さん、今田順さんです。内容にしても書き方にしても、この二人が大丈夫だと言ってくれれば大丈夫なのだろうという妙な安心感があって、個別にお願いをしました。他にも、〈査読版〉を読んで、書き込みだらけの本を返してくださった方や、「ゆっくり、いそぐ読書会」の仲間たちからの熱ある応答も、一つ一つこの本に生きています。

浅田圭美さん。編集者不在という、この本の執筆の難所にあって、最初から最後まで伴走してくれたのは浅田さんでした。どこまで実効的な力になってくれたかは別として（ごめん笑）、そうして在り続けてくれたことが、何よりの大きな励ましでした。

国分寺の仲間たち。マージュ西国分寺、地域通貨ぶんじ、ぶんじ食堂、国分寺の投票率を一位にプロジェクト、国分寺赤米プロジェクト、ぶんじ寮、愛情押し付け弁当、国分寺スタジアム、FCぶんじ……。どうかこれからもよろしくお願いします。

チーム・フェスティナレンテのみんな。今いてくれる一人一人も。かつていてくれた一人一人も。万感の思いを込めて。おれたち、ほんとによくがんばってきた笑　そしてまたここからです。「諸君、明日はもっと良いものをつくろう」。本当にありがとうです。

妻と娘に。いつも家にいずにごめんなさい。そしていたかと思ったら部屋にこもってうんうん言っていてごめんなさい。この本を書いていたのでした。いつも支えてくれてありがとう。

そして、関わってくださったお一人お一人に。今は会えなくなってしまったあなたにも。心からの感謝を。

最後に、この本を手に取ってくれたあなたに。

大きなシステムの側にいるあなたも、小さなファンタジーの側にいるあなたも、いつか出会えたらうれしいです。特に、あなたの中に生きる、こどものあなたと出会えるようなことがあったなら、こんなにうれしいことはありません。

他動詞が嫌いだという話をしましたが、唯一他動詞を使えるのは、自分に対してなのだと思います。自分を、自分という世界を変えることはできる。その向かう先が、あなたらしい道だったならと願います。

秋が冬へと向かう、よく晴れた日に。

さあ、一緒に遊びましょう。

二〇二四年十一月　西国分寺にて

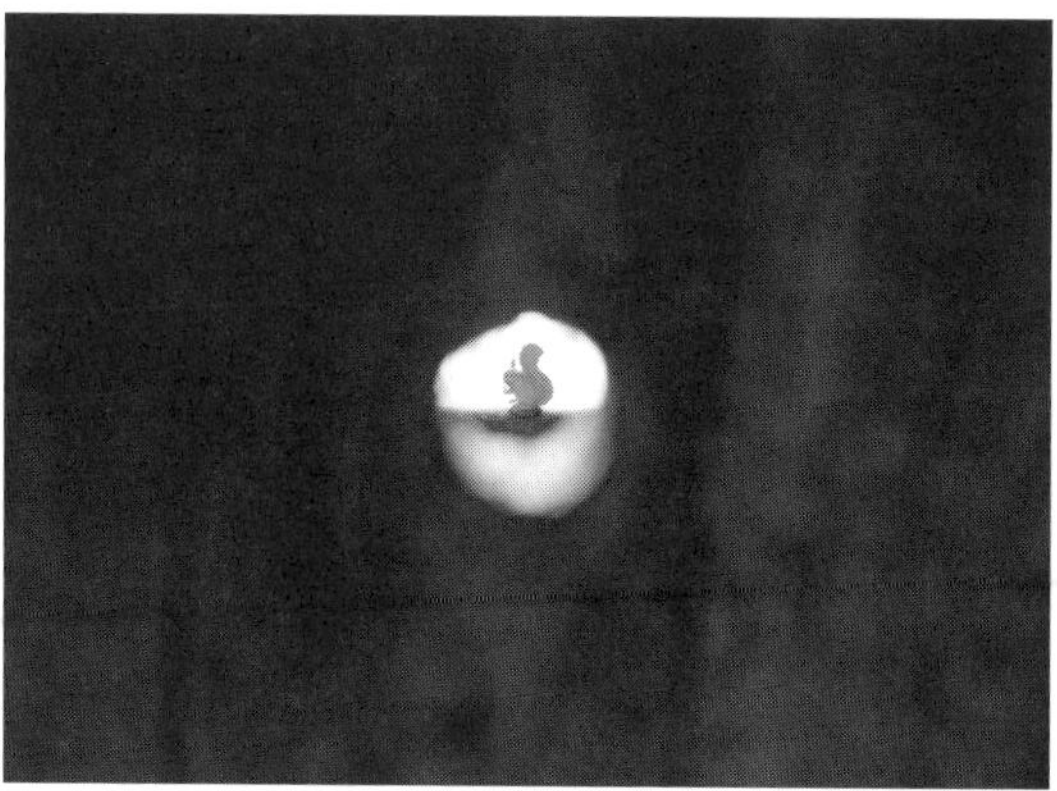

Photo by Kenichi Kawamura

ゆっくり、いそぐ読書会2022

2022年2月〜

章子
石井 暁子
石川 耕平
井上 昌樹
今田 順
内野 芳晃
岡本 綾香
沖 雄大
小野寺 綾
織内 麻衣
柏岡 紗季
片桐 志保
勝股 淳
蚊野 康彦
カン（堺 寛）
北川 智美
くら
小島 理絵
小林 峻
サイトウ ケイタロウ
齋藤 大子
さえ
佐々木 将人
佐藤 はるな
しほ
すえざき ひろき
鈴木 弘樹
鷹野 新
髙野 千絵美
高橋 浩一
竹内 英雄（ヒデ）
田邊 光歩
多部田 憲彦
たま
田村 真以
土井（齋藤）香織
遠矢 弘毅
直井 薫子
永島 宏子
中元 美佳
根津 健太
野田 直子
早川 佳乃
林 美樹
早野 留果
半田 孝輔
福崎 龍郎
古谷 奈々
本田 泰成
本間 亮
まなみん（島影 真奈美）
三浦 一平
みたっくす
南澤 克彦
宮 貴子
村上 健太
村上 智子
柳沼 翔子
山口 桂子
山下 里緒奈
山田 明裕
山根 有紀也
山内 真弓
山本 清士（きよまー）
山本 夕紀
横澤 咲穂里
吉岡 太一郎
脇谷 茉実
渡邉 祥子
渡辺 真衣

この本へとつながる勉強会に参加し、一緒に学んでくださった方々

前著『ゆっくり、いそげ』に続く2冊目の本を書きたいと思い立ち、最初に呼びかけたのが「胡桃塾（ことうじゅく）」でした。そこでの学びを経て、形になったのが『続・ゆっくり、いそげ』（査読版）です。そこから“完成版”を目指して動き始めますが、簡単にはいきません。クルミド大学内で「影山カレッジ（仮称）」を呼びかけ、一緒になって学び、悩み、煮詰まったところで2021年には日本全国、放浪の旅に出たりもしました。その縁をつなぐようにして翌年、「ゆっくり、いそぐ読書会2022」を開催しました（オンライン）。

ざっと7年、この本と向き合ってきたことになります。その過程を共に歩んでくださった方々のお名前をこちらに記します。

たくさんの気付きと刺激をありがとうございました。
ここからの旅も、どうかご一緒できますとうれしいです。

（掲載をご承認くださった方、あいうえお順、敬称略）

胡桃塾

2017年6月〜

池田 亮平
井上 慎平
今田 順
内野 芳晃
占部 まり
大畑 純一
筧 裕介
佐藤 織美慧
高取 正樹
多田 治樹
たま
服部 翔太
原田 友美
水田 真綾
森本 祥司
山田 智恵
山田 裕嗣
山根 有紀也

影山カレッジ（仮称）*

2019年10月〜

石井 祐輔
石橋 直樹
井上 瑶
栗原 智
齋藤 大子
瀬川 智子
たま
原田 友美

＊クルミド大学内

「世界を変えた男」

作詞：瀬名俊介

時の流れに流されて 人の世の闇を知って
語る言葉を失って ただ見てた

そんな自分が嫌いになって
すべてが もうイヤになって
彷徨う出口の無い日々

だから今夜は だから今夜は
だから今夜は 独りぼっちにして欲しい

いつか全てを いつかすべてを
すべてをかけて 闘うはずだったのに

僕らが世界を変えられるなら
僕ら 自分を騙さないで生きられるのに

結局世界を変えられないなら
僕ら 本当の自分を変えられてしまう

いつからか気付いていた
キミも同じ苦しみを 胸に抱いていることを

だから今夜は だから今夜は
だから今夜は 独りぼっちにしたくない

そして迷いを そして痛みを
曝け出してよ この心開くから

僕らが世界を変えられるなら
僕ら 自分を騙さないで生きられるから

深くこだまする内なる声を聴いて
偽りの日々にサヨナラしよう

だから今夜は だから今夜は
だから今夜は キミに此処にいて欲しい

そして念いを そして希いを
語り明かそうよ そこから始まるはず

僕らは世界を変えられる
嘘なき自分に胸を張り
僕らの未来を変えられる
世界は変えられる

このうたは、ミュージシャンで、出会って30年になる友人、瀬名俊介君が長年あたためていた一曲。2024年8月、山口県にある瀬名君の自宅で一週間に及ぶ執筆合宿をやらせてもらった際、ピアノの弾き語りで聴かせてもらい、とても感動し、込められたメッセージが本書にも共鳴するものと思い、いわば本書の「エンドロール」として使わせてもらえないかとお願いし、実現したものです。右QRコードより、ご視聴いただけます。

また瀬名君には、本書の「サウンドトラック」の制作も依頼しました。映画にそれがあるのなら、本にもそれがあってもいいのではないかと思ったのです。言葉のひびきと、音のひびき。完成次第、ご案内させていただきます。どうかご期待ください。

（影山）

10の言葉（2020〜2023年）

2009年から、年末の（勝手な）恒例行事として「○○年に出会った10の言葉」というお話会を開催してきました。
本を読んで、誰かの話を聞いて、自分で思いついて……。出会った言葉の中から、その年特に印象に残ったものを10個選び、カウントダウン方式で発表するのです。

いい言葉との出会いは、自分を慰め励ましてくれるだけでなく、ときに世界の見通しをよくし、自分の人生という歩みの道しるべともなってくれます。
15年間で150個の言葉。
それらは今も、ぼくの中で生き、ひびいています。そして、この本の中でも。

2020年からは動画配信もするようになりました。いずれも今は限定公開としているものですが、この本のここにまでたどり着いてくださった方ならと、リンクを共有させていただきます。

1つ1つの言葉の向こうに誰かの存在があり、思い浮かぶシーンがあります。
1つ1つのご縁に感謝いたします。

2023年に出会った
10の言葉

https://www.youtube.com/live/K3iqmXBB5-4

2022年に出会った
10の言葉

https://www.youtube.com/watch?v=hVgoS8DgYsI

2021年に出会った
10の言葉

https://www.youtube.com/live/XyW_Vo0wAf4

2020年に出会った
10の言葉

https://www.youtube.com/watch?v=_2C8NC_kE6w

宇沢弘文著 2000『社会的共通資本』岩波新書

内田樹著 2010『街場のメディア論』光文社新書

内田樹／中沢新一著 2012『日本の文脈』角川書店

内村鑑三著 鈴木範久訳 1997『代表的日本人』ワイド版岩波文庫

世阿弥著 小西甚一編訳 2012『風姿花伝・花鏡』タチバナ教養文庫

河合隼雄／清水博／谷泰／中村雄二郎編 1993『岩波講座 宗教と科学6 生命と科学』岩波書店

河邑厚徳／グループ現代著編 2000『エンデの遺言 ―根源からお金を問うこと』NHK出版

近藤滋著 2019『波紋と螺旋とフィボナッチ』角川ソフィア文庫

斎藤幸平著 2020『人新世の「資本論」』集英社新書

清水博著 2012『コペルニクスの鏡』平凡社

外尾悦郎著 2006『ガウディの伝言』光文社新書

田坂広志著 2009『目に見えない資本主義』東洋経済新報社

立花隆著 1984『文明の逆説 ―危機の時代の人間研究』講談社文庫

舘岡康雄著 2006『利他性の経済学 ―支援が必然となる時代へ』新曜社

田村都志夫著 2004『エンデを旅する ―希望としての言葉の宇宙』岩波書店

塚崎幹夫著 1982『星の王子さまの世界 ―読み方くらべへの招待』中公新書

堂目卓生著 2008『アダム・スミス ―「道徳感情論」と「国富論」の世界』中公新書

鳥居徳敏著 1990『ガウディの七つの主張（SDライブラリー7）』鹿島出版会

西村佳哲著 2011『自分をいかして生きる』ちくま文庫

二宮尊徳 児玉幸多訳 2012『二宮翁夜話』中公クラシックス

長谷川眞理子著 2020『NHK「100分 de 名著」ブックス
ダーウィン種の起源 ―未来へつづく進化論』NHK出版

福岡伸一著 2007『生物と無生物のあいだ』講談社現代新書

松原隆一郎著 2009『経済学の名著30』ちくま新書

見田宗介著『現代社会はどこに向かうか ―高原の見晴らしを切り開くこと』岩波新書

村上春樹著 2011『雑文集』新潮社

思想 1999年12月号『ゲーテ 自然の現象学』岩波書店

ユリイカ 2015年12月号『特集＝ミヒャエル・エンデ
―「ジム・ボタン」「モモ」「はてしない物語」「鏡のなかの鏡」…没後二〇年』青土社

主要参考文献

アダム・スミス著 山岡洋一訳 2007『国富論 ―国の豊かさの本質と原因についての研究（上）』日本経済新聞出版社

アダム・スミス著 山岡洋一訳 2007『国富論 ―国の豊かさの本質と原因についての研究（下）』日本経済新聞出版社

アダム・スミス著 村井章子／北川知子訳 2014『道徳感情論』日経BPクラシックス

クロード・レヴィ＝ストロース著 大橋保夫訳 1976『野生の思考』みすず書房

クロード・レヴィ＝ストロース 川田順造／渡辺公三訳 2005『レヴィ＝ストロース講義 ―現代世界と人類学』平凡社ライブラリー

ゲーテ著 高橋義人編訳 前田富士男訳 1982『自然と象徴 ―自然科学論集』冨山房百科文庫

ジェレミー・リフキン著 柴田裕之訳 2015『限界費用ゼロ社会 ―〈モノのインターネット〉と共有型経済の台頭』NHK出版

ステファノ・マンクーゾ／アレッサンドラ・ヴィオラ著 久保耕司訳 2015『植物は〈知性〉をもっている ―20の感覚で思考する生命システム』NHK出版

ダーウィン著 渡辺政隆訳 2009『種の起源（上）』光文社古典新訳文庫

ダーウィン著 渡辺政隆訳 2009『種の起源（下）』光文社古典新訳文庫

ハーマン・デイリー 枝廣淳子（聞き手）2014『「定常経済」は可能だ！』岩波ブックレット

マルセル・モース著 吉田禎吾／江川純一訳 2009『贈与論』ちくま学芸文庫

ミヒャエル・エンデ／エアハルト・エプラー／ハンネ・テヒル著 丘沢静也訳 1997『エンデ全集15 オリーブの森で語りあう ―ファンタジー・文化・政治』岩波書店

ミヒャエル・エンデ著 上田真而子／佐藤真理子訳 1982『はてしない物語』岩波書店

ミヒャエル・エンデ 田村都志夫（聞き手・編訳）2009『ものがたりの余白 ―エンデが最後に話したこと』

ミヒャエル・エンデ著 大島かおり訳 2001『愛蔵版 モモ』岩波書店

ルドルフ・シュタイナー著 高橋巖訳 2010『シュタイナー 社会問題の核心』春秋社

レイチェル・カーソン／森田真生著 2024『センス・オブ・ワンダー』筑摩書房

東浩紀著 2021『ゆるく考える』河出文庫

天野秀昭著 2022『「遊び」の本質 ―「私」の軸を育む奇跡の時間』ジャパンマシニスト社

池内紀／小林エリカ／子安美知子ほか著 2013『ミヒャエル・エンデが教えてくれたこと ―時間・お金・ファンタジー』新潮社

池田善昭／福岡伸一著 2020『福岡伸一、西田哲学を読む ―生命をめぐる思索の旅』小学館新書

稲葉俊郎著 2019『からだとこころの健康学』NHK出版 学びのきほん

今西錦司著 2012『生物の世界 ほか』中公クラシックス

○本書は、2018年11月に発刊された『続・ゆっくり、いそげ～植物が育つように、いのちの形をした経済・社会をつくる～』(クルミド出版、査読版)を元に、大幅加筆の上、制作された。

○本書を貫くテーマは、△と▽。ただ、単純に並べては語れない、両者の力量の差を表現するべく、現タイトルとなった。「大きいと小さい」「システムとファンタジー」「ゆっくりといそげ」など、「矛盾を超えていくこと」が著者の一貫した哲学としてある。

○トータル23万字を超える本となった。執筆のため、2泊3日の合宿を15回くらい行った。大変だった。

○判型は、前著『ゆっくり、いそげ』(大和書房)と同じ四六判。本棚に並べて置いてもらえたらうれしい。

○表紙は、ひっくり返すことで「大きなシステム」とも「小さなファンタジー」とも読める。またそれに応じて、△(ビル)が▽(木)となる。視点の持ち方ひとつで、世界は一瞬でひっくり返りうることを、身体的にも感じてもらいたかった。文字は楕円軌道に配置されている。また色は、トリコロール。

○イラストとタイトル文字は本書のために制作した。間違えて、児童文学の棚に置かれてしまうようなことがあるといいなと思う。

○表紙は、日光堂(浅草)。による活版印刷。おかげで、「時代を超える古典」の雰囲気をまとう本の佇まいになったと思う。あとは実際がそれに追いつくといい。用紙は気包紙 U-FS ディープ ラフ(L255kg)。手に馴染む風合いをもつことと、活版印刷との相性を考えて選んだ。

○本文用紙はラフクリーム琥珀N(四六62kg)。長文を読む目へのやさしさと、本の厚みを考慮して選択した。書体は、游明朝体+Garamond Premierをベースに、引用部分に游ゴシック体+Avenir Nextを使用。級数は13で、ちょうど、『ゆっくり、いそげ』と『続・ゆっくり、いそげ』の中間のサイズになる。

○版面設計は本文地寄りで、天側にゆとりをもたせた。地に足がついた実践と、植物が育っていくような広がりを両立させることを意識した。〈査読版〉同様、余白に読み手の感じたことを自由に書き込んでもらうことで本書が豊かな森となることを願う。

○見返しや部扉の写真は、クルミドコーヒーを包み込むように大きく育ったエノキと、くるみの里、長野県東御市にあるサンファームとうみのくるみの木を撮影。用紙は、b7ナチュラル(四六71.5kg)。

○手書き文字は著者自身によるもの。

○ブックデザインは、アトリエ・ヤマグチ(山口桂子、山口吉郎)。日常をともにする中から、著者の意図を誰よりも理解し、唯一無二の本の形に仕上げてくれた。なんなら読まなくてもいいので、部屋に飾って味わって欲しい。

○本書の編集者不在を補うために、編集チームを編成した。メンバーは、浅田圭美、河村憲一、田邉光歩、田村真以、萩原麻奈美。

○本作の音楽面を担当してくれた瀬名俊介とは、新卒内定者の頃からの縁。

○クルミド出版からは、吉田奈都子、秀田絹、間渕真梨子が参加。

○印刷は、藤原印刷。今回特に、表紙のデザインにおいて活版印刷を提案してくださったことは、本作のステージを一段上げてくれたと思う。いつも変わらぬ、創造的かつ確実な仕事には全幅の信頼を寄せる。

○本書が、時代を超えて読み継がれる一冊となることを願う。

(発行人)

影山知明 かげやま・ともあき

1973年東京、西国分寺生まれ。大学卒業後、マッキンゼー・アンド・カンパニー社を経て、独立系ベンチャーキャピタルの創業に参画。その後、株式会社フェスティナレンテとして独立。2008年、生家を建て替え、多世代型シェアハウス「マージュ西国分寺」を開設。1階には、こどもたちのためのカフェ「クルミドコーヒー」を開業。2017年には、2店舗目となる「胡桃堂喫茶店をオープンさせた。店を拠点として、まちの仲間と共に、クルミド出版、胡桃堂書店、クルミド大学、クルミド／胡桃堂の朝モヤ、地域通貨ぶんじ、ぶんじ寮等を事業化。開かれた場づくりから、一つ一つのいのちが大切にされる社会づくりに取り組む。著書に、『ゆっくり、いそげ ～カフェからはじめる人を手段化しない経済～』（大和書房）。好きな技は、サソリ固め。会ってみたい人は、世阿弥とミヒャエル・エンデ。

𝕏 @tkage

大きなシステムと小さなファンタジー

2024年12月1日　第1刷発行

著者　影山知明
発行人　影山知明
発行者　クルミド出版
〒185-0024
東京都国分寺市泉町3-37-34 マージュ西国分寺1F
電話　042-401-0321
メール　hon@kurumed.jp
ウェブ　https://www.kurumed-publishing.jp/
装幀・装画　atelier yamaguchi（山口桂子、山口吉郎）
印刷・製本　藤原印刷株式会社
活版印刷　有限会社 日光堂

落丁乱丁などの場合はお問合せください。本の修理、製本し直しのご相談、応じます。

Printed in Japan
ISBN978-4-9907583-8-7 C0030

クルミド出版の本

10年後、ともに会いに

寺井暁子

それは17歳の自分との約束――「いつか、友を訪ねに世界を旅する」。思春期を一緒に過ごした仲間たちは今、世界のどこかで、揺れながら生きているのだろうか。旅はヨーロッパ、北米を経てイスラエル・パレスチナへ。そしてエジプトで革命に出会う。「迷ったときはどうやって決めるの？」「それは教えないよ。だって君は答えを知っている」
トンネルの向こうに見えたものは、なに？

やがて森になる

小谷ふみ

追伸／「あなたの中に『あなた』はいますか？」／「私の中に『わたし』はいません」／最後にそえられた問いにそう答えながら／あの時確かに、／わたしの深く奥の方で、「はいっ」と小さく、／でも、力強く、殻を弾くような声がしたのです。／『はじめに』より
日々のささやかな幸福やおかしみ、痛みや切なさを60編の詩のようなエッセイに包み込んで。

作品集「月の光」

フランス語詩
ポール・ヴェルレーヌ
『艶なる宴』より
音楽譜
クロード・ドビュッシー
『ベルガマスク組曲』より

小谷ふみ ほか

「月の光」――は、いつだって人類を魅了してきた。ポール・ヴェルレーヌ（12行詩）、クロード・ドビュッシー（ピアノ曲）。そして140年の時を経て、小谷ふみが訳詩に挑む。それは逐語訳ではなく、19世紀に彼らが見たであろう景色を想像し、その絵を現代の絵へ、そして現代の言葉へと置き直す道程。
嘉瑞工房、髙岡昌生の手による活版印刷で、「芸術の連鎖」の記憶をここに。

りんどう珈琲

古川誠

海岸沿いの国道から路地を入った坂道の上に「りんどう珈琲」はあった。店にやってくる人、去っていく人との日々の中で、17歳の柊はそれまでに味わったことのない感情を経験する。実現できない夢もあること、届かない気持ちを抱えていくこと、すれ違うこと、誰かを傷つけてしまうこと。
それでも、世界は美しいということを教えてくれたのは、いつもマスターだった。

クルミド出版の本

こどもの時間
–Childhood–

Emily R.Grosholz
翻訳 早川敦子

言葉で世界を語り尽くすことはできないけれど／わたしたちが語り続ける限りそこに世界はとどまるだろう／ただ言葉だけが、再び地上に楽園を築くことができるから／『耳を澄ます / Listening』より
「いのち」「こども」「平和」――硬質ながら読み手の想像力を刺激し、飛翔させ、安心感へと着地させる珠玉の18編（日英併記）。翻訳は早川敦子。絵はいわさきちひろ。村治佳織、谷川公子による楽譜も収録。

草原からの手紙

寺井暁子

「穏やかに進む者は安全に進む。安全に進む者は遠くまで行く」
土と草で覆われるマサイの大地を歩く6日間。その道はかつて130年前、一人のスコットランド人が歩いた道だった。空間と時間を超えて届く、草原からの手紙。読み終えるあなたの胸に去来するのは、愛する人への想い？それとも冒険心？

雑誌 そういえば さぁ、

「そういえば さぁ、昨日……」「そういえば最近……」。日常のところどころにふと現れる「そういえば さぁ、」から始まる会話。おせっかいにもつかまえて続けてみると、その先にどんなことが見えてくるだろう。
「最近あの本屋さん、なくなったよね」、「西国分寺ってどこまでだっけ？」、「あそこ行っちゃったよ、こないだの夜」――これは、つぶやきをつぶやきとして放っておけなかった、まちのドキュメンタリーだ。